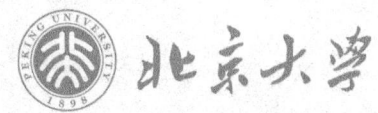

北大区域国别研究

第4辑

北大区域国别研究编委会 编

江苏人民出版社

图书在版编目(CIP)数据

北大区域国别研究. 第4辑 / 北大区域国别研究编委会编. -- 南京：江苏人民出版社，2021.11
 ISBN 978-7-214-26625-5

Ⅰ.①北… Ⅱ.①北… Ⅲ.①国际关系－研究 Ⅳ.①D81

中国版本图书馆 CIP 数据核字(2021)第213649号

书　　名	北大区域国别研究　第4辑
编　　者	北大区域国别研究编委会
责任编辑	于　辉
装帧设计	刘荸荸
责任监制	陈晓明
出版发行	江苏人民出版社
地　　址	南京市湖南路1号A楼，邮编：210009
照　　排	江苏凤凰制版有限公司
印　　刷	江苏凤凰数码印务有限公司
开　　本	718毫米×1000毫米　1/16
印　　张	17.25　插页2
字　　数	250千字
版　　次	2021年11月第1版
印　　次	2021年11月第1次印刷
标准书号	ISBN 978-7-214-26625-5
定　　价	68.00元

(江苏人民出版社图书凡印装错误可向承印厂调换)

北大区域国别研究
编委会

编　　委：钱乘旦　王保顶　宁　琦　夏红卫
　　　　　翟　崑　王锁劳　昝　涛　李　昀

执行编委：昝　涛

编　　务：张安琪

目 录

疫情专题

全球疫情观察与分析

1 | 史明德
　　全球疫情观察与分析：德国

11 | 程永华
　　全球疫情观察与分析：日本

19 | 翟　隽
　　全球疫情观察与分析：法国

29 | 胡政跃
　　全球疫情观察与分析：东南亚

37 | 马振岗
　　全球疫情观察与分析：英国

45 | 李金章
　　全球疫情观察与分析：拉丁美洲

公共卫生视野下的国家卫生体系

53 | 方　海
　　新冠肺炎疫情背景下的美国卫生体系概述

66　徐　进

　　新冠肺炎疫情下的古巴卫生体系启示
　　　　——兼议区域与国别卫生体系研究的跨学科交叉视角

海外疫情实地观察

89　桑　蒂

　　英国疫情直击:留学生的标签化与边缘化困境

95　马麟贺

　　法国版战疫:从个人自由到欧洲未来

102　许翔云

　　美国大选与防疫:应对新冠病毒蒙上党派色彩

107　虞　璟

　　比利时疫情直击:信息差给谣言滋生提供空间

111　俞明焕

　　疫情之下非洲社会的韧性

主题论文

119　胡　澎

　　新冠肺炎疫情下的日本社会:影响、课题与前瞻

136　吕耀东

　　后安倍时代的日本外交变数及走向

146　郭延军　刘仁雪

　　菲律宾在中美之间的"再平衡"

167 | 龚颖元

    试论阿纳多卢通讯社的报道取向

    ——基于10年间(2011—2020年)该社关于叙利亚难民报道的文本分析

180 | 余明辉

    新时代的中国与阿富汗经贸状态及促进路径

学术活动

199 | 博雅德信工作坊第三十二工作间

    ——欧洲一体化的困境与未来

212 | 博雅德信工作坊第三十八工作间

    ——阿富汗和平之路：历史与未来

214 | 博雅德信工作坊第三十九工作间

    ——环境变迁与国家治理：从英美历史到中国现实

217 | 新芽沙龙第二十六期

    ——叙利亚经济与社会现状

219 | "中国—意大利"建交50周年线上研讨会举行

书 评

222 | 秦彦洋

    地区性战争与全球史价值

    ——评奥兰多·费吉斯《克里米亚战争：被遗忘的帝国博弈》

233 | 阿 迪

    嫁接的民主与市场

    ——评《起火的世界：自由市场民主与种族仇恨、全球动荡》

246 | 马　丹

一个多元群体的共同经历

——读《征服与革命中的阿拉伯人：1516至今》

260 | 英文提要

疫情专题

全球疫情观察与分析

【编者按】

  2020年伊始,"新型冠状病毒肺炎"(简称"新冠肺炎")疫情肆虐全球。为应对这一罕见的大流行病所带来的对公共卫生、经济、社会与国际关系的挑战,世界各国依据各自国情,采取了不同的防控举措。北京大学区域与国别研究院聚焦全球疫情发展态势,汇聚资深外交官、知名学者及各地中国留学生,举办系列区域国别研究疫情专题活动,打造跨学科学术战疫共同体。本集刊特设"全球疫情观察与分析"专题,刊登中国资深外交官、公共卫生领域知名专家及海外留学生的专业观点与实地考察笔记。所载文章既从国际格局的宏观层面深入探讨疫情对世界各国的影响,分析全球典型国家的抗疫思路、公共卫生体系及应急制度,又通过留学生第一现场视角微观展示国外疫情的真实状况,以期为我国更好地认识、理解和应对"疫情世界"提供学术参考与智力支持。

全球疫情观察与分析:德国

史明德

  当今世界正处于百年未有之大变局中,而突如其来的新冠肺炎疫情很可能使整个世界陷入二战后以来前所未有的政治、经济、金融、社会等全面的危机。这一影响剧烈、深刻,具有全局性和系统性,甚至会加速"大变局"由量变转向质变。特别是国际力量对比、国际格局、国际关系、国际秩序都有可能以此疫情为分水岭,发生根本性的调整,正如基辛格所说:"新冠病毒大流行将永远地改变世界秩序。"我们对这种变化的认识才刚刚开始,而且事情的发展可能先于我们对事情的认识,谁能意识到疫情会爆发,并对全球造成如此巨大的影响。当然,疫情前后两个时期并非是割裂的,许多变化和趋势在疫情前就已存在,只不过疫情催化了这些变化。

我们所面临且需要考虑的核心问题是:疫情之后世界将向何处发展?中国又将向何处发展?具体而言,未来将会是全球化的进一步深化,抑或是逆全球化?未来将会是更多的多边主义,抑或是更多的单边主义?未来将会是更多的民粹主义、民族主义,抑或是更多的国际主义与合作共赢?然而,从长远来看,全球化趋势是不可逆转的。但任何事物的发展总是曲折的,呈波浪式前进、螺旋式上升,今后可预见的一段时期很可能是全球化受挫或者曲折的时期,在这段时间内将有更多的民族主义和国家主义形态涌现。因此,我们不仅要对疫情所导致的变化有清醒和冷静的认识,还应做好迎接挑战与机遇的准备。

一、疫情对世界政治经济格局的影响

目前各国在集中精力应对疫情的同时,已经在开始思考和调整各自对内和对外的战略,中国必须对此有充分的认识,其中以下几点最值得重视和研究。

首先,美国全面遏制中国的战略意图非常强烈,并没有因为疫情而改变,反而借疫情加速实施。全面遏制中国已成为美国各党派和社会的共识,美国国会中关于涉华的决定几乎都是零票反对通过。中美关系的内涵已经发生变化,两国今后必将是竞争大于合作。中美的世纪博弈已经开始,未来可能会更加尖锐。过去人们常说"中美关系好也好不到哪里去,坏也坏不到哪里去",现在"好不到哪里去"已然得到证实,但将坏到何种程度却难以估计。中国对此要有充分的思想准备,分析形势,丢掉幻想。

当前美国的疫情仍在发展,美国很可能会陷入全面内外危机,它必将利用疫情转嫁矛盾,转移国际社会的注意力,把矛头对准中国。如特朗普已经宣布美国不再给世界卫生组织(以下简称世卫组织)提供经费,批评世卫组织偏袒中国。如果美国的困难加重,危机继续深化,不排除它会对中国制造更多的麻烦,甚至在南海问题、台湾问题、香港问题等中国敏感的领域上铤而走险。美国国内取得对华战略的共识,未来可能使用政治、经济、科技、金融、军事等各种手段来打压中国,维护其全球霸权地位,并且不会顾忌国际舆论和道德准则。

中美之争在本质上是两条道路、两种制度的争论。在美国人眼中,中国不仅是美国综合实力的最大竞争者,更是意识形态的首要对手。因此,美国对华遏制既聚焦于金融、经济,更瞄准中国的政治制度、文明、上层建筑等。此外,美国将继续坚持单边主义和美国优先,同时渲染各个国家对中国所谓的依赖,试图改变全球产业链,加速与中国经济、科技、贸易等领域的脱钩。中美关系的发展,中美之间的博弈必将影响今后国际关系的走向。中美两国能不能合作,以及会是更多的合作,还是更多的竞争与冲突,都对整个国际关系、国际秩序产生深刻的影响。

其次,疫情将严重冲击全球经济。今年全球经济的衰退已成定局,这是一个基本的共识,但对于世界是否会进入大萧条这样严重的危机中,则存在不同的看法。如国际货币基金组织在最新发表的一份报告中称,世界经济的增长正在遭受自20世纪30年代大萧条以来最严重的打击,全球第一次面临着发达经济体和新兴经济体同时陷入衰退的局面,它们评估2020年的世界经济只能负增长3%。此外,从年初到现在,各个国际机构均对经济形势的预测不断下调,但最终的结果会如何,目前很难下定论,这将取决于整个疫情的发展。中国的经济和世界经济紧密相连,今年所面临的国际经济和金融环境肯定会恶化,明年是否能反弹仍为未知数,全球经济发展趋势值得持续关注。

再次,需警惕全球产业链和供应链的重新调整。面对经济衰退,当前各个经济体都以顾内为主,争相出台限制其他国家的政策,以及推行宽松的货币政策。尽管从长远来看全球化不可逆转,但一些现象表明近期发生产业链脱节的情况是非常有可能的。疫情在中国暴发时已经导致了全球供应链暂时地脱节。随着疫情中心向欧美等主要经济体蔓延,各国都采取更为严格的防控措施,全球产业链可能会受到更大的冲击。德国在这方面表现得比较明显。德国的汽车行业有50%—60%的零部件由中国供应,中国两个多月的疫情封锁导致供应中断,德国的汽车产业无法维持生产。后来中国开始复工复产,但德国的汽车生产却因本国疫情又处于全面停工的状态,产业链仍未恢复。此外,中国的高铁等行业都需要德国的原装设备和技术,疫情的阻断对我们同样造成很大的影响。

疫情的冲击,一方面使中国在全球供应链中的地位更加突出,因为许多医疗防护用品和医药产品都在中国生产;另一方面许多国家意识到自身对中国的依赖,它们也开始从所谓国家安全的角度重新思考调整供应链的问题。事实上,这种情况在疫情暴发前就已出现,特别是以美国为首。美国商会在2019年3月的一份调查中已经证明,美国在华企业中有三分之二受到中美贸易战的影响,有四分之一正考虑延缓对华投资,有五分之一准备将生产线移出中国。如今美国正在利用《国防生产法》和疫情给全球产业链带来的困难,加紧推行对华脱钩的战略,鼓动或者强迫美国企业离开中国回归美国。同时,它敦促欧洲国家减少对华依赖,寻找新的替代供应商。这在科技领域尤为突出,美国在华为5G问题上依旧没有放松打压,甚至决定全面停止向中国出口芯片,并且大大限制中国在美国的科技投资,可以预想未来科技领域的局部脱钩将在所难免。而近期,日本在出台的经济复苏计划中也打算拨出高达2435亿日元(约合160亿人民币),以支持日本企业将生产基地从中国移到其他地方。2020年4月8日,德国内阁决定重新修改《对外贸易和支付法》,阻止外国企业和政府利用疫情加快收购德国和欧洲的资产,该法案两年之内已修改三次,虽没有指名道姓,但实则是针对中国。因此,对于贸易链和供应链的问题,中国必须要有充分预判。

二、欧洲应对疫情的困境与转变

新冠肺炎疫情最开始在中国暴发,到后来欧洲成了疫情的中心。法国总统马克龙说,这是欧洲近一个世纪以来最严重的公共卫生危机。值得注意的是,疫情暴发之前的欧洲已经出现一些变化趋势,如英国脱欧、政党碎片化、社会空前分裂、经济不景气、东欧国家离心力加大等,这些困扰着欧盟的问题在疫情暴发后更加突出,从而导致欧盟新老问题交织、内外风险叠加。其中最为重要的表现有以下几点:

一是欧洲内部的结构性矛盾再次暴露无遗。长期以来,欧盟国家各自为政、以邻为壑的问题非常突出。疫情进行的前期,欧洲一些主要的国家不仅对意大利、西班牙见死不救,而且全力封锁和查封医疗用品,各国相继封闭边界,抗疫政策缺乏协调。在危难时期,它们非但没有团结一致,反倒损人利己。这样的做法使欧盟在国际社会上的形象严重受损,同时使原来民众对欧盟的不信任感进一步增强,欧洲南北和东西的裂痕进一步扩大。直到中国和俄罗斯相继援助意大利后,欧盟才意识到这一问题,时任欧盟委员会主席冯德莱恩公开向意大利表示歉意,并采取实际性措施。

二是欧洲团结自主的意识在危机中有所加强。一方面,欧洲一些国家攻击中国和俄罗斯的行动实质上是利用地缘政治和疫情搞宣传;另一方面,一些国家亡羊补牢,强调同舟共济,如德、法等国向受灾国提供援助。然而,3月26日欧洲议会讨论疫情时,许多议员称欧洲的团结到目前为止仍是一句空话,在实践中并没有被感受到。这种为时已晚的补救和难以弥补的内心创伤,在疫情期间和疫情过后都将产生非常深远的影响。

三是欧洲经济遭受重创。德国、法国、意大利等国的财政部长均表示本国经济出现了二战后最严重的衰退。最新的估计表明,欧盟2020年的GDP将萎缩7.8%,损失将超过1万亿欧元。为此,欧盟推出了2.8亿欧元的经济援助方案,启动《稳定与增长公约》的免责条款。但欧元区各国在是否发行"新冠债券"(Corona-Bonds)的问题上没有达成一致,因为发行新冠债券意味着欧洲的债务将进行重新分担,而财政状况较好的国家并不愿意替受灾国承担此类债务。可见,欧盟国家在某些方面会团结一致,但当牵扯到根本经济利益时就会产生很大的分歧。

四是美欧关系的裂痕因疫情再次扩大。疫情暴发前,美欧在移民、贸易、政治、全球治理、伊核等问题上已渐行渐远。但疫情发生后,由于美国不经协商早早切断了与欧洲的往来,同时与欧洲抢夺紧缺的医疗物资,如不惜花重金收购德国的检测公司,虽然遭到德国的强烈抵制,这些举动都使欧洲对美国的不信任和失望进一步加深。然而,需要指出的是,无论当前欧美之间如何争论,上述的矛盾仍属于"家庭内部"矛盾,没有到分道扬镳的地步。欧洲人心中还存有侥幸,反复地强调特朗普不等于美国,寄希望于未来美国总统易人后重归于好。我们在观察一种趋势发展的时候,既要注意其"变"的一面,也要看到它"不变"的一面,而且不应过高地估计某种变化。

事实上,疫情前欧洲内部已经就如何再认识中国进行了讨论,其核心观点有以下三点:第一,再认识中国的"天真论"。这是指以往欧洲认为中国的改革开放必然使中国走向西方所谓的"民主"道路,与西方制度趋同。但实践发展证明,无论在经济上,还是在政治上,中国都走出了一条完全不同于西方的道路。现在他们意识到这种"天真论"应被抛弃。

第二,再认识中国的"挑战论"。欧洲人认为中国在经济、科技、制度、意识形态等方面都对欧洲形成更大、更全面的挑战。过去他们称中国的经济实力很强,主要体现在制造业,现在却发现中国的科技创新能力越来越强,尤其是在5G等某些领域已经超越欧洲,他们感到自身在未来的竞争中将处于劣势。然而,他们最畏惧的是中国的制度。因为中国政治制度的影响力在全球范围内越来越大,相较而言,欧洲的价值观影响则在下降。欧洲人总结说,他们难以应对中国的经济、综合国力与政治制度相结合所释放的能量。欧盟不久前出台的对华政策文件对中国进行了重新定位,即多边领域的合作伙伴、利益平衡的谈判伙伴、技术经济领域的竞争者、治理模式的制度性对手。

第三,再认识中国的"夹心论"。许多欧洲智库称,未来世界很可能是中美两极的世界,欧洲夹在中国和美国之间,既不愿意选边站队,又处于极大的困难当中,不知该何去何从。之前中美贸易摩擦期间,欧洲便处于两难境地,谁也不愿意舍弃。而现今疫情之下,面对中美两国应对举措的截然不同,欧洲又该怎么做呢,又该如何解释自己的政策呢?中美博弈的加剧,会使欧洲的处境更加困难。

中国刚暴发疫情时,欧洲国家还是在隔岸观火,既有同情的一面,也有幸灾乐祸的一面。由于美国在幕后的推动,许多政界人士和舆论组织都借疫情攻击中国的政治制度,攻击中国的领导人,攻击中国采取的措施。然而,随着欧洲疫情的暴发和美国单边主义的加剧,欧洲在疫情当中对中国和对美国的认识都发生着变化。首先,他们意识到全球化已深入到各个领域,大家都是利益攸关者,都是命运共同体,任何一国都不能独善其身。其次,他们切身感受到中国在全球产业链和供应链中的重要性。中国与欧洲息息相关,在药物和防护设备等医疗资源方面,欧洲对中国的依赖性远远超出了他们此前的想象。为此,欧洲开始进行战略调整,加强欧洲的主权和安全,尽可能减少对中国的依赖。德国总理默克尔和法国总统马克龙都提出了现在就要着眼"疫后时代",重建经济独立和产业主权。欧盟已经呼吁成员国加强外资审查,保护战略性资产和技术。此外,欧洲不仅推出大规模的重建计划和救助计划,并且开始对非洲进行援助,考虑如何对外发挥作用。

三、德国的防疫情况与中德关系

自从德国人冯德莱恩当上欧盟委员会主席后,德国在欧盟所发挥的作用大大增强。在这次疫情中,德国的抗疫表现亦可圈可点。德国于2020年1月27日出现首个确诊病例,随后疫情在2月的狂欢节大暴发,截至4月13日德国累计感染病例高达12.5万人,死亡人数为2969人。其中超过一半的感染者被治愈,死亡率不到1%,它是在欧洲国家中治愈率最高、死亡率最低的国家。德国应对疫情的办法既不同于美国,也不同于中国,极具特点,其效率之高的原因可以归纳为以下几点:

一是德国的卫生医疗体系非常完善,医疗设备、技术、物资全球领先,人均占有率很高。如德国有2.8万个重症监护病床,是法国的4倍、意大利的5倍、英国的7倍,呼吸机的人均占有量也是许多国家的10倍以上。二是德国的病毒检测能力很强,每天可以检测10万人,而且全国20多个实验室分布均衡,就近检测非常便利,因此它的数据比较可靠和及时。三是采取分流和重症优先的救治思路。目前德国重症病房的使用率只有58%,仍有8000多张重症床位空置,所以它有能力接收来自法国、意大利等其他国家的重症病人,从而形成了鲜明的对比。四是注重保护高危人群。由于人口老龄化严重,德国一开始就将老年人作为主要的保护重点,把重点高危人群保护好,死亡率就会低。基于上述的分析,当前德国已经处于较高水平的稳定阶段,可以说此次疫情是对德国医疗治理体系长期发展的一次大考。

不久前,德国外长马斯在谈到疫情治理经验时表示,中国和美国在疫情中的表现是两个极端,皆不能成为欧洲的榜样。他还说,新冠肺炎疫情危机表明,不能简单认为一种社会制度优越于另一种社会制度。对于德国来说,他们虽然承认中国在抗疫中取得很大成就,但却不能公开表示,必须区分你我,这种政治化和意识形态化在德国展现得淋漓尽致。当然,对于应对疫情,中德两国之间在政治层面上仍是相互支持的。疫情暴发以来,双方国家领导人互通电话,强调双方加强合作的重要性,两国还及时互相提供物资援助。然而,在舆论层面却是非常消极,德国国内出现许多炒作和煽动性的言论。与此同时,德国也开始调整产业,提出诸如口罩、呼吸机等医疗物资一定要在本土生产,在医药方面摆脱对中国的依赖。

目前中德两国的合作因疫情影响受到很大冲击。最初是德国的企业抱怨中国的产品无法到德国,从而影响他们的生产,现在他们更多抱怨的是在华企业遇到了很大的困难,如人员和生产材料不能到位。其实德国的对华政策正处于再讨论、再认识和重新定位的阶段。默克尔总理一直对中国抱有积极的态度,尤其在 5G 问题上坚持不把华为排除在德国电信市场以外,但她也因此受到国内某些声音的指责,批评她过分依赖中国,伤害了美欧关系,违背了欧盟共同政策,以及损害了欧洲的数字安全。德国政界中其他主张发展对华关系的人士同样受到空前的压力,而那些此前持中立态度的人则开始出现转向。这其中除了德国本身意识形态的因素外,美国的因素也无处不在。可以预见,未来美国在中德关系、中欧关系、欧洲对华政策等方面的影响会越来越大。

四、中国的挑战与机遇

我们应该认真研究新冠肺炎疫情所带来的形势变化,分析研究它们对中国的挑战和机遇。当前最大的挑战就是"脱钩"和"不脱钩"的问题。能否化解这个问题,一是取决于外部环境条件,主要是美国的态度与行动,二是取决于中国自身,即思考如何展现合作共赢、构建人类命运共同体的重要性。

首先,我们需要理清中国对美战略和美国对华战略。几十年来中国对美国的战略都非常清晰:要合作,不要对抗,合则两益,斗则两败。中国为此在许多方面都做了极大的努力,中国没有要取代美国、领导世界的想法,中国对自身的实力有足够清醒的估计,也很清楚在经济、科技、军事上与美国的差距很大。但中国的认识并不是美国的认识。美国在"9·11"事件之前就意识到中国可能成为美国最现实的竞争对手。随着恐怖主义的兴起,美国的战略重点出现转移,它过多地将精力耗费在诸如阿富汗战争、伊拉克战争等一系列战争中,或者全球事务干预上。而与此同时,中国的实力则越来越强。面对中国的日益崛起,美国国内逐渐达成了一种共识,即不允许中国再发展了,否则美国就没有手段阻止中国"称霸"全球。因此,中美关系的转变,并不是中国要向美国发起挑战,而是美国对中国的认知发生了变化,只不过特朗普上台后,一切都变得赤裸裸了。

因此,一方面,中国必须认清美强中弱的现实,尽可能避免不必要的冲突,但这并不意味着中国要放弃自己的原则,涉及中国核心利益的问题,如香港问题、台湾问题、西藏问题、新疆问题、南海问题等,我们坚决不能退让,而在某些领域则可以妥协。中美贸易谈判持续时间那么长,中国也作出了很多的让步。另一方面,虽然中国并不是要处处与美国对抗,但斗争是必要的。我们要有礼有节地斗争,是斗而不破,斗争的目的是为谋求更大的、稳定的发展空间。冲突加剧也并不意味着中美会完全脱钩或者发生军事上的全面冲突,但局部的冲突将不可避免。我们要就美国对中国进行全面打压和封锁做好思想准备。此外,我们还要认识到如今中美关系和冷战时期的美苏关系是完全不同的。当时的美苏两国完全对立,是没有相互关系的体系制度的斗争。而中美在全球化的斗争中实际上是你中有我,我中有你,最明智的做法仍是选择合作,但目前美国政府内部由鹰派政客主导,并且达成共识,美国遏制中国的战略核心短时期内将不会改变。

其次,中国应在美国退出多边机制的情况下强调多边主义、全球合作和共赢,将欧洲作为工作重点。我们要强化危机意识和忧患意识,尽可能延迟和阻止脱钩的趋势和倾向,尽可能加大与欧洲国家利益的交织和融合,在疫情的应对中更多地突出合作。当前加强全球卫生合作仍是非常有必要的,因为现在疫情的震中是发达经济体和中国,这些国家的应对能力相对较强,但如果未来疫情在非洲、拉美及印度等地区大规模暴发,那么无论是单一国家还是整个地区都将难以应对。然而,非常遗憾的是,能够起协调作用的世界卫生组织却被西方某些国家和人士政治化,这导致其经费短缺,形象受损,作用被大大削弱。中国正力所能及地帮助他人,但心有余而力不足,新冠肺炎疫情只有通过全球合作才能被攻克消灭。

最后,我们在宣传上不宜将中国塑造成救世主,不应将中国推崇为应对疫情的世界榜样,不能大肆主张让他国来"抄中国的作业",更不该抬高自己,打击别人,甚至幸灾乐祸。在应对疫情上,各国由于政治、经济、体制、文化和传统理念的不同,抗疫举措也是不尽相同的。我们不能说中国的办法是唯一正确的,不然可能会造成适得其反的效果。各国可以相互学习、相互借鉴,避免将疫情政治化和意识形态化。中国最重要的事情是把自己的事做好,如果中国能保持经济的发展、社会的稳定、人民生活的改善,我们就可以"稳坐钓鱼台,任凭风浪起",否则一切都无从谈起。

(本文根据中国前驻德国大使史明德先生于 2020 年 4 月 15 日在北京大学区域与国别研究院组织的"全球疫情观察与分析"上的演讲录音整理而成。)

全球疫情观察与分析：日本

程永华

自新冠肺炎疫情暴发以来，日本出台各项政策遏制疫情的进一步蔓延。在这其中，既有经验，又有教训。疫情给中日关系的发展带来了机遇和挑战，一定程度上将对今后中日关系产生重大影响。中日两国应就应对疫情及其影响展开密切合作，共同推动两国关系持续稳定健康发展。

一、疫情发展与防控过程

日本国内疫情的发展分为两个阶段。第一阶段由输入型感染源造成，即自2020年1月15日在日本发现首例确诊病例，到2月3日共发现12例病例，其中11例有武汉旅行史或接触史。由于传染途径清晰，日本政府迅速切断感染源与感染途径。至3月20日前后，日本疫情总体上得到控制，发展相对平缓。此后则是第二阶段，病例迅速突破1000例，进而处于疫情高峰。其来源主要是欧美输入型病例，至4月18日已突破10000例。到2020年4月23日为止，日本累计确诊12000多人，其中2000人已治愈，接近300人死亡。

与此同时，疫情导致的经济"危机"不断凸显。奥运会延期产生的经济损失自不必说，大量旅游业和服务业中小企业因外国游客减少陷入危机；内需及出口持续低迷，8家车企巨头宣布暂停生产。日本研究机构和经济学家认为，新冠肺炎疫情令日本经济遭受重创。自2012年12月安倍晋三第二次执政以来,一直持续扩张的经济周期已经结束,日本经济陷于衰退已成定局。此次疫情对日本经济造成的影响估计会超过2011年大地震、"雷曼危机"、亚洲金融危机。国际货币基金组织(IMF)预计,2020年日本的国内生产总值增速为-5.7%。

日本政府防疫政策实施分为三个阶段。第一阶段主要是防输入。日本政府最初一方面劝告本国国民不要去武汉或湖北其他地区,并且自2020年1月29日开始前后共派出5架包机接回在武汉的日本人,同时禁止持有中国湖北省颁发护照的外籍人士入境。第二阶段主要是防止国内聚集性感染。2月13日,日本发现首例无中国接触史的本土感染病例,这表明疫情在日本国内的传播发生变化。这迫使日本政府急速调整相关政策。2月25日,日本公布《新冠病毒感染症对策基本方针》,要求大型活动停办、中小学暂时停课等。在检测方面,日本采取分级诊疗,即居民出现37.5℃以上的发热并持续4天应立即赴诊所与医生商讨,并根据指示到指定医院就诊,形成分步、分阶段的措施。总的来说,在新冠肺炎疫情于全球蔓延之初,日本国内疫情相对较平稳,以至于一度被国际社会视为疫情防控的"优等生"。第三阶段是全面升级防控措施。3月下旬开始,日本国内确诊人数陡然增加,日本应对措施升级。3月28日,日本政府发布《新冠病毒感染症对策应对方针》,特别提出要避免"三密",即"密闭空间、密集人群、密集接触"。时任首相安倍晋三于4月7日对东京等7个都府县发布紧急事态宣言,4月16日紧急事态宣言扩大至全日本,并持续至5月6日。由于目前的统计有滞后效应,所以日本在未来一个月内,确诊人数估计仍将处于上升阶段。随着国内确诊感染人数不断上升,日本政府的防控对策开始引发越来越多的争议。

由于疫情对日本经济的巨大影响,第三阶段中,日本政府开始积极采取经济应对措施。4月6日,日本内阁府通过108万亿日元(约合6.8万亿元人民币)的新冠肺炎疫情紧急经济对策,远超2008年金融危机时期约56万亿日元(约合3.5万亿元人民币)的经济刺激计划。4月16日,日本政府决定向每位国民追加发放10万日元(约合6300元人民币)。加之自1月开始的两轮经济对策,目前日本已实施三轮经济对策,初期主要是用于支援口罩等医疗防护物资的生产,加强边境口岸的检测,后期则更多用于保护国内经济。但长期来看,这些措施作用的效果或将有限。

反思日本应对疫情的进程,日本一直到3月20日前后重点还是防止输入,但有关措施并不彻底,钻石公主号邮轮就是典型。虽然日本政府从2月开始采取防止社区感染措施,但实际检测对象的人数不够多,对感染源及密切接触者的追踪检测也不彻底,甚至一度有70%至80%的病例是不明感染源。舆论称日本政府行动迟缓,举棋不定,紧急事态措施出台滞后且后期才扩至全国,执行也较为松懈。未来日本仍可能出现疫情暴发。

二、疫情防控的优势和挑战

日本的技术优势、决策体制和生活习惯在疫情防控中显示出一定的优势。日本作为科技强国的实力在抗疫过程中得到充分展现。时任首相安倍晋三在3月28日的记者会上宣布已有4种日本国产药物投入感染者治疗。同时,日本在仅仅两个多月的时间内研发出世界最小、最轻的可携带式人工肺(ECMO)。4月20日,岛津制作所宣布开始正式销售其研发的检测试剂,检测只需1小时,且判断准确率为100%。长崎大学则宣布联合开发出只需15分钟即可出结果的检测试剂。另外,擅长基因药物研发的日本新兴制药企业AnGes与大阪大学联合开发新型冠状病毒疫苗将从7月开始进入临床实验。除药品以外,日本还研发出一些新型仪器,如具有人脸识别系统和记忆功能的红外线测温仪、非接触式感应电梯楼层按钮、新型楼宇可视电话等。新型测温仪自动记录进出人员的人脸和每日体温,一旦某日某人员体温超过设定红线,测温仪可以迅速提示,并锁定体温异常者及其前后进出人员,即能追踪密切接触者。

日本卫生保健体系对新冠肺炎疫情的应对也有一些独到之处,在后期发挥了重要作用。日本的全民医保覆盖率高,有利于降低患者检测及后期治疗的经济负担。日本分级诊疗体系也非常完善,社区诊所服务的利用率比较高,居民出现新冠肺炎的呼吸道感染症状,可以先利用社区诊所服务,避免在大医院造成医疗资源挤兑。诊所的医务人员可以较好地应对轻症患者,协助他们采取居家医疗等措施。

日本人的生活习惯也有利于疫情防控。春季正是花粉过敏高峰期,加之日本人防止流感交叉传染意识较强,因此本身就有戴口罩的习惯。日本的卫生环境较好,公园等公共场所的卫生间普遍配有手纸和洗手的地方。日本人自律、服从权威,政府的倡议尽管不是强制性的,但听从的人仍然较多,宣布紧急事态后大街上的人数还是很少的。上述因素都有利于疫情的控制。

不过,日本的部分制度也为疫情防控带来了麻烦。依据日本地方自治法,中央政府的权力受限,都道府县高度自治,因此安倍请求各地小学停课,用的是"请求"一词,而不是"命令"或者"指示",这一体制使日本抗疫工作遭遇诸多麻烦。同时,日本与中美不同,没有专门的疾控中心,缺乏专门应对突发公共卫生事件的核心机构,无法迅速对全国疫情防控工作做出统一部署。

社会人口特征也是日本防控疫情的天然短板。日本人口老龄化程度非常严重,对于老年人尤其是基础性疾病患者而言,新冠肺炎转为重症的概率很高,由此导致死亡率高,更占用了较多的医疗资源。此外,日本人口密度较高,无法实施严格的社交隔离措施,尤其是在东京、大阪等大城市表现得更为突出。

从医疗卫生资源看,日本的卫生体系效率虽然很高,但是其医疗资源主要用于慢性病治疗,一些长期患者占用的床位比较多,平均的住院时间较长,床位周转率低。尤其是日本的重症监护病房(ICU)床位非常少,真正能在疫情中投入使用的远少于其实际数量。

此外,日本的医疗机构私有化也极大地提升了病毒检测的难度。日本医疗的主要供给方以私营机构为主,全国有8000多家大医院,公立和私立的比例是1∶5。大医院之下有9万家诊所,几乎全部是私立。私立医院主要自主管理,无法强制其提供公共卫生服务。有些私立民营诊所由于担心院内交叉感染影响其收入,不愿进行新冠病毒检测。这使很多病患无法得到妥善的收容和治疗。

综合来看,尽管日本的卫生体系较为完备,但面对新冠肺炎疫情这场危机仍措手不及。紧急事态和常规情势对卫生体系的要求完全不同。这次疫情也将推动包括日本在内的很多国家加快完善卫生医疗体系。

三、中日在疫情期间的互动

此次疫情下,中日两国在各个领域互动合作,为下一步两国关系的发展积累了有利因素。武汉暴发疫情后,很多国家对中国施以援手,其中日本反应最快。日本外相第一个与中国外长通话,而第一批日本援助物资,即日本伊藤洋华堂捐助四川和湖北的100万个口罩于1月25日就运抵成都机场。日本赴武汉撤侨的包机上装满了日本政府及从各地调集的口罩、防护服、护目镜等物资。与此同时,东京、熊本等地方政府也动用自身应急防灾储备向中方提供捐助。据国航驻日代表称,为运送东京都向中方提供的应急储备物资,国航派出两架波音747大型货机。此外,很多日本网友在中国驻日使馆的社交媒体账户上给武汉加油,给中国打气。日本各界捐赠物资时题写的如"山川异域,风月同天""岂曰无衣,与子同裳"等古典名句引发网络热议。

在中国国内疫情相对稳定后,日本疫情却日益蔓延,中国也开始向疫情日益严重的日本提供了力所能及的支持和帮助。两国外交部门合作开展联防联控应对疫情,保持密切沟通,进行了若干次视频会议。中国政府向日方提供了包括各种口罩、防护服、面罩、护目镜、手术衣、检测试剂盒等在内的抗疫物资。两国的疾控专家举行视频会议,就疫情防控策略特别是病毒传播途径、不同地区和人群的防控措施、抗病毒药物的筛选等内容进行交流。旅居日本的中国侨民在日本街头免费赠送口罩,得到日本民众广泛好评。

更重要的是,日本在应对疫情的问题上并没有追随某些国家或者某种舆论方向。除个别人以外,日本没有从政治化或者意识形态化的角度对中国的防疫措施进行解读,也没有从国家间模式或制度竞争方面来对防疫的利弊得失进行解读。当遇到危机时,日本的反应是务实的,注重凝聚大多数人的观点和利益,而并未仅从意识形态、价值观等角度发表观点,并未被国际上部分极端观点所左右。此外,日本还积极在国际舞台上释放善意,开展合作外交,在周边优先推动大国关系协调。

从中日双边关系上看,这次合作拉进了中日舆论与国民感情。中日国民感情是两国关系上的长期短板,随着中日关系改善,近几年亲近感持续上升,总体呈现向好趋势,双方在此次疫情中的相互认识应该说是实事求是的,也是饱含感情的,并没有以邻为壑,而是守望相助。

4月初,日本政府基于民间智库机构(未来投资会议)建议宣布拨款22亿美元帮助企业从中国转移生产线,引发国内媒体的大量解读。但仔细研究就能发现,日本政府此举只是疫情扩散下的应激性反应,对在华日企影响有限。受疫情扩散影响,日本国内企业因缺乏海外供应链的支持而出现大规模停产。比如东芝公司在日本已全面停工停产,几家汽车巨头公司也被迫停产,给日本经济带来冲击。有意迁移的在华日企所占比重并不大。据日本经济新闻报道,4月初日本贸易振兴部门对中国华南地区的日资企业进行问卷调查,结果显示在361家日资企业中正在考虑转移或是原本就考虑转移而现在因疫情考虑加快转移的企业分别占2.9%和5.4%,加起来共有8.3%。从转移目的地看,日本最多,越南次之。而2月末相同的调查显示,当时考虑从中国转移的日企比例是15.2%,也就是说从15.2%减至8.3%。这一对比说明,疫情给全球的生产和消费都带来冲击,但中国率先走出困境,取得重大的阶段性成果,让日资企业更加意识到继续在中国投资的重要性。

另据日本贸易振兴机构上海总代表小栗道明在接受媒体采访时所称,日本企业确实存在撤资的现象,但撤资领域有限,主要是医疗器械及相关医疗服务企业。日本所需70%的医疗物资需要从中国进口,而自己只是生产30%,且原材料也来自中国。疫情阻碍了人员往来和物资运输,也就阻碍了中国医疗物资向日本的出口。疫情之下,日本政府必须保障国内医疗物资供应链完整。那些需要高附加价值且面向中国市场的企业将会继续选择留在中国,甚至在中国继续扩大生产规模。

总的来说,疫情期间中日进行了良性互动。从宏观看,中日之间对世界形势的共同认识增多,共同语言增多。政治上,双方有意维护中日关系的稳定;经济上,有意加强经济合作,两国愿为推动区域合作进一步做出努力和贡献。中日之间的互动有助于中美日三边向相对更趋均衡的方向发展。但同时,也必须看到日本政策的两面性,以及由此引发的政策摇摆、日本企业投资的布局转换、产业链的重组以及国际规则的博弈等方面的动向。特别是随着美国主导全球产业链去中国化的动向日趋明显,今后美日欧有可能进一步联手,特别是在世界贸易组织改革等问题上抢抓主导权,在高科技产业等领域加强对中国的限制。

四、中日合作的未来空间

中日之间互为邻国,联系紧密,应从构建卫生健康共同体出发,加强彼此间合作。在此次疫情中,中日两国的合作广度和深度明显增加。

第一,疫情防控国际合作。日本是全球化和多边主义的支持者和受益者。中日应当坚持合作抗疫的大方向,反对将疫情政治化、反对干扰破坏全球抗疫的错误言行,支持世界卫生组织发挥应有作用。双方要鼓励两国各部门、各行业和民间地方以稳妥方式增进交流互动,加快打造双边人员交往"快捷通道",为此提供便利条件。中日可以合作进行疫情防控物资的生产。中国目前处于药品及医疗器械国际化的大背景下,我们希望医药产品和医药物资生产和供给可以走向国际,但在产品质量和规范上有所不足,而日本在通过世卫组织预认证方面是有经验的,在这方面中国可以向日本学习和借鉴。

第二,卫生健康政策互鉴。日本是世界上老龄化程度最高的国家,65岁以上的老年人占人口总数的28.4%。随着人口结构变化,日本卫生政策已经向老龄化和全民医保覆盖方向转移,在法律、行政、企业、社会等方面已经形成一整套保障体系。这与中国当前人口和社会经济的转型和发展也是契合的。伴随中国老龄化比例的急剧上升,中国与日本交流经验、开展合作的必要性也大幅增加。日本的妇女儿童健康保障亦处于世界领先水平,中国在此方面也从日方收获很多。这将为中日之间的合作奠定基础。此外,中日两国还可就远程医疗、新药开发等其他领域强化交流合作。

第三,强化区域产业链供应链。中日两国都是制造业大国,都是多边主义和自由贸易的维护者和推进者,应继续坚定支持世界贸易组织、东盟＋中日韩(10＋3)、二十国集团等多边机制发挥应有作用,努力确保年内签署《区域全面经济伙伴关系协定》(RCEP),加快中日韩自贸区谈判,为地区和世界经济复苏作出贡献。欢迎日方及时把握中国发展的新形势和新机遇,积极致力于深化对华合作。中方重视日本企业在华复工复产,并采取了一系列支持措施,希望日方也为中国企业在日正常经营提供公平、透明、非歧视的环境。

当前,疫情发展态势仍不明朗,中日作为重要近邻和世界主要经济体,有必要维护好两国关系正确发展方向,在携手抗击疫情、促进经济复苏、维护地区和平稳定等方面加强合作,共同应对各类全球和区域性挑战,为两国关系发展不断注入新动力。

(本文根据中国前驻日本大使程永华先生于2020年4月23日在北京大学区域与国别研究院组织的"全球疫情观察与分析"上的演讲录音整理而成。)

全球疫情观察与分析:法国

翟 隽

2020年伊始,新冠肺炎疫情肆虐全球,这次疫情把健康和卫生问题推到了全人类的面前。从21世纪初期到目前的这短短20年,发生了六七次类似的全球突发的重大公共卫生问题,这次是最大的。这也是自1918年大流感以来一次最大规模的世界公共卫生危机。从2003年的"非典",到2005年禽流感、2009年猪流感,到后来的埃博拉,再到这次的新冠肺炎,全球疫情发生的频率越来越高,影响的人群越来越多。这次几乎没有任何一个国家可幸免,全球卫生安全作为非传统的安全问题摆在全世界人民面前。以前讲传统和平,但这次疫情是非传统安全问题成为一个重大的事件。为应对这一罕见的大流行病给公共卫生、经济、社会与国际关系带来的挑战,世界各国都依据各自国情,采取了不同的防控举措。

自新冠肺炎疫情在法国暴发以来,马克龙政府迅速采取了一系列举措:关闭学校,停止一切非必需商业活动,严格限制本土与海外的往来,发布禁足令;承诺缓征或减免税金及社会分摊金,启动450亿欧元"经济紧急计划"以稳定就业和扶持企业;宣布国家进入"卫生紧急状态"。在各方共同努力下,法国疫情出现"缓解"迹象。但也有不少法国人对未来充满忧虑。一方面,"法式抗疫"能否有效地抑制病毒尚不得而知;另一方面,法国经济正经历自1945年以来最差的季度表现,如何尽快渡过危机成为法国政府的首要难题。本文将探讨法国的"抗疫"举措与欧洲其他国家相比有哪些得与失,法国在整个欧洲疫情防控战场上发挥了怎样的作用,疫情对中法产业链合作的稳定与安全带来了怎样的影响,中国对此该采取怎样的态度与措施,以及此次疫情给欧洲格局乃至世界发展将带来怎样的变化。

一、法国疫情发展概况

法国和大多数国家一样,疫情的发展可以分为上下两个半场,上半场实际上从2020年1月下旬开始,即1月24日政府公布了3例输入型病例,这就意味着法国正式出现新冠肺炎的疫情了。此前,法方曾经制定了一个四阶段防疫的预案;第一阶段为防输入;第二阶段为延缓和遏止;第三个阶段是减少损失;第四阶段就是后疫情阶段。

上半场是第一阶段,法方认为疫情还没有在境内传播,主要任务是防输入。在此阶段,加强医疗系统的预警,检测到病例立即对传染链进行追踪,做到应检尽检和应收尽收。法航从1月22日起逐步暂停了往返中国的航班,并且对从中国武汉撤回的侨民进行了严格的隔离检测,减少输入的风险。法方的上述措施得到较好的成效,至2月24日法国仅有12例确诊病例,其中1例死亡,其余11例都先后康复了,疫情没有在当地出现大范围传播。

下半场从2月下旬开始。2月26日,位于巴黎北部100公里的瓦兹省发现法国首个本土死亡病例,这一地区随后出现了聚集性感染。之后与意大利、瑞士接壤的上萨瓦省,以及与德国、瑞士接壤的上莱茵省也都出现了聚集性感染。2月29日,法国累计确诊病例超过100例,政府宣布疫情进入第二阶段,即病毒开始在国内传播,但尚未在全境广泛出现。这个阶段法国政府的防疫策略是延缓和遏制疫情,医疗系统仍然尽可能地追踪传染链,进行核酸检测。此后疫情在法国总体上呈现了一个由点到面,由东向西的发展趋势。

3月11日,世界卫生组织宣布此次疫情已具有大流行的特征。3月12日法国累计确诊病例为2876例,其中重症129例,死亡61例。当晚,法国总统马克龙发表全国讲话,称本次疫情是一个世纪以来法国面临的最严重的危机,强调法国仍处在疫情的初期,宣布了应对疫情的一些相关的举措,主要包括从

3月16日起全国的学校停课；医院将延后一些非必要的手术和治疗，为救治重症患者留出床位；政府将最大限度地动员包括退休医生和医科学生在内的医护后备力量。3月14日，法国累计确诊4500例，72小时内翻了一番。当晚，总理菲利普发表了电视讲话，宣布从次日零时起关闭全国的餐厅、咖啡馆、电影院、舞厅等非必要营业场所，但市镇选举第一轮投票还是如期举行。随后法国卫生总局局长表示疫情实际上已进入第三阶段。

第三阶段疫情开始在全国范围内传播，意味着法国政府的策略从延缓和遏制转为了减损：不再也没有能力进行传染链的追踪，不再也没有能力逢人必检；通过社会管控措施来减少人和人的接触；医院只接受重症患者，轻症患者则居家隔离自我密切监测，出现呼吸困难的时候再拨打急救电话，由医院评估之后接收。3月16日，总统马克龙再次发表电视讲话，宣布从次日起开始为期至少15天的禁足，推迟原定于3月22日进行的市镇选举第二轮投票；口罩要优先供应医院诊所医护人员使用。同时，欧盟和申根区也宣布关闭入境口岸，禁止非欧盟、申根区的人员和英国公民入境。

实行禁足后，法国疫情仍然呈延续上升趋势。至3月19日，法国检测确诊病例超过1万人，死亡372人。4月1日，检测确诊将近5.7万人，医院的死亡人数超过了4000例。4月2日起，法国开始公布养老院等福利机构的数字，当天初步统计上述机构累计确诊和疑似病例达到了1.5万例，死亡将近900人。4月9日起，法国的重症人数有所下降，显示疫情有所缓和。但法国疫情仍处于"高位平台期"。截至4月26日晚，法国官方卫生部公布的统计数字累计确诊124575例，死亡22856人。

二、法国防疫举措的特点和得失

法国政府防疫过程中反复强调两大原则，即"适度性"和"差异化"。适度性主要体现在应对举措逐步加码，差异化主要体现在由点及面。但在实践中，法国政府的疫情应对举措有点像挤牙膏一样，没能跑到疫情前面遏止疫情，而是始终在疫情的后面跟着跑，让疫情牵着鼻子走，走到哪步算哪步。尤其在疫情发展前期，政府明显经验不足，有点措手不及。暴露出的问题有以下四个方面。

第一，重视不够，准备不足。在医疗卫生领域，法国算是传统强国，2019年全球卫生安全指数中法国排名第11位，法国的人均寿命在世界上也是排在前面的，并且法国被认为是"应对流行病准备最充分的国家之一"。法国政府最初认为新冠肺炎只是"远在地球另一端的事"，后来在防输入的时候也是只防亚洲不防邻国，眼睛只盯着中国。法国政府相信自身医疗和科研水平，低估了社会管控措施在防疫中的作用，导致了法国民众麻痹大意。疫情全面暴发后，法国才发现自身的防控物资储备严重不足。法国口罩储备曾达到过10亿只，此后因为预算等各种原因，到疫情暴发时只剩1.5亿只外科口罩，医用防护口罩根本没有。由于生产能力严重不足，全法只有4家口罩生产商，每周最多生产330万只口罩，而疫情时期每周仅仅医护人员就需要2400万只。另外，法国的检测试剂、呼吸机和重症床位也都严重不足。总体上看，疫情暴发后法国政府有点手忙脚乱，一边救火，一边找水。

第二，瞻前顾后，防控措施不坚决。疫情暴发后，法国政府想得比较多，结果贻误了战机。疫情蔓延时期正好赶上法国地方选举，这是法国政治生活中的大事，第一轮的投票正好是3月15日。总统马克龙一直高调表示，"民主生活要继续"，执政党和在野党都在为争取选票做最后一搏。3月15日当天，超过2000万法国人上街投票，而第二天马克龙就被迫宣布全国禁足，这个操作也引发很大的争议。法国政府防疫动作迟缓，还受到经济因素的影响。2019年法国经济增长连续第二年下滑，跌到1.3%，失业率为8.1%，停工停产等防控措施对经济的影响巨大。据法国统计局估算，全国每禁足一个月，预计损失3个百分点。据4月22日法国劳工部公布的数据，法国有1020万私企员工处于"部分失业"状态，占全国私企员工的一半，法国规定政府须向这些"部分失业"员工给予一定的补贴。

第三，法国政府的某些提法或者做法似是而非，在口罩问题上尤为明显。法国政府3月13日颁发了一项政令，宣布征收全国所有法人持有的医用口罩，保障医务人员使用。但同时，政府在对民众宣传的时候却反复灌输口罩对健康人士没有明显的保护作用,戴口罩不如常洗手,且普通人并不懂口罩应如何使用。这些似是而非的观念对普通民众防疫还是有影响的。

第四,法国人在疫情面前这种自由散漫的民族性表现得比较充分。在禁足令生效前夕,很多法国人纷纷上街,去餐馆酒吧享受"最后的自由"。禁足令生效 20 天后,法国警察针对不遵守禁足令、违规外出等行为一共开出 53 万张罚单。

尽管法国抗击疫情的表现有诸多不足,但客观地看,每个国家在选择防疫策略的时候,都是从本国的国情和体制特点出发的。其实大多数西方国家都采取了和法国相似的做法,这既有经济因素也有文化和民族性格因素。法国在抗疫过程中还是展示了其社会可贵的韧性。

法国医疗系统 2 月下旬就启动了"白色计划"。全面动员医学院的学生、刚刚退休的医生等后备力量支援前线,并且争分夺秒地增加重症床位的数量。法国此前重症床位比较少,只有 5000 张,但是在 3 月底已经增加到 1 万张,目标是增加到 1.5 万张。疫情早期虽然防疫物资比较匮乏,但是医护人员表现出了极高的敬业精神,有些医护人员在没有防护装备的情况下,仍然冒着风险夜以继日地坚守岗位。法国各级政府和企业全体出动进口口罩,同时开足马力增加本地的生产,到 4 月 1 日法国的口罩储备已基本满足了医护人员的需要。

疫情面前,法国各个地区、社会各阶层、军民之间相当团结。政府动用军机、高铁、轮船把部分重症病人送到医疗资源相对宽裕的西部和南部地区,西部和南部地区医院也派了医疗人员支援东部。军队 10 天内搭建起一座战地医院,配有 30 张重症床位。各行各业可以说都展现了大局观念,很多汽车企业如雷诺等都开始转产生产呼吸机,路易·威登等奢侈品巨头转产生产酒精、免洗洗手液、口罩等。各大媒体唱响主旋律,传播正能量。每天晚上 8 点,所有的民众自发为医护人员鼓掌打气,场面非常感人。到目前为止,应该说法国基本实现了其制定的拉平疫情曲线的目标,医疗系统总体上也扛住了高峰冲击,没有发生明显的过载,没有被迫进行选择性治疗。总的来看,政府的防疫行动基本做到了"程序正义",大多数民众还是持接受的态度。

法国和德国是欧盟的两个核心大国,是欧洲"领头羊",欧洲对法国来说非常重要。面对疫情,法国努力在欧洲发挥引领作用,扮演抗疫行动的协调者和欧盟团结捍卫者的角色。意大利疫情暴发后,法国在自身储备并不富裕的情况下,提供了 100 万只口罩、2 万件防护服,还向德国提供了 7 吨防护物资,向欧盟其他国家出口了 200 多万只的口罩。随着疫情扩散,法国积极呼吁欧洲各国协同合作,避免各自为战,特别是强烈要求各国采取边境管控措施时要统一步调。法国外交部在疫情初期协助欧盟的 22 个成员国,从全球各地包机撤回 15 万侨民。在法国疫情非常严重的时候,法国政府也争取到德国、卢森堡、奥地利等国家接收了法国一部分的重症患者。法国还和德国、荷兰、西班牙、意大利协调,推动欧盟最终搁置争执,达成抗疫纾困协议。法国总统马克龙把欧洲能否团结抗击疫情视为欧洲和欧盟建设面临的重大考验,可以说法国是这次欧盟联合抗疫最积极的推动者。

三、中法抗疫合作

疫情发生后,法国总统、外长等分别和我国领导人及相应官员通电话表达了慰问支持,并向我国提供了 3 批医疗物资援助,包括 83.22 万只医用口罩,630 套防护服,96.5 万副医用手套等。法国疫情蔓延后,中国国家主席习近平向法国总统马克龙发去了慰问电,并给他打电话表示支持,也介绍了中国抗疫经验做法。中国也向法国提供了一些物资援助,包括 5 万只医用 N95 口罩,1 万套医用防护服,100 万只医用外科口罩,150 万副医用手套,还准备向法方提供数万份检测试剂。

疫情期间,法国驻武汉的总领事馆是唯一一个没有关闭的外国总领馆。法国驻华大使还明确表态说,等到 4 月份疫情稍微好一点,他会带着所有法语国家的大使一起去武汉表示声援。当时整个外交界如此明确表态的只有法国一国,体现了困难情况下法国的友华态度。

法国疫情暴发后,我国上海市、四川省等地方政府也向法国一些地方提供了援助。华为公司、武汉大学法国校友会也向法方捐助了防护物资。法方对外宣布向中国订购20亿只口罩,现在已经订购了11亿只,还有一部分在洽谈。法方还想采购重症监护呼吸机。疫情严重以后呼吸机在全世界都是紧缺的,中国是主要的生产者,为世界各国提供,供不应求,法国也准备买3000台,到目前为止订购了320多台。

总体来讲,中法之间抗疫合作是比较好的。法方调动民航飞机在中法之间搭建了空中桥梁。法方已经通过外交渠道获得了7架次的政府包机许可。自3月以来,中国民航局已批复法方共117班货机的申请,主要用于运送购买的医疗物资。除此之外,中法在抗病毒药物研究和疫苗研究方面的合作也在持续推进,中科院上海巴斯德研究所和法国巴黎巴斯德研究所,正在筹划在非洲推动中法非三方合作。

疫情发生之后,法国和其他西方国家相比,对中国的态度是相对克制、比较友好的,特别是领导人和政府层面。他们以各种形式支持我们的抗疫斗争。马克龙总统在和习近平主席通话时表示,在习近平主席的坚强领导下,中国政府和人民展现了巨大的勇气,采取了果断的措施,短期内控制了疫情,对此表示高度赞赏。到后来法国疫情严重时,习近平主席给他打电话的时候他又表示,感谢中国提供友好帮助,愿全面加强合作,对外展示了两国共同抗疫的坚定决心。

总体来看,法国是西方大国中独立性最强的国家,也是在国际重大问题上,与我国共同语言比较多的国家。两国的关系应该说在高位运行。中法在维护多边主义、共同抗击疫情上保持比较好的合作,到目前为止,法国官方还没有附和美国对我国进行污名化的攻击。

四、法国学者对疫情下国际形势的看法

法国的疫情还在继续,但是专家学者已围绕疫情对国际关系、世界经济、社会治理模式和文化的巨大冲击发表看法,展望"疫后"的世界形势。这些观点大体上可以梳理为以下四个方面。

(1)关于国际体系和格局。各方普遍认为,这次疫情是二战之后人类社

会面临的最严重危机,影响深远,其程度难以估计。多数学者对"后疫情时代"感到担忧,认为疫情之下,现行全球治理体系的弊端暴露无遗,"国际社会"这四个字已名存实亡。民族主义和民粹主义情绪将进一步蔓延,一系列多边设计恐将加速解体。有观点认为,疫情是一次"纠错"的机会,让人们更加认识到团结互助的重要性,以及分裂与隔阂的危害。从长远看,这轮调整有助于构建新的"国际主义"。很多学者关注疫情带来国际力量对比的变化,称世界各大力量在同病毒做斗争的同时,还在进行一场影响力争夺的暗战。受疫情冲击西方霸权加速衰落,美国进一步丧失世界领导力,欧盟自顾不暇,中国则借"抗疫外交"填补真空,正在成为最大赢家。危难时刻,欧洲国家各自为政,将给民众留下复杂的集体记忆,欧洲一体化面临更大的信任危机。未来欧盟将面临新的艰难的抉择,要么在疫情倒逼下加快联合步伐,要么加速衰落。

(2)关于世界经济。各方普遍认为,病毒带来了卫生和经济两个层面的双重危机。2020年世界经济可能出现5%左右的衰退,导致大量企业破产、工人失业、贫困人口增加。各国纷纷出台经济支持政策,斥巨资补贴中小企业、救助失业人员、担保银行贷款。但如果疫情持续,将导致全球公共债务大幅增加,意大利等财政脆弱的南欧国家,恐将再次陷入债务危机。很多专家认为疫情将重塑世界经济模式,加速"去全球化"的进程,西方国家将加大对战略型经济部门的保护,坚定"再工业化"决心,减少对中国的依赖。当前以中国为中心的全球产业链,将演变为以区域性合作为支柱的"多中心"产业链。马克龙在一次谈话时讲到,要接受教训,将来疫情结束后,欧洲不能再依赖别人,要加强对一些重要企业和关键产品的自主权。但也有观点认为,疫情不会改变全球化进程,产业转移说易行难,或将只是个别现象,且产业链的重组最终将有利于消费活跃的地方,人口老龄化的欧洲难以从中获益。

(3)关于社会治理模式。各方普遍对欧美国家政府应对疫情的表现感到失望,对当前西方民主和社会治理模式进行反思,认为政府过于松懈,政治家缺乏责任感,党派和经济利益至上,是导致应对不利、疫情失控的重要原因。部分专家指出,西方因为傲慢和意识形态的偏见,对中国经验视而不见,延误了控制疫情的最佳时机。不少人对中国的道路、制度偏见根深蒂固,质疑中国数据造假,鼓吹新加坡、日本、韩国,甚至中国台湾地区的抗疫模式,顽固坚持"民主抗疫"的优势。有学者称疫情还未结束,说民主制度就此衰落言之尚早。民主制度有两面性,一方面因其散漫、无序的自发倾向而注定比"威权制度"更软弱;另一方面又具有极强的自我修复能力。此次疫情促使民众反思,推动政府和社会建立权利与责任更为平衡的契约关系。

(4)关于西方文化和生活方式。多位学者反思疫情折射出的东西方文化差异。西方民众为其"毫无依据的安全感"和过度自由付出了惨重的代价。而东方儒家文化的服从性和集体凝聚力,使得一些亚洲国家和地区在应对疫情时更加迅速有效。有学者谈到,疫情也充分暴露了后现代文明的脆弱,将改写人类的生活方式。交通的便利和无限制的出行旅游加速了疫情传播,迫使人们对享乐主义和个人主义的生活方式做出改变,更加重视自然环境和气候变化,加速经济的生态环保转型,并对数字化技术的优势和个人隐私保护重新认识。

五、几点个人看法

这次疫情是座分水岭,对于疫情前后的世界变化,目前专家学者仍是各抒己见,众说纷纭。未来形势还处在变化发展中,充满不确定性,需要进一步观察,不急于下结论。我有以下初步看法。

疫情对法国和欧洲的冲击是全方位的,造成的损失巨大,影响深远。但长期看,形势总体可控。政治、经济、社会等方面不会大乱。欧洲一体化趋势也不会逆转。在中国和西方大国关系中,中法关系有其特殊性。在百年大变局、中美博弈和新冠肺炎疫情的大背景下,中法关系的战略性更加突出。我们应该重视法国这种战略平衡作用。在交往中尽可能求同存异,增信释疑。疫情使我们面临多方面的挑战和考验,但也给我们提供了发展关系的新机遇。我们应进一步深化两国间政治互信,加强在联合国、世界卫生组织和二十国集团等多边框架下的合作。两国应积极开展公共卫生领域的合作,包括这方面中法非的三方合作。在经贸方面可以继续推动大项目合作,尽早签订"中欧投资协定",实现更多利益捆绑。中国需通过与法国的沟通合作维护欧洲市场和中欧产业链的稳定。

在国内抗疫斗争取得阶段性胜利的时候,我们要认识到,虽然中国的国际影响力进一步增强,但面临的挑战也更加严峻,特别是来自美国方面的战略压力。中美两种抗疫模式形成鲜明对比,我们展现的能力使得美国更加焦虑,对华遏制的冲动和冒险性在急剧上升。其他大国的危机意识和自保心态,给我们从全球战略层面运筹中美关系增加了新的复杂因素。美国铁了心地要遏制我国的发展。我们要有底线思维,做好各方面的准备,对美国还是要坚持一贯的原则,两手对两手,多手对多手,该斗争的坚决斗争,能合作的尽量合作,但是不抱幻想。与此同时高举团结合作的旗帜,占据国际道义制高点,结成最广泛的统一战线。真心实意地帮助其他国家,包括发达国家和发展中国家。以实际行动践行人类命运共同体的理念。在做这些事情的时候一定要放低姿态,多做少说。不吹嘘,不炫耀,不刻意渲染,不搞制度对比。

(本文根据中国前驻法大使翟隽先生于2020年4月27日在北京大学区域与国别研究院组织的"全球疫情观察与分析"上的演讲录音整理而成。)

全球疫情观察与分析:东南亚

胡政跃

随着新冠肺炎疫情在全球蔓延,东南亚地区在悄无声息中成为新的疫情暴发点。疫情给许多东南亚国家的生产、生活和消费带来严重影响,旅游业、零售业和其他服务行业的冲击最为显著,大量从业者失业,地区经济增长受到抑制,部分民众特别是贫困人口的处境艰难。

进入2020年5月后,东南亚地区新冠肺炎疫情趋于缓和,多国开始重新评估疫情防控形势,相继逐步放松限制性措施,努力恢复生产、保障民生。有专家指出,东南亚国家疫情防控一直呈现良好态势,得益于许多国家在疫情初期便及时、严格地采取社交隔离、宵禁、关闭营业场所等措施,大大降低单日新增确诊病例数量。东盟10国与中日韩(10+3)在抗疫合作中展现出同舟共济、守望相助的精神,为地区抗疫做出巨大贡献。厘清东南亚地区抗疫的情况、机制及其对国际格局的影响,可以更好地为中国与东南亚国家在后疫情时代的合作做好准备。

一、东南亚地区的抗疫情况

东南亚是中国的南大门,是中国周边外交的一个重要方向和依托。截至2020年5月31日,东南亚的疫情形势总体可控,且控制得比较成功:10个国家共6亿多人口,共感染83400人,累计死亡2600多人,有6个国家死亡人数在100人以下；越南、老挝、柬埔寨零死亡，缅甸死亡6人，文莱2人，泰国57人。柬埔寨、老挝、文莱、泰国的治愈率都在90%以上。印度尼西亚由于有2.6亿多人口，1.7万个岛屿，分布范围非常广，统计的难度非常大，其官方数据的准确性因此受到质疑，但总体来看印尼整个社会经济运行、治安状况还是平稳的，也在有序的抗疫过程中。因此，与东北亚、南亚、非洲特别是和欧美地区相比，东南亚在抗疫方面交出了一份合格的答卷。以下因素促成了东南亚目前的抗疫局面：

第一，政府强势，响应到位。东南亚10个国家的国情有很大的差别，但它们却因地制宜，八仙过海各显神通。越南行政效率高；老挝和柬埔寨则主要是靠积极争取对外合作，洪森首相最早决定将几千名柬埔寨在华留学生留在中国，他认为留在中国比回国更加安全；泰国的医疗系统一直以来都比较完善；新加坡总体上体现出"从容应对"；菲律宾则采取了强制性的社交隔离措施。各国共同的特点是政府主导得力，政令畅通，第一时间果断决策。当然也出现了一些问题，比如马来西亚进行了一次公众集会，涉及人数较多；新加坡外来劳动力聚集点防护条件较弱。但是这些是百密一疏，东南亚国家总体上疫情控制及时，并没有造成更大的损失。

第二，国内群众积极配合。东南亚地区各国老百姓都能尊重和配合政府的安排，社会秩序总体良好，没有出现大规模的反抗、闹事、哄抢物资等事件。这其中有以下几大原因：一是东西方文化的差异，东南亚国家的老百姓较为自律是最大的优势之一。二是东南亚和中国一样有抗击"非典"时积累下来的经验。三是社会条件允许，除新加坡是一个城市国家外，东南亚其他9个国家都有广阔的农村作为后盾，日常生活不成问题，就业压力相对不大。四是东南亚经历过的危机和灾难比较多，综合承受能力远远高于西方国家。

第三，应对机制较为健全。由于东南亚和中国一样有过"非典"的教训，加上东南亚地区也是登革热和某些疾病的流行地区，所以各国特别重视制度建设、社会动员，以及救治能力的提升。新加坡之所以能够从容应对就是因为"非典"之后建立了科学、合理的防范体系，这方面有很多值得中国学习的地方。有备才能无患，东南亚各国警惕性高，响应的措施就能及时到位，及时跟进。

第四,和中国沟通合作良好。东南亚国家第一时间向中国伸出援手、第一时间和中国互通信息、第一时间赞成在万象召开"10+1"外长会议。2月10日,中国领导人和东盟多国领导人分别进行了通话,双方还进行了专家视频等一系列的沟通,防疫举措非常及时、管用、有效。中国医疗队最密集的派出地区就是东南亚,至少包括缅甸、老挝、柬埔寨、菲律宾、马来西亚等5国。东南亚国家在具体的应对措施上大多复制或参考了中国的经验和做法,这是一条正确、有效的捷径。东南亚地区和中国在抗疫合作这个问题上是顺势而为,没有一国参与到所谓的"反华大合唱"中。东盟10国一直在用实际行动力挺中国,新加坡总理李显龙是第一个站出来反对将疫情和特定的种族相联系的国家领导人。当然,挺中国也是挺自己,西方有一些人歧视亚裔,也冒犯了东南亚各国人民。因此,东南亚和中国站在一起是正常的现象,东南亚和中国合作抗疫是命运和利益相连的必然反应。

第五,区域合作推动。东盟内部召开了不同层级的各种会议,分别同相关国家举行了"10+1"会议,还举行了最为重要的东盟加中日韩的"10+3"领导人会议。这些会议不是一般的泛泛而谈,而是有共识、有行动、有方向的务实合作;不仅面对当前的抗疫行动,还包括未来在健康领域的合作安排、人员交流、经贸合作等更为长远的设想和考虑,内容丰富,及时有力,稳定人心,凝聚共识,认清方向。要特别指出的是,2020年越南是东盟轮值主席国,在协调区域合作方面发挥了积极高效的作用,对此应予以肯定。

二、后疫情时代东南亚国家的主要关切

后疫情时期,东南亚各国会"自扫门前雪",致力于本国社会、经济的恢复和发展,走出一条自己的路。

政治方面,东南亚地区将保持相对稳定,但需关注三件大事:第一是越南在2021年要召开的越共十三大,2020年是筹备的关键之年;第二是仍处于复杂的演变过程中的马来西亚政局;第三则是缅甸在2020年底的大选。上述三个国家都是东盟的重要成员国,和中国方方面面的关系都比较密切,应当给予

适当的关注。

经济方面,东南亚国家具有较强的韧性,但恢复发展需要时间。一方面,新冠肺炎疫情对东南亚经济造成了冲击,首当其冲是旅游业、酒店、航空等服务行业。此外,国际油价下跌、金融市场波动、制造业和转口贸易萎缩等都对本地区的经济造成了不利影响。东南亚经济是东亚经济的重要组成部分,同欧盟市场关系密切,只有东亚好,欧美好,东南亚才能从根本上恢复元气,这显然是需要时间的。另一方面,自1997年亚洲金融危机之后,东南亚经济的韧性变得比较强,其经济结构中农业占了很大的比重,这次疫情本身并没有对东南亚国家的经济造成毁灭性的影响,复工、复产难度较小。东盟各国虽然在农产品出口、吸引外资及基础设施建设等方面存在竞争。不过借助内、外部成功、有效的协调机制,可以实现经济上的良性竞争与合作。因此,东南亚在2020年第三季度逐步走出困境,逐步恢复发展的可能性是存在的,和其他地区相比,东南亚的经济或许会更好一些。

对外关系方面,东盟的总体目标仍然是维护地区稳定和持续发展繁荣。南海问题上肯定存在利益纷争,但是局势失控不符合任何一方的利益,各国将致力于通过谈判取得积极的进展。疫情之后,东盟加中日韩的"10+3"合作会更加引起各方的重视和全力经营。虽然每个具体国家的政策有不同的侧重,但大的方向是保持和推进合作。同时,在东盟和其他国家之间存在着好几对"10+1"合作的情况下,和中国的"10+1"合作应该是最为紧密的,因为中国14亿人口的市场无人可及,2020年前四个月中国—东盟贸易逆势增长,已经达到1900多亿美元。此外,东盟还会继续推进《区域全面经济伙伴关系协定》(RCEP)的早日签署,一旦成功将有利于世界经济合作方向的发展。

三、新冠肺炎疫情中的中国—东南亚关系

东南亚是中国周边外交的重要地区和优先方向,也是"一带一路"的交汇区。抗击新冠肺炎疫情既为中国与东南亚地区的合作提供了新机遇,也带来了新挑战。其中,对中国与东南亚关系的积极影响主要体现在以下四个方面:

第一,感情上更加亲近。中国与东南亚国家彼此相互理解、相互包容、相互支持。这次抗疫明明白白地体现了合作是正确方向,合作是主旋律,东南亚国家主流社会也在这次抗击疫情中对中国持积极肯定的态度。

第二,政治上更加坚定。患难与共、携手合作,中国和东南亚的关系又一次经受住了历史性的考验。中国和东南亚国家的合作有"危机驱动性"的特点,越有危机的时候合作动力就越强。由于冷战及其他因素的影响,中国和东南亚国家之间曾充满着不信任,但在1997年亚洲金融危机中,中国提出人民币不贬值,并且帮助东南亚国家抵御危机,与一些落井下石的西方国家形成了强烈对比,使东南亚国家对中国的认知出现了一个180度大转弯。由此才有了2002年中国和东南亚国家签署的《南海各方行为宣言》,以及2003年中国和东盟建立战略伙伴关系等一系列突破。2003年的"非典",中国与东南亚国家共同抗击;印度洋海啸中,中国和东南亚国家也是共同合作、同舟共济。此次疫情再次通过危机进一步增强了双方的政治互信。习近平主席与和东南亚很多国家的领导人进行通话,派遣医疗队,共享医疗信息等,这种合作力度是前所未有的。

第三,合作需求更加突出。旅游经济的恢复、农产品的市场拓展、产业链的对接、"一带一路"基础设施建设,特别是总体区域合作推进等,都是双方利益的重要结合点。逆水行舟不进则退,进则两利退无可能,总体来说,它们的需求很大,我们的优势很大,前进的方向和需求是不会改变的。一方面,此次疫情对"一带一路"合作项目影响不大,雅加达—万隆高速铁路(简称雅万高铁)在顺利推进,预计明年将会完工。现在印度尼西亚政府对雅万高铁信心满满,并且宣布将把雅万高铁延伸到印尼的泗水,这是非常积极的信号。另一个"一带一路"的重要项目——中国与老挝之间的铁路(简称中老铁路)也在顺利推进,并没有受到疫情的影响,这是中国需要进一步拓展的方向。另一方面,抗击疫情促进了双方数字经济合作的提升,这也是一个发展方面。2020年是中国和东盟数字经济合作年,疫情则使与数字技术相关的很多经济活动得到了充分的提升,比如说今天召开的云会议,中国和东盟国家开展疫情诊疗视频会议等,都和数字经济相关。

第四，合作空间更加宽广。从全球范围看，中国需要立足周边，团结东盟、合作东盟，东盟也需要巩固对华战略合作伙伴关系，双方互利合作共赢关系的潜力很大、天地很宽、前景很好，关键要看下一步双方做得怎么样。

与此同时，在后疫情时代国际形势发生大变革的背景下，也要准确评估东南亚地区的形势，以及对中国—东南亚关系的新挑战，早做预案，共同面对。

一是社会负面舆情的挑战。东南亚国家及地区某些互联网平台及社交媒体在西方媒体的影响下对中国存在一些负面情绪，包括把疫情与种族联系起来，并对中国一些历史问题进行炒作等，实际上不利于中国和东盟国家关系的发展，需要予以正视。

二是地区国家内政的挑战。东盟国家中缅甸、越南、马来西亚都面临着政局的变化，对此要做好准备。

三是经济合作中的挑战。此次疫情对全球产业链、供应链都造成了严重的冲击，中国和东南亚的产业链和供应链也毫无疑问地受到影响，如何应对冲击需要双方共同面对。同时，数字经济合作也存在信息安全问题。随着数字经济合作增多，中国和东盟的诸多电子商务、数据中心及数据服务商，掌握了中国和东盟十几亿人口的私人信息，保护个人隐私的要求随之而来。此外，中国和东盟有关国家的基础设施合作虽然不会因疫情影响而中断或受到冲击，但双方此前在对接过程中已经存在的或者发现的问题还会继续存在，需要具体项目具体分析，进行更多对接，加强企业和政府间的沟通与协调，寻找可靠的、有前景的合作伙伴，解决好对方关注的社会问题或环保问题。

四是国际格局和地缘政治的挑战。东南亚地区继续成为中美在5G等数字经济领域技术标准竞争的最前沿，中美两套技术和体系的竞争与博弈在该地区会愈发激烈，对东盟甚至全球体系的变化有较大影响，需要进一步跟踪研究。虽然目前中国在东盟和国际格局中有了更多的优势，但要保持清醒，要准确地把握整体形势，对中美博弈的复杂性有更理性的认知。比如说美国真的像有些媒体说的那么狼狈不堪吗？瘦死的骆驼比马大。未来美国对中国的打压或者诬蔑会更加激烈，除了将疫情防控不力的"锅"甩给中国，在南海加大挑衅力度外，最近又传出美国想将"七国集团"扩大成为"十国集团"的消息，拉帮结派围堵中国的力度明显加大。美国未来可能还会有类似的招数对付中国,对于美国在东南亚以及全球其他地区制衡和打压中国的现实情况,要有充分的认识和应对方案。

四、后疫情时代中国—东南亚的应对

东盟国家都是我们的邻国,中国的疫情它们很关心,它们的发展我们也很关注,中国和东南亚称得上是命运共同体或者利益相关者。中国和东盟的交往合作也要放在整个亚太地区来看待,放在我们整个周边外交当中来看待,放在我们和整个世界的交往中,也就是大的国际格局当中来看待。2021年是中国和东盟建立友好关系30周年。进入后疫情时代,中国和东盟如何勾画好并实施好未来30年的合作蓝图,需要双方现在就进行思考和准备,逐步、逐项地审慎恢复,积极协调,成熟一项推进一项,重整旗鼓再出发。

首先,最值得我们重视的、最重要的是争取人心,是舆论引导,是巩固双方之间的信任,做好公共外交。中国和东盟的关系是一个综合的、立体的、多方面的关系,所以要把事情做细、做扎实、做到点子上,这样才能一一地解开各种难题,这不是我们一个国家的事情,是整个地区的事情。第一,最好的公共外交是领导人之间的交往,这方面已经做得非常突出。第二,东盟与中国"10＋1"外长会议或者东盟与中日韩"10＋3"领导人会议等合作协调机制,本身就是对公众很好的交代,也树立了很好的形象。第三,东南亚跟中国山水相连,所以我们在科学的交流、安排及对话方面做了大量的工作,整个疫情的处理过程中,驻东盟10国的大使和大使馆发挥了重要作用,与对象国的国家领导人、外交部、各个社会团体及普通百姓都保持了良好的沟通。第四,则是实实在在的帮助。从地方层面看,中国各地要和东盟所有10个国家的民间团体加强联系,加强双方省与省之间、省与市之间的联系与合作。另外,要着眼青年,国之交在于民相亲,民相亲最后还是要落实到年轻一代人之中。东盟国家的大量留学生在中国,我们应该关心他们、帮助他们。柬埔寨洪森首相在疫情严重的情况下来到北京,他说"我国的三四千学生放在中国,不让他们回柬埔寨更加让我放心"。

其次，力量适度，保持谦和。总体来看，疫情增强了中国和东盟10国、日本、韩国等国的命运共同体意识，区域合作气氛未来会更好。但是过去30年中，无论是在理念上、合作议题上还是在机制引领上，东盟始终掌握着区域合作的主导权。长期以来，它们对中国、美国、日本等大国在地区合作当中发挥太大作用心存怀疑。所以中国在和东盟国家交往的过程中不能高调、不能自大、不能好为人师，在引领地区议题或者区域合作机制上力量要适度，态度要谦和，避免引起东盟的疑虑和反弹。我们要谦虚，多做实事，多解决问题。东盟和中日韩"10＋3"的合作，以及中日韩自贸区的推进，各国都要商量着来做，平稳推进。未来中国可以在区域卫生合作上发挥引领作用，可以尝试提议和东盟及日、韩在医药物资和设备生产上进行合作，中国有经验和产业优势，可能是比较受欢迎的。

最后，因国施策，复工复产。疫情之下，东南亚国家和民众在经济社会发展及就业等问题上的承受力已经到了一种极限，复工复产势在必行。随着东南亚国家的复工、复产、复市、复航，中国和东盟国家人员交往也将逐渐恢复。一方面，虽然东南亚疫情开始出现了好转，整体可控，但一些国家的检测覆盖面是不足的。中国国内也在讨论2020年秋冬季或之后是否会出现疫情反复的问题。因此，要做好疫情常态化的复工复产预案，有备无患。另一方面，要因国施策，保持沟通渠道的畅通，并针对未来中国和东盟全面恢复交往将面临的各类细节困难做好准备，包括健康码区域认证、人员便利通行、合作的恢复与对接、防控信息的共享等问题，都需要从细节入手，付出时间和精力进行应对。在具体的出国交流中，个人也要保持警觉，遵循国际旅行中的预防接种原则，有针对性地了解目的国家的疾病流行情况，注意个人卫生，做好相关防护措施。

（本文根据中国前驻马来西亚大使、前外交部部长助理、中国公共外交协会副会长胡政跃先生于2020年5月31日在北京大学区域与国别研究院组织的"全球疫情观察与分析"系列线上研讨会上的演讲录音整理而成。）

全球疫情观察与分析:英国

马振岗

2020年伊始,新冠肺炎疫情肆虐全球,世界各国的疫情和应对举措都不尽相同。虽然关于英国疫情的报道比较少,很难提出许多新观点,但英国仍有它突出的特点,而且若把英国的情况置于英国国情、中西对比,乃至世界格局变化等视野之下,可以为我们理解全球疫情的现状与发展提供更多的面相。

一、英国疫情的发展与抗疫过程

回顾疫情的发展,新冠肺炎在全球的蔓延呈现两大特点:一是暴发突然且来势凶猛。在很短时间内,疫情已蔓延至世界251个国家和地区。最新数据显示(截至2020年5月29日)全球确诊病例高达567万,死亡人数达到35万多人。二是新冠病毒不分人种、地区和国家,无论是发达国家或不发达国家都受到疫情波及。例如美国作为世界上最发达且最强大的国家,却是目前全球疫情最严重、死亡人数最多的国家。

造成这种情况的根本原因在于,各个国家对于防疫的重视程度和采取措施的不同。我们可将各国防疫的方式归纳为三种类型:第一种是以中国为代表,全党全国动员,采取一切措施抗疫,最后取得了控制病毒蔓延的阶段性胜利。第二种是欧洲模式,主要是西欧国家,如比较突出的意大利、西班牙、德国、法国和英国等。这些国家的抗疫大多经历了相似的过程:第一阶段是漠不关心；第二阶段虽有感染病例，但由于不太严重，所以仍没有重视；第三阶段感染人数剧增，开始采取一些必要措施，如戴口罩、封闭等，但实施过程一波三折；第四阶段疫情逐渐渡过高峰，死亡人数和感染人数慢慢下降，国家开始逐步恢复日常生活和经济活动。第三种是美国，表现为特朗普政府不重视，只关心大选和连任，因此不断向中国推卸责任，制造一些政治事件。所以这导致美国防控措施不到位，疫情迅猛发展，截至2020年5月末感染人数高达170万，死亡人数超过10万，远远高于世界其他国家。尽管当前部分州出现转机，但就全美而言，仍未出现疫情的转折点，还不能说美国已经出现从最高峰向下滑落的转机。

英国属于欧洲模式，具体而言，一方面英国的疫情开始较晚。2020年1月31日才出现首例确诊病例，到2月只有零星病例，并没有引起足够的重视。当时英国对中国的行动表示赞赏，也表示继续向中国提供支持和援助，但完全是一个旁观者和同情者的立场，并不觉得疫情和它们有直接关系。另一方面，疫情在英国蔓延的势头较快。自3月开始，英国的确诊病例人数迅速增加，由最初的每天两位数增长，到3月中旬每天三位数增长，至5月初，累积病例已超过20万。从死亡情况来看，3月5日英国出现首例疫情死亡病例，但到4月12日累计死亡人数就已破万，截至5月末死亡人数超过3万，位居世界前列，形势非常严峻。此外，英国疫情的另一个突出特征是许多达官贵人都被感染病毒，如首相约翰逊、王储查尔斯、卫生大臣汉考克，等等。

在疫情初期，由于医疗设施匮乏、能力不足，英国政府一度采取轻症不测、只检重症的举措，许多病患没有得到及时的检测和治疗。其后果是许多病毒携带者潜伏在社会中，因此一旦暴发，情况就会变得比较严重。但与此同时，在吸取先前西欧各国的经验教训后，英国后期的抗疫措施总体上是比较到位、比较迅速和比较坚决的。例如：首相约翰逊宣布了国家行动计划；3月12日将疫情风险等级定为高级；16日宣布加强防控，要求有症状者及其共同生活的家人居家隔离14天，呼吁民众居家办公，取消不必要的社交和旅行；20日要求学校停课，暂时关停酒吧、餐厅、剧院和电影院等公共设施；23日采取严格的社会隔离措施，停止聚集活动，关闭销售必要物品以外的商店，以及体育馆、图书馆和宗教场所等。

此外,英国还积极地参与国际抗疫合作。例如:至4月12日,英国为抗疫国际合作提供了总额为7.44亿英镑的资金援助,包括提供给世界卫生组织和国际红十字会的捐款;4月29日,英国政府宣布在未来5年每年向全球疫苗免疫联盟提供3.3亿英镑的援助;5月4日在欧美发起的应对新冠肺炎疫情国际性募捐大会上,英国表示出资3.88亿英镑;6月4日英国将与全球疫苗免疫联盟联合举办全球疫苗峰会,专门募集资金,用于向最不发达的国家捐赠疫苗,等等。另外英国还投入大量资金进行疫苗的研发。

目前英国应对疫情的态度仍比较谨慎,但已经开始考虑恢复日常活动。英国政府提出了解封的五个条件,其中包括每日新增和死亡人数持续下降,感染率下降到可控水平,疫情不会出现二次暴发,等等。然后在满足这些条件的情况下,以适度、微小、循序渐进的方式实施解封。5月10日,英国政府公布了相关措施路线图,宣布英格兰地区将分阶段和领域逐步解封,如允许部分不具备居家办公条件的行业复工复产,小学生从6月1日起分阶段返校等。另外,苏格兰、威尔士和北爱尔兰三地可根据当地的情况而决定解封步骤。

总体而言,英国疫情防控经历了从最初不重视,到重视却措施不到位,再到措施逐渐到位,态度积极,取得相对成效的过程。虽然目前确诊病例和死亡人数仍在增加,但增长率正逐步下降,已经爬过高峰。

二、疫情对英国的影响

这次疫情给英国带来的影响是全面的,其中经济影响可能最为严重。与欧洲其他国家不同的是,英国折腾了3年才终于在2020年年初实现脱欧,它正在寻求新的出路,它无法像过去那样与欧盟国家共同奋进,而是要独自前行。但在脱欧之初,英国的许多设想还未有定论,例如与美国商讨并签署相关协议、脱欧后与众多国家重新谈判条约,以及提出全球化的英国,还有向世界各国重新开辟联络渠道,等等。英国首相约翰逊肩负着重担,未来英国应如何处理与欧洲的关系仍是未知数,他原本计划至2020年年底,能将脱欧进程基本告一段落,但疫情的暴发导致这一目标无法完成。

在脱欧和疫情的双重打击下，英国的经济将严重受挫，可能会陷入 300 年以来最严重的衰退。数据显示：英国 2020 年一季度 GDP 环比萎缩了 2%，二季度可能面临更大速度的下滑；失业率达到 10 年来的最高峰，4 月份申请失业的人数达到创纪录的 85.7 万人，估计全年税收将减少 1300 亿英镑。对此，英国政府出台了各项支持政策，除了专门划拨 300 亿英镑的预算以应对疫情之外，还面向受疫情影响的企业，推出总额为 3500 亿英镑的帮助措施，包括 3300 亿政府担保的优惠利率贷款和 200 亿的直接财政支持。另外，政府还出台补助金计划，帮助企业支付员工 80% 的工资，该政策已惠及 1000 万人。至 2020 年 5 月底，英国的经济仍没有完全恢复正常，其后期虽然可能会有所好转，但不会有太大起色。然而英国的优势在于，它的经济是开放的，其外贸和投资在世界上均占有重要地位，并且经济基础扎实，若能充分利用，总体上不至于太糟糕。

至于政治的影响，尽管英国不像美国那般明显，但英国的政党政治与疫情防控也有着千丝万缕的联系。英国最主要的政党是保守党和工党，从立党原则上看，工党受社会主义思想的影响，倡导社会民主，而保守党是传统保守的政党。但在具体实践中，同一党派的不同执政领袖的表现却可能大相径庭。比如在保守党内，撒切尔夫人执政时进行大刀阔斧的改革，催生出"撒切尔革命"，推动英国经济迅猛发展，但其保守党的继任者在一些事情上却偏离了她的路径。同样在工党内，布莱尔一开始雄心勃勃，但后来的工党也放弃了它最初的政策。事实上，这两大党从本质上说不会有根本性的不同，都不是为劳苦大众服务的党，只是治理手段上并不一样。

以我在英国担任大使时的亲身体验为例。当时，工党历经了十几年的在野党状态后重新执政，进入所谓的布莱尔时代。那一时期工党制定政策的特点之一，是在社会政策上更强调公众和社会的利益，经济上则基本沿袭了撒切尔夫人的政策。后来布莱尔提出第三条道路，其实质是社会政治上更倾向于工党，经济上接受保守党的政策，可见第三条道路实际上是个混合物。在这种思想的指导下，工党虽然较为重视社会福利，但却无法避免所谓的私有化趋势。到布莱尔执政后期，英国甚至把监狱看管权都承包出去。因此，英国的医疗卫生制度才会呈现出如此复杂的结构。由此产生的结果是,公众到公立医院看病,等候时间长,造成很多人排队,虽然病房较多,但服务质量差。相反,私立医院的医生和服务非常好,有问题只需打个电话他们就能立刻上门,当然这只是少数人所能享受到的福利。如今疫情之下,英国国民健康服务体系的弊端暴露无遗。

英国一直是比较保守的国家,不愿发生巨变,或是突然的变革,只想推行渐进式的改革。因此,新冠肺炎疫情绝不可能催生出所谓革命性质的或者进行政治重大改革的要求。但是,同时需要注意到,这些年出现的民粹主义,特别是围绕着是否脱欧的争斗非常严重,不仅两党的斗争非常激烈,而且保守党内部的斗争也很激烈。此外,英国社会的矛盾和分歧日益增多,形成了各种各样的势力,成立了许多党派,如独立党坚决要求脱欧,苏格兰党要求苏格兰独立,等等。党派的增多意味着观点和分歧的增多,但严格来说,许多派别都只是代表某一种看法、某一种利益,并不能代表某个阶级或阶层的利益,因此他们只会推动小的变化,而不会造成大的变化。这些政治和社会问题并没有解决,只是受疫情影响而被暂时搁置。

当前约翰逊的上台是非常偶然的现象,因为特蕾莎·梅被迫辞职,保守党推选他为党的领袖。在这次疫情中,约翰逊有他自己的考量,因为他才带领英国完成脱欧,下一步还有许多事情要做,他需要在民众中维持良好的声望,所以他会实施诸多有助于民生的政策,否则在下次大选时就有可能下台。

总之,无论从政治、经济、社会任一方面来看,新冠肺炎疫情只是加剧了英国发展的困难程度,许多问题在疫情过后仍需陆续解决。

三、中西抗疫差异的文化根源

纵观世界各国的疫情,引人深思的是:为何中国能有效地控制住新冠肺炎疫情,而如英国、美国等拥有高水平医疗卫生设施的西方发达国家却是如此困难?我们可以很容易地列举出一些理由:如体制不同,虽然西方国家对中国体制防疫所取得的成效表示肯定,但却并不赞赏,因为它们认为这种体制是"威权"的,缺乏自由和民主;又如中国采取的许多防疫措施,尤其是全民戴口罩,西方国家最初也无法接受,甚至还有许多人示威抗议,认为戴口罩剥夺了他们的自由。但除了这些表面的原因外,我们还应探讨其深层次所反映的文明或者文化的差别。通过这次抗疫,我们看到了中华文明的优秀传统在疫情中展现出以下几个方面的特点:

第一,以民为贵。中国自古以来就强调人是最宝贵的,而中国共产党的立党原则就是为人民服务,党的初心就是为人民谋幸福。这次抗疫中,中国从中央到地方都坚持以人为本的根本原则,把人的生命健康放在第一位。中国采取了最严格的措施,国家不计一切成本,所有感染者的治疗全部由国家包干,不收取医疗费,这是西方国家所做不到的。反观西方,在疫情初期提出"群体免疫",其思想本质是牺牲一部分人的生命健康,这种观点在中国难以被接受,但却被西方视作一种解决办法,瑞典就在践行此种抗疫理念。英国尽管没有真正实施这一政策,但由于全民医疗制度存在质量低、服务差、常拖延等诸多弊病,许多穷人和老人实际上都无法得到及时且良好的治疗,特别是养老院中确诊和死亡的人数就非常之高。

第二,天下皆兄弟,天下为公。中国人的努力不仅仅是为自己,也是为整个国家,整个世界。这正是中国人的人类大同思想,在抗疫中就表现为一方有难,八方支援,到处都是兄弟姐妹。然而西方却不一样,虽然他们的宗教信仰也要求人们碰到困难时挺身而出,帮助别人,但缺乏中国人的全民理念和全民意志,所以中国采取的许多措施都无法在这些国家实施奏效。

第三,顾大体,识大局。中国人将国家和社会摆在个人之上,这是一种传统的爱国思想。例如,疫情之下很多人都有自己的难处,但考虑到全国,他们依然自愿服从党和政府的安排。对拥有1100万人口的武汉来说,突然的封城对它造成的艰难可想而知,但武汉人民承受了这一切,因为他们心系湖北省和整个中国。这在西方人眼里是无法想象的,他们意识中最重要的是个人。这种文化差异在这次防控疫情中有着非常鲜明的体现。

四、疫情与世界格局变化

新冠肺炎疫情仍未结束,它所造成的影响不仅发生在个人和国家内部层面,而且冲击着整个世界格局。尤其是当今世界面临着百年未有之大变局,中美两国对抗日益加剧,我们应当思考疫情与世界格局变化的问题。疫情对世界各国造成的影响,需要实事求是地分析。目前相关的讨论很多,有乐观的,也有悲观的,但实际情况的发展要比大多数人预期得更为复杂,我们不能轻易地作出定论性的判断。

以中国为例,在刚刚战胜疫情之初,许多人觉得中国在世界格局变化中占据了有利地位,当时世界对中国的赞扬比较多。然而,在此之后,势态却发展为美国联合一些西方国家,甚至包括个别发展中国家,一同声称要向中国追责与索赔,把疫情与国内政治相结合,利用国际环境对中国发难。这就导致中国今后或将面临一个比较复杂的形势,我们需要重新认识这一问题。

再如对全球化的认识,许多人担心疫情会加速逆全球化或导致全球化破裂,对于这个问题我们也不应轻易下结论。因为全球化不是由某一个人或者某一个国家人为创造出来的,而是社会生产力发展产生的一种需求,是科学技术不断提高的一个结果,是客观存在,不是想改变就能改变的。特朗普曾几次想将美国从全球化中退出,但美国的经济形势必会使自身再次走进去,毕竟现代化的生产无法脱离全球化,多国合作生产才是最合适、最方便的方式。如果美国企业撤出中国,涉及生产的许多环节都会面临很大的困难。尽管很多人担心美国将要与中国走向对抗、疏远,甚至断交,但美国是否有胆量走出这一步,在经济、贸易、金融等领域和中国彻底割断仍值得商榷。

我们能作出的判断是:首先,疫情对劳动生产力没有造成根本的破坏,也阻断不了新科技的发展,目前只是按下了暂停键,一旦各国经济得到初步恢复,对于全球化的需求会自然出现。其次,疫情结束后,全球化肯定需要有新的发展形势、新的方式和新的改革,但具体怎么改,现在下定论还为时尚早。最后,疫情的发展和应对不断加深着中西方的分歧。在此背景下,我们需要注意英、美之间的特殊关系。由于当前特朗普政府和美国诸多政客接连向中国"甩锅",那么不排除作为美国特殊伙伴的英国,也会采取一些反华或不利于中国的政策,比如有报道称英国在华为问题上已经开始有所动摇。特别是脱欧后英国对美国的依赖程度增大,其国内也有部分人士紧跟美国的步伐。总而言之,中国在疫情中的突出表现提高了国际影响力,但同时也应时刻警惕,在世界大格局复杂变化的今天,任何事情都可能被西方一些政客用作攻击中国的手段和借口。

（本文根据中国前驻英国大使马振岗先生于 2020 年 5 月 29 日在北京大学区域与国别研究院组织的"全球疫情观察与分析"上的演讲录音整理而成。）

全球疫情观察与分析:拉丁美洲

李金章

2020年伊始,突如其来的新冠肺炎疫情肆虐全球,这一罕见的大流行病给公共卫生、经济社会发展、国家治理与国际关系都带来巨大而深远的挑战。拉美是新冠肺炎疫情在全球暴发后最晚出现确诊病例的地区,但由于疫情蔓延迅速,短短两个月的时间内确诊病例已突破10万例。2020年5月开始,巴西成为全球第二大疫情国,尽管3个月后确诊人数被印度反超,但巴西的确诊及死亡人数仍居高不下。在疫情影响下,拉美地区各国经济下行压力加大,经济社会发展受到严重冲击,造成贸易量和贸易额减少、大宗产品价格下降、旅游服务业萎缩,以及国际金融环境恶化等负面影响。对此,拉丁美洲和加勒比经济委员会认为,协同抗疫是唯一可行方案,各国应推动更具可持续性的新发展模式。考察拉美地区不同的防疫措施对了解各国的政治进程和当前的国际形势具有重要意义,拉美各国的情况对思考新的全球化方式和整个世界格局的发展也提供了不可或缺的经验。

一、拉美各国的疫情发展与抗疫举措

与世界其他地区相比,拉美地区的疫情暴发虽晚,但具有蔓延速度快、覆盖范围广的特点。自2020年2月26日巴西圣保罗公布首例来自欧洲的确诊病例以来,拉美地区的疫情持续飙升,这导致了一个普遍的担忧,即拉美地区可能成为世界新冠肺炎疫情的新震中。但由于疫情暴发相对较晚,拉美国家有了借鉴亚洲、欧洲国家防疫经验的时间,多数国家比较迅速地采取了一系列防控措施,整体上对抗击疫情、保障经济社会稳定起到了积极作用。

首先,针对疫情的发展,各国直接采取了包括旅行限制、飞机停飞、邮轮停运、关闭边界、社交隔离、停工停产停学等举措。有些国家甚至宣布了紧急状态,严控疫情蔓延。其次,拉美各国纷纷推出一系列经济、财政和金融政策,如增加财政支出、提高赤字率,发行国债,紧急加大对医疗卫生领域的投入等。一些国家做了较为充分的工作,比如阿根廷专门开通民航航线用于运输物资,巴西从中国市场采购包括口罩、呼吸机等数量可观的医疗物资。但是,由于历史原因,整个拉丁美洲地区的医疗平均投入水平较低,缺口较大。

与此同时,拉丁美洲国家还通过减免税负、发放优惠贷款、重组债务等措施进行让利、降息,以稳定企业、稳定金融、稳定就业,避免国家经济崩溃。一些国家紧急启动了各类社会救助(如发放居民失业救助,向弱势群体发放救济金、消费券等)来保障民生,以避免出现大的社会动荡,同时在国际层面寻求国际金融机构(如国际货币基金组织、世界银行、美洲开发银行等)和其他国家的资金支持和物资援助。

总的来看,拉美各国采取的一系列政策和应对措施在各国抗疫斗争的过程中发挥了积极作用,也在一定程度上保障了经济社会的稳定。此次疫情是对各国的大考,特别是对综合国力、政府执行力、应急储备反应能力以及国民意识和素质的大检验。然而在具体的实践层面,由于各国在疫情防控理念、工作侧重点、政策执行力等方面存在较大差别,效果差异也非常明显。

加勒比国家普遍国土面积狭小,很多国家的经济依赖旅游业,医疗卫生系统相当薄弱。一些岛国的医院设施极为简陋,甚至连呼吸机都十分缺乏。在这种条件下,一旦疫情失控,后果将不堪设想。因此,这些国家高度重视防疫工作,采取的措施较为严格,整体上疫情防控工作做得较好。

其他国家的防疫举措各有特点,效果则喜忧参半。从领导层的角度来看,在当前拉美各国政治体制下,领导人治国理政的能力或领袖敢于担当的作风在面对疫情这样特定的时期,所能发挥的作用并不能达到最大,往往还要考虑到采取相关措施对选票及其个人声望所带来的利弊,因而不同国家的领导人在疫情"大考"中表现各异。有的政府应对有力,得到民众的充分肯定,政府执行力和影响力在疫情中不降反升;而有的政府却没有拿出有力的防疫方案,或是在决策上优柔寡断,导致民意支持率大大下降;另外,还有些国家的政府受到欧美的影响,政策措施落实不到位。

拉美国家的普遍共性是,由于文化多元、民意分散以及物质基础缺乏,往往无法采取封城、禁足等严厉措施。在疫情还没有大规模蔓延至拉美地区时,当地很多大型活动仍按原计划举行。从人民生产生活的角度来看,隔离意味着停工停产,一段时间后物资供应就将受到影响。再加上拉美国家非正规就业人口较多,很多人从事服务型工作,停工停产后很难维持生计,因此隔离等政策在拉美国家很难施行。拉美国家民众的普遍感受是:不工作就要挨饿,工作就可能生病,在两者之间做出选择非常困难。以秘鲁为例,尽管政府也采取了一系列必要措施,但人们为了生活仍需要外出工作,这就导致封闭措施很难到位,秘鲁的病毒感染和确诊率也由此升高。

巴西有2亿多人口,占整个拉美地区人口的三分之一,巴西疫情的暴发对整个地区的数据影响很大。巴西的特点,首先是人口聚居度较高,圣保罗、里约热内卢等大城市群聚集了全国四分之一的人口,且对外交流频繁。其次,城市中存在大量贫民窟,居住着约1000多万人口,生活条件很差。政府采取了一些措施以保障供水、供电,还在贫民窟所处的山的顶部专门修建了用于运输的高架设施,但人口密集度高,隔离措施难以推行。

此外,在是否举国抗疫的问题上,相关理念在巴西国内也存在较大分歧,甚至是对立。与中国强调生命高于一切,保护人民生命安全的出发点不同,巴西时任总统博索纳罗的观点是"经济优先,抗疫其后",他认为新冠肺炎仅仅是"小感冒",呼吁各地要终止各种严厉的抗疫措施,尽快恢复生产,让大众生活正常化。上述观点对于政府出台并落实相关抗疫措施产生了较大负面影响。然而实际的情况更加不容乐观,巴西联邦政府和地方各州在某些方面各行其是,因此巴西的疫情非常令人担忧。

但同时应该看到的是,巴西有三四十万华侨、华人,他们大多居住在大城市,患病的比例却非常低,这无疑得益于当地中资企业的严格防控。可以看到,只要防控措施真正到位,一定程度上就可以降低甚至是避免疫情扩散,不过可惜的是,巴西却远远无法做到这一点。

针对疫情,基本采取放任自流态度的国家典型是尼加拉瓜。有媒体称尼加拉瓜是整个拉美地区应对新冠肺炎疫情最消极的国家。受疫情影响,该国2020年经济萎缩或达6.5%,失业率将从2019年的7.1%上升至9%,或陷入20世纪80年代以来最严重的经济衰退。

二、新冠肺炎疫情对拉美地区的影响

近年来,拉丁美洲连年处于经济停滞状态,经济增长率基本维持在0.2%—0.4%之间,尚处于调整改革、恢复发展的关键期。在当地普遍政局不稳、社会严重分裂的背景下,新冠病毒不期而降,这对于拉美来说可谓雪上加霜,造成了多方面的消极影响。

第一,新冠肺炎疫情给民众的生命安全带来威胁。由于就诊统计不足,该地区实际确诊病例、死亡人数远高于公布数据。拉丁美洲在历史上长期偏安一隅,在当地人固有的观念中,他们或是上帝的子孙,或是太阳的子孙,因此这片土地是上天的恩赐。特别是疫情震中的巴西,该国很少发生地震、海啸、水灾或旱灾等重大灾难,相对其他国家而言自然灾害发生率比较低。此次疫情在巴西乃至整个拉美地区引发了不小的恐慌。此外,由于公共卫生系统比较脆弱,如果疫情持续下去,公共卫生体系可能面临崩溃。

第二,疫情将使当地经济面临有史以来最严重的衰退。各国为抗击疫情所采取的多项严厉措施使各行业停摆,全球产业链、供应链中断,国际贸易萎缩,大宗产品价格下降,给不少高度依赖国际市场的商业体带来了难以逾越的困难。墨西哥、巴西的制造业是国家的支柱产业,但因为外部供应商停工停产,很多配件、零部件都无法及时到位,许多企业不得不关闭工厂。此外,疫情还造成了包括股市动荡(巴西股市曾遭遇8次熔断)、汇率暴跌、投资不振、资金外流在内的巨大金融冲击。据拉美交易委员会预测,2020年该地区的GDP

将出现5.3%的负增长,超过20世纪大萧条时期-4.9%的数据,成为有史以来的最大降幅。此外,中美洲和加勒比各国经济高度依赖旅游和侨汇,而旅游在世界任何国家都是受冲击最大的一个产业。中美洲不少国家移民从美国和其他国家以合法或非法的方式将美元汇回本国,美国疫情的出现也导致侨汇大大减少,进一步造成经济严重衰退。

第三,疫情给社会生活造成严重影响,失业率、贫困率不断攀升。拉美地区就业问题本身就非常严重,疫情使该地区失业人口增加了1160万,总人口超过3400万。与此同时,地区贫困率因失业人口的增加也攀升至34.7%,人数超过2亿。就业不足和收入下降迫使很多家庭的基本生活需求得不到满足,使民生问题也成为摆在各国政府面前的一大危机。

第四,疫情引发了部分国家的政局波动。在疫情的影响下,巴西中央和地方矛盾加剧,国会已经收到了20余份弹劾总统的申请案。此外,一些国家的政治生态出现了一些新的变化,疫情的恶化势必会激化社会矛盾,从而给地区的安全稳定注入更多不利因素。

三、疫情期间中国与拉美国家的关系

疫情来袭,中国与拉美国家的关系仍然保持总体上的稳定,走势向好。疫情期间,双方领导人通过电话、视频、信函等方式保持了高层交流。在疫情的特殊时刻,双方呼吁政治声援、感情慰问,特别是表达发展友好合作的政治意愿,牢牢把握中拉发展大方向。政府外交部门、医疗卫生系统、地方、企业、民间不约而同地开展了前所未有的大规模互动,交流疫情情况,分享抗疫经验并提供物资援助,进一步增进了相互之间的信任和友谊。

双方也在极度困难的条件下,竭力维持务实的经贸合作。中国与巴西的双边贸易在一季度实现提升,巴西向中国出口了1600万吨大豆,同比增长17%。巴西相关农业协会也表示,尽管遭遇疫情,巴西一定会确保对中国的货物运输,各端口一定会努力按照卫生监督的规定开展正常的装卸业务。在投资领域,中国最近也有一些新的斩获。中国交通建设集团和中国铁道建筑集团仍在积极参加墨西哥玛雅铁路的投标。在巴西,比亚迪公司中标萨尔瓦多市云轨公交项目后,又在圣保罗赢得了13号黄金地铁线项目;中国三峡集团下属的三峡巴西公司在并购了东部地区大型的光电、太阳能、风能等新能源基地后,各项后续工作在疫情期间也会紧锣密鼓推进,有望顺利实现交割。

当然,疫情也给中拉关系带来了一些复杂的影响,如双方在2020年一系列重大外交议程被迫推后、压缩或取消。同时因物流中断受阻,中国在一些国家的部分重大投资项目不得不延迟、拖后。一些国家也确实出现了个别媒体借疫情攻击、抹黑中国的情况。中拉之间建立关系相对较晚,但经过双方的辛勤耕耘,双边关系已经具备了相当深厚的政治、经济、文化基础,也经历了时间和风云变幻的考验。只要双方坚定信心,携手努力,坚定奉行相互尊重、互利合作、共同发展的一贯原则,定能克服前进路上的障碍,将双方关系不断提升到新的更高的水平。

美国因素不断凸显是当前中拉关系中一个值得关注的问题。多年来,虽然中美在拉丁美洲问题上一直存在着分歧和竞争,美国一直视拉美地区为它的"后院",但双方在相当长的时间里都是通过有效的沟通机制努力管控分歧和竞争,以免酿成危机,干扰中美关系大局。但如今,这种情况有了较大变化,特别是美国将中国定位为主要战略对手后,实施了新的全面遏制战略,拉美也成为美国对中国进行战略博弈的新战场。美国政府的鹰派人物到处散播各种版本的中国"威胁"论,离间中拉关系,胁迫拉美国家在中美之间选边站队。出台所谓的"新计划""新倡议",承诺加大对拉美国家的投入和援助,试图挤压、排斥中国与该地区的务实合作,对冲中拉整体外交。

短期内,美国的做法难以撼动中拉关系坚实的根基,但伴随着拉美地缘政治生态的演进,美国在该地区的战略也起到了一定的效果,使中国对拉丁美洲的外交面临新的挑战和更加复杂的局面。前所未有的疫情给全球带来了巨大变局,但全球化是否会发生大逆转,全球产业链、价值链是否会重组,中美是否会脱钩并形成新的两极对峙格局,目前的形势尚没有一个定论。面对新的世界格局,拉美国家在整体上表现淡定,由于其综合实力和国际地位,它们更关心的是与它们密切相关的一系列问题:

一是重振地区一体化，即通过加强宏观经济政策，对生产生活贸易进行整体协调，提高地区地位和新规则的制定能力，以参与到更加包容、平等、可持续的全球化进程中去。二是推动产业区域化，应对全球供应链中断危险。美国等发达国家的大型跨国公司为规避风险等因素进行产业转移，抓住这一机遇借助从东亚特别是从中国转移出的企业，尝试构建地区产业供应链。三是推动对外经贸关系多元化。疫情表明，过度依赖进口特别是过度依赖少数经济体的供给在特殊情况下是危险而不可控的，不能"把鸡蛋放在一个篮子里"。

对于中国而言，在疫情蔓延的特殊背景下，中国对拉美外交要主动作为，积极推进，充分利用率先走出疫情阴影的优势，抢抓先机，趋利避害，服务发展全局。

第一，从人道主义出发，确保该地区国家从中国购买的各类抗疫医疗物资高效高质生产，及时交货。积极拓展医疗卫生体系合作，通过更多渠道交流情况，分享经验。目前我国上述行动已经付诸实施并平稳开展，要不遗余力地坚持下去。

第二，采取特别措施打通物流通道，提供便利化服务，确保贸易不中断，避免出现大滑坡的现象。同时抓住有利时机，推进与拉美国家在农牧业、能源等领域建立长期、稳定、直接的贸易机制，使拉美地区真正成为确保我国能源、粮食、安全领域的支点。对产业链和供应链因疫情中断、交易一时难以完成的项目要做到心中有数，保持对接，创造条件及时恢复。

第三，关心在拉美的中资企业，帮助他们渡过劫难，鼓励他们同舟共济，共渡难关。在保证资金安全、有法律保障的前提下，应从政府方面支持企业捕捉机遇，通过参股、并购、投标等方式扩大在拉美地区的投资，引导促进互联网企业在拉美拓展无接触服务、远程医疗、云办公、物联网等业务，特别是在国内非常方便的移动支付、人工智能、大数据等新兴产业，让这些新业态成为中拉投资的新热点、新亮点。

第四，通过网络等通道迅速激活包括智库、高校等中拉之间各类别、各领域、各场景的磋商对话交流机制。尽快恢复各项外交议程，促进相互了解，推动具体合作，针对重大国际议题交换意见、协调立场。

第五,坚持超越意识形态、共同发展的原则。长期以来,我国对拉美国家的关系一直实行超越意识形态的基本原则,这一点给很多的拉美国家留下了极为深刻的印象。以中国和巴西为例,近年来两国关系发展平稳且不乏新的突破,巴西在核心重大利益问题上继续给予中国支持,政府的更迭和不同派别的政党对两国关系的发展虽有影响,但并未造成颠覆性的破坏性后果,两国依然保持较强的战略互信和优势互补。总之,新冠肺炎疫情对拉美国家乃至全世界所有国家而言都是一场大考,中国应以自身为表率,加强与世界的合作,坚持共同发展的原则,为构建人类命运共同体作出更大的贡献。

(本文根据中国前驻巴西大使李金章先生于 2020 年 5 月 11 日在北京大学区域与国别研究院组织的"全球疫情观察与分析"上的演讲录音整理而成。)

公共卫生视野下的国家卫生体系

新冠肺炎疫情背景下的美国卫生体系概述

方 海

摘要：新型冠状病毒肺炎疫情在全世界范围的大流行，给各国的卫生体系带来了严峻的挑战。本文在新冠肺炎疫情的背景下，概述美国卫生体系。首先，介绍了美国及其卫生体系，重点阐述了美国卫生体系的特点、优点和不足；其次，分析了美国的公共卫生体系与疾病预防控制体系，尤其是美国疾病预防控制中心的功能与定位；最后，研究了美国卫生体系在新冠肺炎疫情防控中的作用，指出了未来改进的重点和方向。

关键词：美国 卫生体系 公共卫生 新冠肺炎

在人类的历史上，无论是在以中国为代表的发展中国家，还是在以美国为首的发达国家，传染病都是严重危害人民健康和生命的主要因素：天花、鼠疫、霍乱带走了无数人的生命，骨髓灰质炎、麻疹、流感等造成了极大的疾病负担。随着经济不断发展，特别是医疗卫生条件的改善，在一些发达国家，如美国、英国、西班牙、意大利，传染病已不再像从前那样令人谈之色变，加之科学技术的进步，科研人员研制出的疫苗已经能够实现多种传染病的有效防控，全球大多数国家的传染病发病率和死亡率显著下降。非传染性慢性病如心脑血管疾病、糖尿病、恶性肿瘤等成为全球主要疾病负担。传染病对人们生产生活的影响相较从前逐渐减少,整个卫生体系也更多地侧重于慢性非传染病的防控和治疗。

新冠肺炎疫情的世界大流行,给国际政治、经济、文化等方面带来严重影响,人们对公共卫生和传染病的关注也达到了前所未有的高度。疫情过后,各方可能要将重大传染病防控纳入日常工作。疫情暴发前,国人对公共卫生的概念比较模糊。由于没有得到足够的重视,我国的公共卫生体系存在一些问题。鉴于此,审视美国的卫生体系,有利于对我国的卫生体系进行改进,提高我国卫生体系的质量,加强传染病的防控。

一、美国及其卫生体系概述

美国位于西半球的北美大陆,横跨东西两大洋,国土面积广大,自然资源丰富,人力资源充沛;经济发达,人均 GDP 水平位于世界前列;文化上较为开放包容。美国政治上实行立法、司法、行政三权分立与制衡相结合的政治制度。实行联邦制,中央将权力下放给地方政府,除一州政府无法单独行使的权力之外,地方州保留立法、执法、行政等自主权[①]。在分权制衡体系的影响下,卫生体系亦有类似的权力分配。在联邦或州一级进行中央规划或控制相对较少。

(一)卫生系统的组织和治理

美国各州的卫生体系是与联邦体系相互独立的,在一定程度上也相互协作。一方面,卫生部门的权力由联邦政府和州政府分配。例如,各州政府有权管理本州的卫生体系,支付部分医疗补助费用;各州制定政策,帮助没有能力缴纳医疗保险的贫困人口进行医疗。另一方面,药品和医疗器械等产品在联邦一级受到管制。

---

① USA. GOV. About the US. https://www.usa.gov/about-the-us, accessed on November 30, 2020.

图1和图2显示了美国卫生体系组织结构。联邦政府下属立法（国会）、司法、执行三个互相独立的体系①。执行体系下属的各个机构相当于中国国务院下属的各部委，如农业部、商业部、国防部等。多个部门与卫生体系有关。美国健康与人民服务部（Department of Health and Human Services，DHHS）相当于中国的国家卫生健康委员会，我们通常称之为美国卫生部。其下有20多个司局：卫生保健研究与质量局（Agency for Healthcare Research and Quality，AHRQ），管理医疗卫生质量；美国的疾病预防控制中心（Centers for Disease Control and Prevention，CDC），主要管理公共卫生；食品药品管理局（Food and Drug Administration，FDA），管理药品和医疗器械；国家医学研究所（National Institates of Health，NIH），负责组织科研，促进医学发展等；医疗保险和医疗补助服务中心（Centers for Medicare and Medicaid Services）管

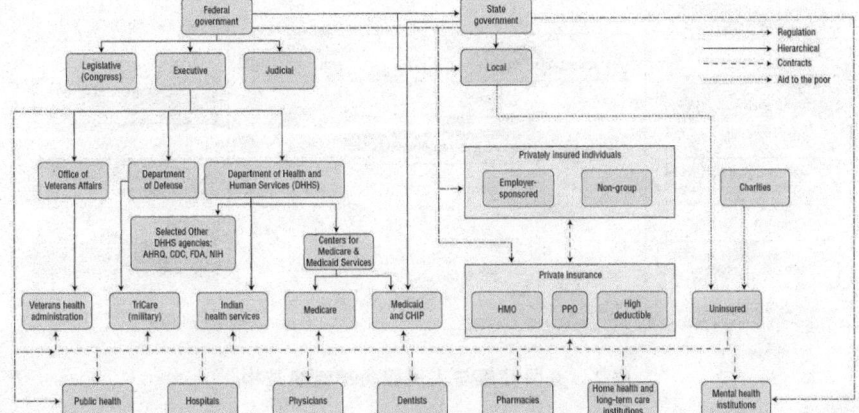

图1 美国卫生系统组织结构

资料来源：Health Systems in Transition, People's Republic of China Health System Review, 2015, Asia Pacific Observatory on Health Systems and Policies.

---

① Meng Q, Yang H, Chen W, Sun Q, Liu X. Health Systems in Transition, People's Republic of China Health System Review, 2015, Asia Pacific Observatory on Health Systems and Policies.

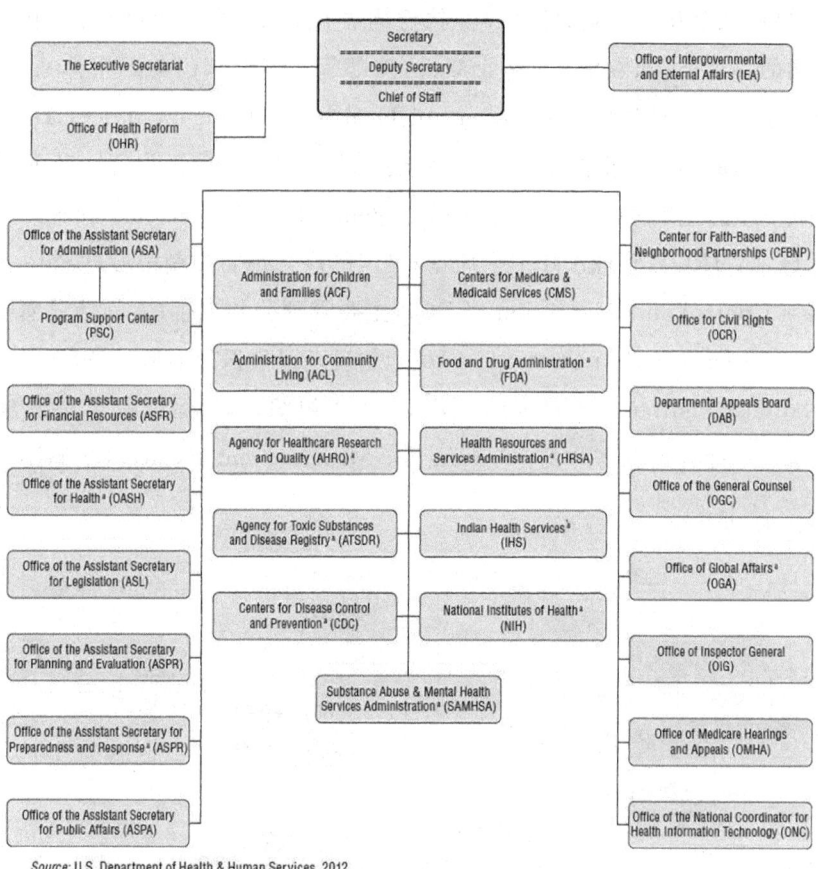

图 2　美国健康与人民服务部组织结构

理"医疗保险"(Medicare)和"医疗补助"(Medicaid)两个联邦政府健康保险计划等。美国国防部(Department of Defense),也有部分医疗卫生方面的职能,旗下的"美军医疗保险"(TriCare)是军队人员医疗保险计划,现役军人、现役军人家属,如直系亲属、配偶和孩子都纳入这一医疗保险计划。另外,退伍军人事务部(Office of Veterans Affairs),管理着一个针对退伍军人的庞大的医疗卫生服务体系。

州政府及下属的市县一级政府管理自身的卫生体系,并有义务对因为贫穷而无法获得保险的人提供帮助。联邦政府和州政府共同管理私人医疗保险,规范筹资和保险行业组织。

除了官方的医疗机构和部门,美国还存在大量的社会及行业组织,对医疗卫生机构的运行进行有效监管。其中,美国医学学会对其会员进行组织监管;各个医学专业的学术组织也会对各自的会员进行监管和评级;社会非官方的评级机构,如联席委员会(Joint Commission)会对各个医院的等级、综合性、是否符合标准进行考察与评定。

联邦、州或地方各级的公共或私营实体可制定实现医疗质量和成本控制的目标的规范。然而,在监管方面的规划相对有限,美国几乎没有协调的系统性规划。

(二)健康保险与筹资

美国医疗保险体系以私人医疗保险为主[①]。美国人口中的54%通过私人健康保险获得保险,大多数私人保险个人通过雇主获得保险,私人第三方支付者占美国医疗支出的40%。

公共来源占美国医疗支出的48%,但只有30%的美国人口由公共融资体系覆盖——主要是通过联邦政府健康保险计划 Medicare 和 Medicaid。Medicare 为老年人和一些残疾人提供保险,Medicaid 则为一些穷人提供保险。

公共和私人支付者均向受联邦、州和地方政府以及私营管理组织规定管制的医疗服务提供者购买医疗保健服务。

美国没有实现医疗保险全覆盖,有12%的医疗支出为个人自付,超过15%的公民没有医疗保险。这些人中有一部分富人因有足够的钱看病,不需要医疗保险,另一部分是没有工资收入的穷人,没有能力缴纳医疗保险。

奥巴马任总统期间推行医疗保险改革,主要目标是实现医疗保险全民覆

[①] USA. GOV. Health Insurance, https://www.usa.gov/health-insurance, accessed on November 30, 2020.

盖①。但在美国实现医疗保险全民覆盖面临不小的阻碍。这种阻碍的根源是美国民主党和共和党不同执政纲领的冲突。奥巴马属于民主党,民主党更多地考虑保障人民福祉,希望朝着建立全民医保的方向努力,美国前总统克林顿也曾进行这方面的尝试;而共和党希望保持"小政府"的角色,政府只充当国民经济发展的守夜人,并不过多干预民众的自由。奥巴马在推行医疗保险改革时附加了条款,强制美国公民缴纳医疗保险,否则会被罚款。此项条款遭到了很多州和社会团体的反对,反对者认为该条款侵害了公民的自由。但美国最高法院最终裁定奥巴马的改革条款符合宪法,条款得以顺利推行。

医疗保险可以保障美国公民充分享受高质量的医疗卫生服务,但目前没有实现全民覆盖的美国医保正面临困局。美国医生基本都接受过高质量的医疗培训,具有很高的整体素质;美国医院的科研能力和医疗条件均位于世界前列。在美国无论是去找基层医师看病,还是去医院挂号诊疗,都会优先选择医疗保险的支付方式,因此那些没有缴纳医疗保险或受经济条件限制而不愿花钱看病的美国公民,就难以享受到高质量的医疗服务。同时,一些没有缴纳医疗保险,选择自掏腰包看病的美国公民表示,实际的花销远高于医疗保险的支付数额,花费更高效果却不是特别好,这种情况也引发了很多不满。

相较于其他西方发达国家,美国政府在医疗卫生服务体系掌握的权力以及发挥的作用要小,但美国在医疗卫生服务体系中却投入了大量资源。2017年,美国的医疗卫生支出占其GDP的18%左右,这一比例远远高于英国、法国、加拿大等国平均10%左右的数据;而中国只有6%,仅相当于美国20世纪后半叶的水平。美国公民的人均医疗卫生花费数额为世界第一,比人均花费第二多的挪威高出了约53%。由于投入了大量资源维持其医疗卫生体系的运行,美国的医疗条件较好,医生的整体素养较高,在部分疾病治疗上有丰富的经验和较优的效果,例如癌症患者生存率就很高。

---

① HealthCare. GOV Official site of Affordable Care Act. https://www.healthcare.gov/assessed on November 30, 2020.

（三）卫生服务体系

美国的基层医疗服务较为发达，从事基层医疗的医师人数约占美国医生总数的三分之一。从事基层医疗的医师大部分为自由职业者，他们大多几个人共同开设一个小诊所，为有需要的居民提供医疗服务。较之中国的社区卫生服务中心、乡镇卫生院等基层医疗机构，美国的此类诊所规模要小得多。但从事基层医疗的医生必须拥有职业资格证，大部分岗位还有学历要求，一般要求获得医学博士学位，医疗服务的质量因此有所保证。医生的服务费用由居民的医疗保险支付，支付方式有多种，包括按项目付费，按人头费用标准付费，按（疾病）诊断相关分类付费（Diagnosis Related Groups，DRGs）等。

美国的专科医生可以在私人诊所和医院工作。中国的专科医生大多在大医院工作，如果居民去社区卫生服务中心看病，能挂号的选择很少，可能只有内科、外科、中医等，而美国基层医疗可选择的医师种类则更多。美国专科医生收入高于基层医师，但工作更辛苦，他们的工作多是主刀手术或治疗住院病人。专科医师在病情严重的患者身上花费的时间更多，收取的费用也可能更高。值得一提的是，在住院患者中不再使用按项目付费的方式，而是按 DRG，以控制医疗费用增长。

美国患者在多数情况下是有权利自由选择医师的，这与许多发达国家的情况不同。例如在英国，通常有固定的全科医生为患者提供初级医疗保健服务。如果想获得专科医生的诊疗需要先到基层医疗机构的全科医生处就诊，只有基层医疗机构的医生认为有必要获得更高级别的医疗服务，开具转诊单后才能去专科医生处就诊。这被称为"守门人"功能，是非常重要的一个降低医疗费用的方式，因为高级别医院的医疗费用非常昂贵。但在美国，大多数初级保健医生没有正式的"守门人"功能。只有一些保险计划（例如"健康维护组织保险"，Health Maintenance Organization，HMO）要求初级保健医生转诊到专科医生，并限制患者对专科医生的选择，而其他计划（例如"优惠服务提供者组织保险"，Preferred Provider Organization，PPO）则允许患者扩大就诊范围和直接就诊。但对于 Medicaid 受益人和没有医疗保险的人，接受专科医生的诊疗特别困难,因为一些专科医生可能由于报销率低而拒绝接受 Medicaid 患者。

美国的医院可以是私立非营利医院(拥有全国约 70% 的病床位),私立营利医院(拥有 15% 的病床位),也可以是公立非营利医院(也拥有 15% 的病床位)。美国有许多私人投资的非营利性质的医院,它们以服务社会而非赚钱为目的,医院拥有齐全的硬件设施与优良的治疗能力,例如美国的一些教会从其教众中获取资金建立的医院。公立医院也可以为自费的病人提供服务。医院是通过多种方法收费的,包括按服务项目、按床日,或按病例收费。一些医院的医生是受薪的医院雇员,但大多数医生是独立于医院的,是以某种形式的服务收费的。美国的医师收入水平名列世界前茅,拥有医学博士学位的普通专科医师的年收入能达到 15 万—20 万美元,随着执业资格证年限的增加,医师的收入还会持续增长;优秀的专科医师,例如治疗癌症的医生、麻醉医师以及手术主刀医生的工资收入更为可观。

图 3 为 2017 年美国医疗费用统计。数据显示,美国的医药花费在医疗服务花销中所占比重较小,只有 10% 左右,而支付给医生的费用则超过了 15%,住院的费用则达到了 33% 左右。近些年之前,中国的医疗体系实行"以药养医"制度,即通过药物价格的差价来补贴医生的工资收入,美国则没有这种制

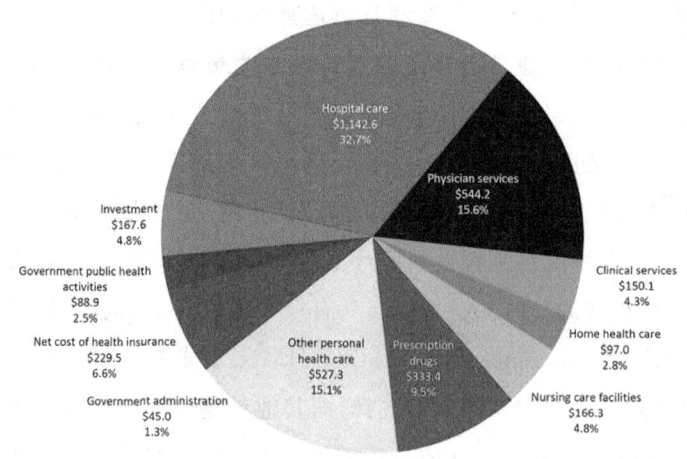

Source: https://www.cms.gov/Research-Statistics-Data-and-Systems/Statistics-Trends-and-Reports/NationalHealthExpendData/NationalHealthAccountsHistorical.html.

图 3　2017 年美国医疗费用

度。美国的药物价格并不便宜,因为美国的制药厂要考虑收回成本的问题。对比美国,加拿大的情况则有所不同,加拿大政府采取批量采购的方式,以优惠价格购买大量药品,再以较低的价格出售。但美国政府并不鼓励以此种计划经济的方式采购、出售药物,而是将采购与出售药物的环节交予医院和医疗保险,避免政府权力过大,因而经常会出现同种药物在加拿大的售价低于在美国的售价的情况。

二、公共卫生体系和美国疾病预防控制中心

美国各级政府进行公共卫生的管理和规范。在联邦一级,美国疾病预防控制中心(CDC)、环境保护局(Environmental Protection Agency,EPA)、美国农业部(U. S. Department of Agriculture,USDA)和职业安全与健康管理局(Occupational Safety and Health Adminstration,OSHA)都对公共卫生的各个方面进行规范。

美国疾病预防控制中心有两个重要任务:一是保护人民健康,二是护卫国家安全[1]。美国疾控中心实行的是每周7天每天24小时连续工作制,从健康、安保、人身安全等方面全天候全方位保护美国民众。无论疾病来自于美国本土还是国外,无论是慢性病还是急性病,无论疾病属于可治疗还是可预防阶段,美国疾控部门都要与之战斗,保障居民健康和社区安全。美国疾控部门还会进行科学研究,发表高质量的医学文章,提供医疗健康的信息。例如在美国疾控中心的网站上显示了很多信息,其中就包括许多关于新冠肺炎疫情的信息,以及关于各类疫苗接种的信息。美国疾控中心希望通过信息公示以及疫苗接种的方式来保护国民应对健康危险,保卫国家免遭重大疾病威胁。

美国疾控中心的职责除了预防和检测新发疾病,还包括解决重大致死疾病的威胁问题,进行技术研发、培养技术人才,促进健康和安全的行为、改善社

---

[1] USCDC. Centers for Disease Control and Prevention. https://www.cdc.gov/ accessed on November 30, 2020.

区和环境,监测疾病等职责。如对新冠肺炎重大疫情进行管控;作为科研机构推进病毒检测试剂盒的研发,制定更好的诊疗方案;培养大量具有专业知识技能的公共卫生方面的人才;向居民宣传健康的生活方式,使居民改变抽烟饮酒等不良生活习惯,等等。

环境保护局、美国农业部和职业安全与健康管理局等机构对本部门工作与公共卫生的交叉领域进行监管。如环境保护局监管环境卫生,农业部监管禽流感、猪流感,职业安全与健康管理局监管劳动卫生等。

地方上,州市一级的公共卫生办公室在公共卫生管理方面也发挥重要作用。美国有50个州级公共卫生机构。此外,3000多个县和1.5万多个市镇中,许多县市都有某种类型的地方卫生机构或有自己的公共卫生条例。这些政府机构管理一系列涉及公共卫生的问题,包括:空气质量、酒精、动物、殡葬、传染病、紧急医疗服务和救护车、公平合理的住房、枪支、食品、垃圾收集和处理、住房和建筑法规、群众集会、按摩场所、噪音、滋扰、害虫防治、下水道系统、吸烟、游泳池和温泉、烟草销售、水井。

总的来说,美国卫生系统既有相当大的优势,也有明显的弱点。它拥有一支庞大的训练有素的医疗保健队伍,一大批高素质的医学专家,以及二级和三级机构,有一个强有力的卫生部门研究计划,在某些医疗服务中能实现世界上最好的医疗成果。但它也有不完全保险、保险不足和对未投保人的照顾不足的问题。其他问题还包括:人均卫生支出水平远远超过所有其他国家,但在质量和结果的许多客观和主观衡量方面不佳,全国不同人口群体之间的资源和成果分配不均等。

三、美国卫生体系在新冠肺炎疫情防控中的作用

新冠肺炎疫情暴发初期,美国的形势是较为乐观的。2020年二三月份,当世界其他国家出现新冠肺炎疫情时,美国本有充足的时间进行预防应对。但是到5月,新冠肺炎疫情已造成美国上千万人感染和20余万人死亡,美国成为全球疫情最严重的国家。

作为美国疫情防控的重要部门，美国疾控中心理应发挥主导作用，但出于多种原因，美国疾控中心在疫情防控中出现了许多失误。2020年5月初，美国疾控中心常务副主任对2月份到4月份美国的新冠肺炎疫情做出的总结报告中，承认有四点加速了新冠肺炎在美国的传播[1]。

首先是没有及时切断与境外的联系，境外输入病例急剧增加。纽约州州长安德鲁·科莫在新闻发布会上曾表示，大多数的新冠肺炎患者却是从欧洲返回美国的。美国是世界上重要的航空大国，美国游客乘坐飞机出国旅行的频率非常高；美国也是世界上重要的航空中转站之一，在疫情已然蔓延的情况下，美国政府却依然没有控制出境与入境的人流量，造成了人口的大量流动，境外输入病例暴涨，其中欧洲输入的病例占到大多数。

其次，美国没有及时限制人员的大型聚会。在2020年二三月时，疫情已经在世界各地蔓延，一些国家已经出台了相应的措施来应对聚集性感染的问题，而此时的美国联邦政府却没有控制大型人员聚集，众多已经感染新冠肺炎而不自知的人员仍参加大型聚会，其余的参加人员缺乏防护意识，没有佩戴口罩，加快了感染的速度。

再次，美国政府对高风险工作区以及人口密集区的管控措施考虑不周。联邦政府出于重视自由主义的文化传统没有实行封城政策，而在日常工作生活中，也没有考虑人员密切接触会造成病毒大量传染的隐患，缺乏必要的防控手段。成百上千人在缺少必要防控的情形下，在同一个环境里工作，在同一个餐厅里用餐，病毒在人口密集区域的传播速度更快，危险性更高。

最后，疫情暴发之初试剂检测没有普及，检测试剂短缺等情况制约了美国对新冠肺炎疫情的研判和管控。由于美国联邦政府没有授权公共卫生机构和医院的实验室进行检测，只有疾控中心才能进行检测，同时因检测试剂盒短缺，检测人员会考虑疑似病例的年龄大小、病情轻重等因素，决定是否对其发放检测试剂，所以美国最初的试剂检测范围很小。此外，在进行检测时还出现

---

[1] Anne Schuchat, MD; CDC COVID-19 Response Team. Public Health Response to the Initiation and Spread of Pandemic COVID-19 in the United States, February 24-April 21, 2020. MMWR, May 8, 2020, Vol. 69 / No. 18: 551-556.

了其他一些问题,如检测技术有待提高,付费时公民与保险公司都希望对方来承担检测费用,互相推诿。对于一系列配合检测的后续措施,美国政府也缺乏统筹考量。病毒检测后,一部分患者选择居家隔离,但政府缺乏对社区管控的规划,如没有设立健康码等大数据应用程序实时监控居民的健康状况,以此限制健康状况欠佳的居民的流动范围,加之美国民众追求个人自由主义,依然前往海滩等人流量较大的公共场所,认为政府无权干涉其外出自由,导致美国居民的自我居家隔离效果很差。同时,很大一部分被感染的患者需要住院治疗,而美国政府没有针对患者大规模住院的可能情况准备预案。除了上述的直接原因之外,一些深层的原因也导致了美国此次疫情应对失误。

美国的政治文化观念深刻影响了其疫情防控的效果。居民如果能够自觉地戴好口罩,做好居家隔离,减少外出,这有利于遏制新冠肺炎疫情的大规模传播。而在美国等发达国家,政府发挥的作用有限,在疫情防控方面颁布的措施难以兼顾全局。同时,民众较为追求个人自由,特别是在"佩戴口罩等于患病"的文化观念影响下,民众对戴口罩较为抵触。此外,不重视保持适当的社交距离,个人居家隔离的效果较差,也造成了疫情的大规模传播。

美国的政治体制深刻影响了其医疗卫生体系在疫情防控中的作用。美国为联邦制国家,联邦政府与州政府之间存在分权关系,相互之间较为独立。此种体制有利有弊:有利之处在于,各州可根据其自身情况更精准地进行预测分析,寻找应对方法;但同时,联邦政府缺乏对资源的掌控和调配能力,很难将所有资源分配到重要的部门,在疫情管控中难以面面俱到。新冠肺炎疫情在中国湖北武汉暴发后,中国政府迅速从各省市调配物资和医护人员驰援武汉,发挥了社会主义体制的优越性,美国联邦政府无权从一个州向其他州调配资源,因为资源是属于各州自有的。但在美国,各州都在为自己抢购呼吸机,导致呼吸机因供需关系被炒到很高价格,许多州因此买不到,资源也未必得到了最合理的分配。然而,各州政府不会向联邦政府寻求帮助,因为在联邦与地方分权的体制下,联邦政府已经将一定权力下放至州政府,联邦政府与州政府各司其职,因此联邦政府并没有为各州制定相关预算,也就没有能力向各州提供帮助。

美国在此次抗击疫情的过程中出现了医疗资源短缺的现象,这不仅暴露了美国公共卫生体系的不足,也反映出经济方面的问题。美国本国生产不了口罩、呼吸机等医疗物资,只能依赖进口。口罩生产属于劳动力密集型产业,美国如果让本国工人生产口罩,则付给工人的工资远远高于从其他国家进口的成本。但若没有必要的医疗物资储备,美国应对疫情又会面临很大困难。新冠肺炎疫情对美国未来的经济分工影响很大,在疫情稳定后,美国可能会调整其产业链布局,将一些重要的医疗防疫物资、生活用品转回本国生产,但回流到何种程度受到劳动生产率等因素的影响,有待观察。

总的来讲,美国的医疗卫生服务体系,在新冠肺炎疫情防控中起到了一定的作用,例如它优秀的治疗能力和硬件设备。虽然相对来说存在呼吸机等设备缺乏的情况,但背后有政治体制的深层原因:联邦政府与州政府分权而治,缺少统一规划。当然它在总体的疫情防控政策和应对措施方面还是有一定的不足,尤其是在疫情没有得到有效控制的情况下,基于一定政治和选举方面的考量,便急于复工、复产,恢复经济。截至 2020 年 5 月底,美国的疫情是世界上最严重的,这可能是由其他原因造成的:难以实施群防群治的常态化管理,难以有效控制国际人员交往。它的公共卫生体系难以承担起实现这些目标的压力。此前遏制新冠肺炎在美国的传播的努力已经失败,美国现在需要尽快采取行动,尽量发挥其卫生体系的优势,降低疾病继续蔓延对民众健康和经济的影响。

作者简介:方海,北京大学中国卫生发展研究中心卫生经济学教授,北京大学医学部—中国疾病预防控制中心疫苗经济学联合研究中心副主任,博士生导师。

新冠肺炎疫情下的古巴卫生体系启示
——兼议区域与国别卫生体系研究的跨学科交叉视角[①]

徐 进

摘要:古巴以其全民免费医疗和积极卫生援外在全球卫生领域备受瞩目。本文分析了古巴卫生体系绩效及其在新冠肺炎疫情中的表现,结合古巴的国家历史提炼了其卫生体系发展过程与经验。古巴人口健康水平媲美高收入国家,卫生体系绩效高、韧性强,并树立了拉美新冠肺炎疫情防控的最高标杆。这主要是因为其卫生体系相对健全,并体现了政府主导、基层为重点、预防为主和关注社会决定因素的理念。古巴的卫生体系与国家历史和地缘政治之间存在着深刻的联系。古巴的案例提示我们,卫生体系强化应当成为我国构建人类卫生健康共同体的战略重点。从研究角度,总结国际卫生发展一般性规律的同时,亟需更深入认识各国卫生体系的内在发展逻辑。作为公共卫生和区域与国别研究之间的跨学科交叉场域,区域与国别卫生体系研究的发展具有重要的学术和现实意义。

关键词:古巴 卫生体系 新冠 全球卫生 跨学科交叉

---

① 本文为研究阐释党的十九届五中全会精神国家社科基金重大项目"构建人类卫生健康共同体研究与数据库建设"(21ZDA130)阶段性研究成果。感谢古巴国家公共卫生学院梅德拉诺(Tomas Reinoso Medrano)教授提供的部分信息和北京大学中国卫生发展研究中心李梓齐女士在数据整理中给予的帮助。主要数据截至2020年12月。我还要特别感谢已故的北京大学十佳教师、全球卫生系副主任谢铮副教授。她在去世之前一个月、病魔缠身之时的邀请使我有机会参与北京大学区域与国别研究院组织的公共卫生体系跨学科对话,也才有了这篇文章。可惜,谢老师已经辞世,只留下了为全球卫生、学科交叉奋斗到最后一刻的高大身影令人叹息、让人追忆、给人鼓舞。

一、引言

当前,新冠肺炎疫情肆虐全球,人类陷入了自二战结束后以来最严重的全球公共卫生危机。我国在维护全球卫生安全中扮演的重要角色日益凸显。新冠肺炎疫情形成大流行以来,国家主席习近平多次提出"构建人类卫生健康共同体"。我国承担"全球抗疫物资最大供应国"的角色向全球供应了大量抗疫物资,还通过直接捐赠疫苗和投入"新冠肺炎疫苗实施计划"(COVAX)向其他发展中国家提供帮助和支持,努力让疫苗成为各国人民用得上、用得起的公共产品①。要使这些产品的供应转化为疫情的控制和健康的保护,还依赖各国的卫生体系②。因此,我国在积极派出医疗卫生团队对许多国家进行援助的同时,特别强调加强各国尤其是非洲国家公共卫生体系建设。

在新冠肺炎疫情重灾区拉丁美洲,古巴较好地控制了疫情。实际上,古巴在疫情期间的出色表现,只是其全球卫生领域突出表现的延续。古巴早在20世纪80年代就建立起了全民免费的国家卫生体系,被誉为用低成本实现高健康水准的国家。同时古巴积极参与全球卫生援助,有着活跃的海外医疗队。多年来,不少重要的国际机构都对古巴卫生体系给予高度称赞。联合国开发计划署2000年发布的一份报告认为古巴是拉丁美洲和加勒比海地区卫生公平性最高的国家,也是利用非常稀缺的资源最有效实现较好健康水平的国家③。2010年,时任联合国秘书长潘基文称赞:"古巴可以为自己的卫生服务

---

① 习近平:《勠力战疫 共创未来——在二十国集团领导人第十五次峰会第一阶段会议上的讲话》,新华网,2020年11月21日,http://www.xinhuanet.com/politics/2020-11/21/c_1126770364.htm.

② 穆罕默德·阿里·佩特:强大的医疗卫生体系是交付新冠肺炎疫苗的关键,世行之声,2020年, https://blogs. worldbank. org/zh-hans/voices/strong-health-care-systems-are-key-deliver-covid-19-vaccines.

③ Hernández Pedraza, Jourdy James Heredia and Cándido López Pardo, *United Nations Development Programme Study on Human Development and Equity in Cuba*, 1999, (The United Nations Development Programme, 2000), p. 103.

体系感到骄傲,它为许多国家树立了模范。"①2014年,时任世界卫生组织总干事陈冯富珍认为:"古巴是为一个卫生服务体系与研发紧密连接的国家。这是未来的方向,因为人类的健康只能通过创新来改善……我们诚挚地希望全世界的居民都像古巴人一样能享有高质量的医疗服务。"②

古巴是拉丁美洲岛国,国土面积约11万平方公里③,大约与中国江苏省面积相当(10.72万平方公里)。古巴的经济并不发达,2018年的人均国民收入总值为8800多美元④,而我国的人均国民生产总值约为9975美元。古巴的人口在2020年时约为1106万,接近北京市一半(2019年北京市常住人口为2154万)。而且,美国对古巴实施了50多年的封锁,严重限制了这个国家参与全球经济社会的互动。这么一个规模不大、经济不发达、高度封闭的国家如何能在全球卫生这个行动主体非常复杂的领域占有一席之地呢?古巴的案例又能对我国的卫生援外工作和相关研究带来什么启示呢?

为了回答这些问题,本文综合分析古巴的卫生体系绩效、目前抗击新冠肺炎疫情的情况和效果,结合古巴国家历史分析其卫生体系发展的历程,并探讨对我国的启示。最后,结合以上分析,本文尝试探讨发展区域与国别卫生体系研究的学术和现实意义。

二、古巴卫生体系绩效与韧性

(一)健康与人口指标

预期寿命是反映健康水平的最重要的指标之一。它是指在某一年出生的

---

① Judy Stone, "Cuba's Surprisingly Cost-Effective Healthcare", *Forbes*, December 22, 2014, https://www.forbes.com/sites/judystone/2014/12/22/cuba-cost-effective-healthcare/? sh=477e38495899

② Salim Lamrani, "Cuba's Health Care System: A Model for the World", *The Huffington Post*, August 8, 2014, https://www.huffpost.com/entry/cubas-health-care-system-_b_5649968.

③ Central Intelligence Agency, The World Factbook—Cuba, updated on November 24, 2020, https://www.cia.gov/library/publications/the-world-factbook/geos/cu.html.

④ World Bank national accounts data, and OECD National Accounts data files, https://data.worldbank.org/indicator/NY.GDP.PCAP.CD? locations=CU&name_desc=true.

人能够预期活到多少岁。预期寿命的计算方法实际上是先算出每个年龄段的人经过一段时间的存活概率,然后再综合计算一个新生儿预期能够活多少年。因此,预期寿命反映了一个国家各个年龄段人口的健康状况和国家的卫生水平。从图1中可以看到,2018年,古巴人口预期寿命超过78岁,略高于美国,低于加拿大,但高于阿根廷、巴西和玻利维亚。

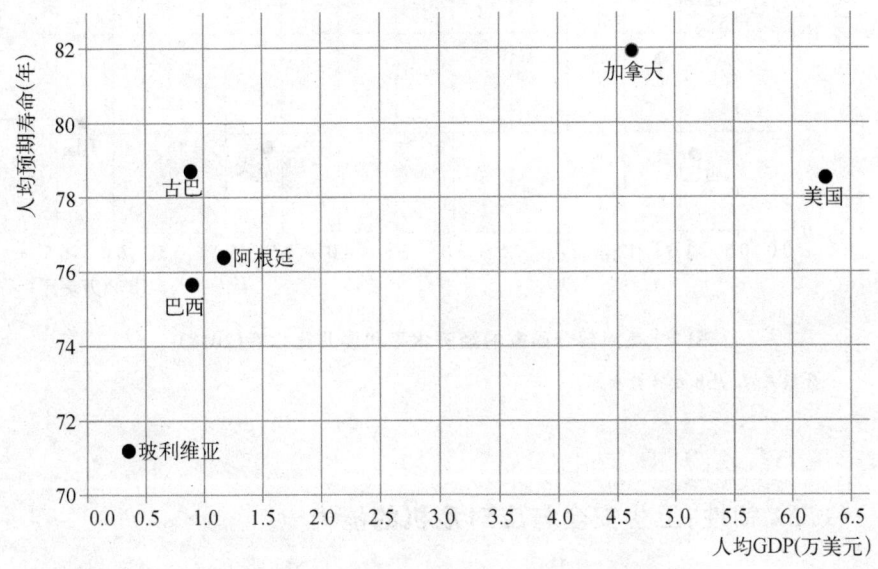

图1　美洲部分国家的经济水平和预期寿命(2018)

数据来源:世界银行数据库。

图2比较了美洲部分国家的婴儿死亡率和经济发展水平。这也是卫生发展研究中常用的参考指标。可以看到,古巴的婴儿死亡率是最低的。结合两幅图来看,可以说古巴在经济水平方面是个典型的南美国家,在健康水平方面却更像个典型的北美发达国家。值得一提的是,由于卫生工作做得好,古巴人普遍寿命较长,因而很早就进入了老龄社会,也属于一个"未富先老"的国家。

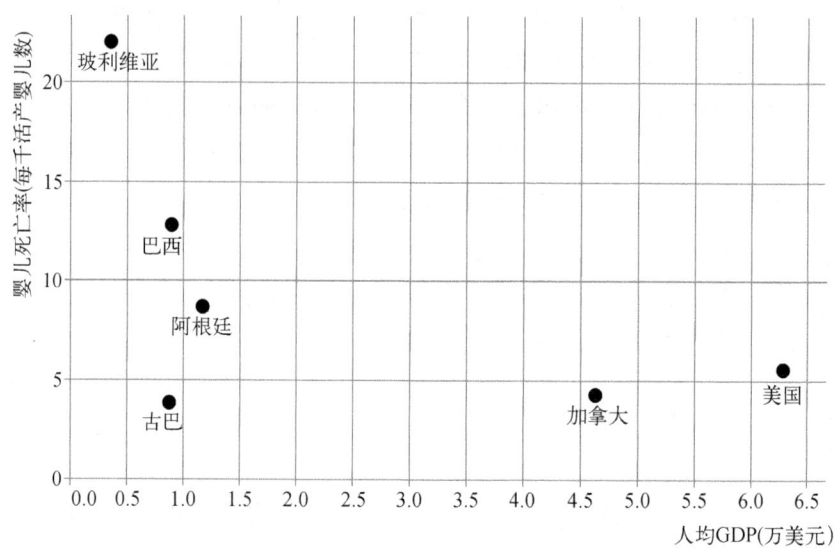

图 2　美洲部分国家的经济水平和婴儿死亡率（2018）

数据来源：世界银行数据库。

（二）韧性：卫生安全与应对危机的能力

韧性是近年来日益开始得到重视的卫生体系核心指标，在新冠肺炎疫情的背景下，更是受到了国际社会的普遍重视。我们从纵向的长时段数据来看古巴的健康水平。如图 3 所示，尽管经历了美国的封锁和 20 世纪 80 年代末到 90 年代初苏联解体带来的巨大经济冲击，古巴的人口健康水平总体上是持续改善的。预期寿命的改善在 1990 年前后出现了一个放缓乃至停滞期。但是，古巴并没有像苏联一样出现剧烈的人口预期寿命减少 10 岁的灾难性动荡。而在此后，古巴很快就恢复到了上升的轨道，婴儿死亡率则是持续下降。

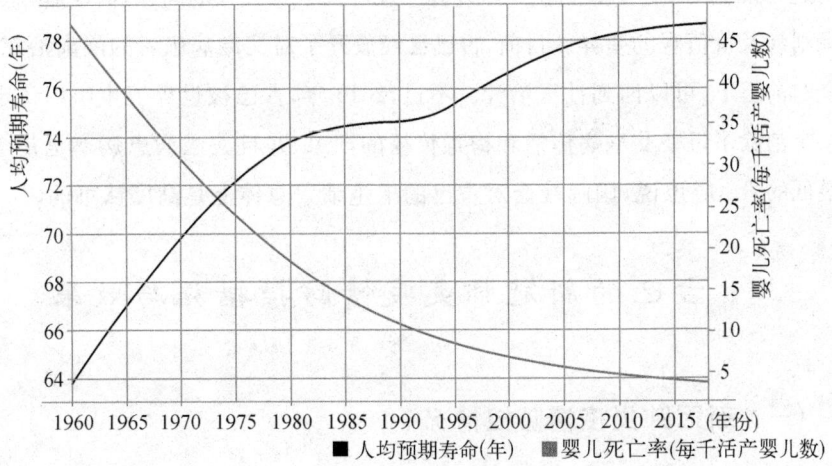

图 3　古巴人均预期寿命和婴儿死亡率（1960—2018）

数据来源：世界银行数据库。

（三）质疑的声音

关于古巴卫生状况也有一些质疑的声音。有经济学者质疑，古巴的婴儿死亡率比高收入国家的平均水平要低[①]。还有学者认为，古巴政府所采用的健康结局（Health Outcome）目标激励办法可能导致地方为了降低死亡率而扭曲一些数据。比如，伯丁等学者指出，新生儿死亡率偏低而胎儿死亡率偏高可能是因为报告时将新生儿死亡算到孕晚期胎儿死亡，甚至有学者怀疑古巴的妇女孕晚期时存在强制或诱导流产的情况[②]。产妇死亡率为每 10 万活产数 39，远远低于南美洲平均水平，但是高于乌拉圭（15）和智利（22）等一些南美国家。另外的质疑主要是，针对高危产妇或者艾滋病人，古巴会鼓励她们去专门的疗

[①] Roberto M González, "Infant Mortality in Cuba: Myth and Reality," *Cuban Stud*, 43 (2015), pp. 19-39.

[②] Gilbert Berdine, Vincent Geloso, Benjamin Powell, "Cuban infant mortality and longevity: health care or repression?" *Health Policy and Planning*, 33(6), (July 2018), pp. 755-757.

养院进行隔离,限制了其自由①。有些质疑涉及数据公开的问题,而最后一点的质疑则涉及价值观的差异。目前,古巴已经放开了对艾滋病患者的隔离治疗,在安全的前提下,可以回到社区治疗。不过,2015 年,古巴被世界卫生组织认定为第一个消除了母婴艾滋病传播和梅毒传播的国家,并且艾滋病患病率也是全美洲最低的②。应该说,国际社会对古巴的卫生绩效总体上是高度认可的。

三、古巴的新冠肺炎疫情防控措施与效果

(一) 新冠肺炎疫情防控情况

2020 年 3 月 11 日,古巴发现最初的 3 例新冠感染者,全部是来自意大利的游客,标志着古巴新冠肺炎疫情开始。差不多同一时间,巴西也发现了第一例患者。不同的是,古巴在 4 月中旬或者下旬之间的时候每日新增病例数就已经达到了第一阶段的顶峰,但是巴西每日新增人数到 6 月时一直在快速上升。当时,拉丁美洲已经成为新冠大流行的震中,每天新增的死亡人数占到全球新冠肺炎死亡病例的一半。而古巴实现了第一波疫情的基本控制③。7 月以后,拉美地区逐步进入第二波疫情。古巴也再一次出现新增感染人数的上升,10 月一度新增确诊人数降到个位数,至 12 月中旬维持在每日新增数十到百余人的规模④。在拉美地区属于疫情控制相当好的国家(见表 1),与此对比,世卫组织对巴西和墨西哥快速恶化的疫情表示担忧⑤。

---

① Octavio Gómez-Dantés, "Cuba's health system: hardly an example to follow," *Health Policy and Planning*, 33(6), (July 2018), pp. 760 – 761.

② Andréia Azevedo Soares, "Towards an HIV-free generation in Cuba", *Bulletin of the World Health Organization*, 94(12), (December 2016), pp. 866 – 867.

③ Al Jazeera, "Cuba Declares COVID – 19 'Under Control'," *The Global Herald*, June 9, 2020, https://theglobalherald.com/news/cuba-declares-covid-19-under-control/

④ WHO, "WHO Coronavirus Disease (COVID – 19) Dashboard-Cuba," Updated on December 13, 2020, https://covid19.who.int/region/amro/country/cu

⑤ VOA News, "WHO Raises Alarm Over Virus Spread in Brazil, Mexico," November 30, 2020, https://www.voanews.com/covid-19-pandemic/who-raises-alarm-over-virus-spread-brazil-mexico

表1 美洲国家地区新冠肺炎疫情比较

国家/地区	累计确诊(每百万人口)	累计死亡(每百万人口)
尼加拉瓜	710.84	24.45
古巴	825.84	12.1
海地	832.36	20.43
乌拉圭	2547.41	25.91
委内瑞拉	3752.82	33.2
牙买加	3920.08	91.52
萨尔瓦多	6381.85	183.93
危地马拉	7205.97	245.88
圭亚那	7423.54	195.79
苏里南	9101.11	199.44
墨西哥	9535.04	876.57
厄瓜多尔	11422.29	786.37
洪都拉斯	11480.31	299.96
加拿大	11892.3	351.09
玻利维亚	12567.18	772.12
巴拉圭	12914.48	271.71
多米尼加	14158.03	217.55
伯利兹	22546.2	465.26
哥伦比亚	27689.25	759.96
哥斯达黎加	29631.63	372
秘鲁	29750.92	1108.34
智利	29806.18	828.93
巴西	32161.49	848.88
阿根廷	32952.82	898.45
巴拿马	43520.08	766.9
美国	47274.84	885.58

数据来源:世界卫生组织新冠肺炎疫情数据库(https://covid19.who.int/),更新于2020年12月13日。

由表中可以看出,截至 2020 年 12 月 13 日,巴西每 100 万人口中有 332161.49 人感染新冠肺炎、848.88 人死亡。而古巴每 100 万人口中有 825.84 人感染、12.1 人死亡。这个比较还是没有考虑古巴的年龄结构与巴西的差异,实际上联合国统计数据显示,古巴 65 岁以上老年人占人口比例为 15.6%,远远高于巴西的 9.3%。考虑到老年人感染新冠肺炎的死亡率远远高于年轻人,古巴抗疫的成绩是来之不易的。其得益于医疗技术的改进,感染患者的死亡率也从 2020 年 4 月的 4% 下降到了 10 月的 2%[1]。

(二)防控措施

古巴相对于拉美地区其他国家较好的防疫效果,主要是因为采取了及时有效的策略。古巴政府在 2020 年 1 月就开始对医护人员进行新冠肺炎防疫培训,并对国际游客的健康状况进行监测。3 月发现第一例后,医务人员全面开展健康检查、预防和寻找病例的工作。古巴还采取了逐户居民的发热或呼吸道症状筛查,主要由基层卫生工作者在医学生的支持下开展实施。此外,还开发了一款手机应用 APP,由居民自主评估和向当地卫生部门报告症状,以便基层卫生人员及时上门访视。这些措施为新冠肺炎症状的流行病学信息收集起到了重要的补充作用。

古巴对潜在感染者进行抗体监测,抗体呈阳性者再进行核酸检测,然后将所有感染者(包括无症状感染者在内)进行隔离治疗。最初,所有与感染患者的接触者被要求在医院隔离 14 天。随着疫情的持续,后来,感染者也可以在家中在基层卫生人员监督下进行 14 天隔离,其间,控制外出活动并保持物理距离。感染者的密切接触者也在隔离中心按最长潜伏期进行隔离,这很可能对疫情控制起到了关键作用。发现首例感染者两周后,古巴决定关闭国际航班,直至疫情转入常态化防控才重新开启[2]。

---

[1] Gail A. Reed, "A PAHO Perspective on COVID – 19 in Cuba: José Moya MD MPH PhD-PAHO/WHO Permanent Representative in Cuba," *Medicc Review*, 22(4), (October, 2020), pp. 20 – 23. https://mediccreview.org/a-paho-perspective-on-covid-19-in-cuba/

[2] Enrique Galbán-García, Pedro Más-Bermejo, "COVID – 19 in Cuba: Assessing the National Response," *Medicc Review*, 22(4), (October, 2020), pp. 29 – 34.

到 7 月底,新报告的感染者中 54% 是在无症状状态下检出的,说明大部分病例的发现都是在患者感染的早期阶段。由于有效的防控措施,新冠肺炎疫情没有导致医院急诊部门或基层卫生机构的崩溃,而且即使在 4 月的新冠病毒传播高峰期,重症监护医疗设施也一直处于能力富余的状态。不过,古巴的医院也出现了聚集性的感染,截至 7 月医院工作人员中的感染者占到总感染人数的 12.1%。

防疫措施能够有效开展,前提条件是政府的统一协调和执行能力,各级政府、各部门通力配合共同参与疫情防控。而且,群众对卫生体系的高度信心,对抗疫措施依从度高,强制戴口罩、物理隔离也得到了有效的配合。古巴的抗疫过程凸显了基层卫生模式的重要性。所有家庭医生和护士不是在诊所和医院坐等病人,而是主动上门找病人[1]。为了应对疫情,25 家医学院的 28000 名医学生下社区支持基层卫生团队。

(三) 疫苗

当前疫苗被国际社会普遍视作终结新冠肺炎大流行的关键手段[2]。古巴也在积极发挥其生物科技实力开发新冠疫苗。目前,古巴有两款候选新冠疫苗进入了临床实验阶段,分别名为"主权 1 号"(SOBERANA01)和"主权 2 号"(SOBERANA02)。据古巴的新冠疫苗开发者称,原先"主权"的名字是用于临床实验,但这一名称得到了民众的热情支持,因而决定把其开发的所有系列都冠以"主权"的名字。此外,还有两款疫苗也在走向临床试验的过程中[3]。

古巴计划在 2021 年实现全民新冠疫苗接种。古巴的疫苗还被世界卫生组织与流行病预防创新联盟共同领导的旨在推动新冠疫苗全球公平分配的计

---

[1] Ed Augustin, "Cuba sets example with successful programme to contain coronavirus," *The Guardian*, Jun 7, 2020, https://www.theguardian.com/world/2020/jun/07/cuba-coronavirus-success-contact-tracing-isolation

[2] 谭德塞:《全世界"可以开始梦想新冠肺炎大流行的终结"》,《参考消息》,2020 年 12 月 5 日,https://news.sina.com.cn/o/2020-12-05/doc-iiznezxs5357918.shtml

[3] Conner Gorry, "SOBERANA, Cuba's COVID–19 Vaccine Candidates: Dagmar García-Rivera PhD -Director of Research, Finlay Vaccine Institute," *Medicc Review*, 22(4), (October, 2020), pp. 10–15. https://mediccreview.org/soberana-cuba-covid-19-vaccine-candidates/

划（COVAX）纳入跟踪对象。相比于巴西等南美洲国家主要是发达国家和中国开发的疫苗试验基地,古巴以自主开发疫苗成为拉美新冠疫苗的领导者①。

四、古巴参与全球卫生的相关活动

（一）国际卫生合作

通过有偿和无偿的服务,古巴医生参与了许多重要的国际事件,包括海地大地震以后,派出了医疗队;早先为了支持南非结束种族隔离制度派出了医疗队支持南非曼德拉政府;帮助西非国家抗击埃博拉病毒等。自20世纪60年代起,古巴累计向160余个国家派出60多万名医生。2018年有4万余名古巴医生在海外工作。医疗援助是古巴最大的出口项目:年收入超过80亿美元(超过糖的出口),占外汇收入的60%,相当于本国国内的卫生支出。医生个人获得报酬年均4250美元,占每个医生费用的10%—25%,是其国内工资的10倍。委内瑞拉对古巴低价销售石油(约为全球价格的三分之二),其他国家引入古巴医生,并实施按医生人头付费。前些年,巴西左翼阵营执政,也采用引进古巴医生的办法快速普及基层医疗卫生服务。古巴医生在海外薪酬最高的所在国是南非和卡塔尔。在海外工作除了薪资对医生特别有吸引力以外,医生能够看到在国内看不到的病例,如此,经济收益和临床经验的收获使得医生个人也有很高的意愿参与海外医疗服务。有批评声音指出,古巴的产妇死亡率指标升高一般与其将大量妇产科医生派出参与国际卫生服务有关系,但这没有得到证实。此外,古巴还积极推进旅游资源与医疗资源的结合,发展吸引海外患者到古巴就医的"医疗旅游"。当前,古巴正努力通过外派医疗队、出口生物技术产品和开发"医疗旅游"来实现医疗卫生行业的"自给自足"。

---

① Sarah Marsh. 2020. Cuba leads race for Latin American coronavirus vaccine. https://uk.reuters.com/article/uk-health-coronavirus-vaccine-cuba-focus-idUKKBN27S1OZ.

（二）拉美医学院

1998年，两次严重的飓风袭击了中美洲和加勒比海地区，约3万人罹难。古巴在救灾援助中发现更大的灾难：该地区卫生人力紧缺，一些地方的居民从来没有见过医生。古巴提出为拉美国家培养留得住的医生，于是建立了拉美医学院（Escuela Latinoamericana de Medicina，ELAM）。这是全球最大的医学院，每年招生数千人，在校生人数过万，来自近百个国家。拉美医学院实行6年学制，招生范围从拉美、非洲甚至扩展到美国等。学校免学费、住宿费，提供生活费，倾向招收贫困地区的学生，唯一的条件是毕业后回原地服务。为了让这些来自欠发达地区的学生能够具备攻读医学的条件，拉美医学院还提供语言和基础科学桥梁课。拉美医学院的教学质量获得世界卫生组织、美国加州医学考试委员会等权威机构认证。2009年，时任世界卫生组织总干事陈冯富珍对拉美医学院的评价是："如果你是穷人、女性、原住民，那么你在参加招生考核时会有优势。正是这个机构的伦理，让这所医学院独一无二。"①

（三）疫情的冲击与应对

新冠肺炎疫情暴发以来，古巴积极实施国际援助。2020年上半年就向欧洲的意大利、非洲的肯尼亚等国派出医疗队。11月，意大利西西里又向古巴发出求助，希望能够获得医疗队支援②。同时，古巴还决定对巴勒斯坦派出医疗队支援③。

但是，美国的封锁持续限制了药品和防疫装备进口。而且，旅游业作为古巴的重要外汇收入来源受到重创。为了遏制古巴经济，美国近来也鼓励各国

---

① Helen Yaffe, *We Are Cuba！: How a Revolutionary People Have Survived in a Post-Soviet World* (New Haven, Yale University Press, 2020), p.159.
② Lorenzo Tondo. Sicily asks Cuba to send medics as Italy fights second Covid wave, 25 December 2020. https://www.theguardian.com/world/2020/nov/25/sicily-asks-cuba-to-send-medics-as-italy-fights-second-covid-wave
③ Agencia Informativa Latinoamericana Prensa Latina, "Cuba Will Support Fight against Covid-19 in Palestine," Nov 26, 2020, https://www.plenglish.com/index.php?o=rn&id=62206&SEO=cuba-will-support-fight-against-covid-19-in-palestine

"清退、驱逐"古巴医生,巴西右翼政府紧随其后①。古巴不得不从巴西撤出医生。不过,古巴也获得了来自中国、俄罗斯、西班牙、阿联酋等国的国际物资援助。

五、区域与国别研究视角下的古巴卫生体系分析

古巴的卫生成就是如何取得的?要回答这个问题,不能不对古巴的卫生体系做一些基本的分析。本小节将分析古巴的医疗卫生体系,并探讨其对古巴卫生成就的作用。我们在这部分引入更为广阔的区域与国别研究视角,结合古巴的国家历史来分析古巴卫生体系的建设经验。

(一)古巴的国家历史概述

我们以古巴国家历史中的殖民地和半殖民地时期、民族解放运动时期和美苏争霸、全球化时代,以及当今新冠肺炎疫情大流行几个节点来看。

殖民地时期,古巴是西班牙在拉丁美洲的重要基地。从地图上可以看到,古巴位于墨西哥湾的咽喉部位,因此是"兵家必争之地"。1492 年,哥伦布"发现"古巴后,这个地区很快就成为西班牙的殖民地和甘蔗种植园。大量原住民因为欧洲殖民者携带的病毒而死亡,非洲黑人被运到古巴并沦为奴隶,成为当时主要的劳动力。古巴的哈瓦那大学,最初建成于 1721 年,不仅是拉丁美洲地区历史最悠久的高校,也是美洲最早建成的大学之一②。1837 年,古巴建设了美洲最早的铁路。古巴与美国临近,是除加拿大和墨西哥之外离美国本

---

① "the regime in Havana has taken advantage of the COVID – 19 pandemic to continue its exploitation of Cuban medical workers" Press Briefing Room, "Secretary Michael R. Pompeo(美国国务卿蓬佩奥)At a Press Availability," *US Department of State*, April 29, 2020, https://www.state.gov/secretary-michael-r-pompeo-at-a-press-availability-4/"We can't allow Cuban slaves in Brazil and we can't keep feeding the Cuban dictatorship""Thousands of Cuban doctors leave Brazil after Bolsonaro(巴西总统博索纳罗)'s win," *The Guardian*, November 23, 2018, https://www.theguardian.com/global-development/2018/nov/23/brazil-fears-it-cant-fill-abrupt-vacancies-after-cuban-doctors-withdraw

② 百度百科,哈瓦那大学,https://baike.baidu.com/item/%E5%93%88%E7%93%A6%E9%82%A3%E5%A4%A7%E5%AD%A6

土最近的美洲国家。古巴与美国佛罗里达州隔海相望,陆地最近直线距离仅 100 多公里。因而美国也觊觎古巴,并且在 1902 年赶走了西班牙人,建立了由美国操控的傀儡政府(Protectorate),古巴成为美国的半殖民地。当时,古巴首都哈瓦那相当于今天美国的拉斯维加斯,博彩业繁荣,消费水平也比较高。至今,古巴仍然保留着 20 世纪上半叶留下的许多名牌轿车和西方式建筑。

1959 年,卡斯特罗等革命者领导了古巴民族解放运动,推翻了美国扶持的傀儡巴蒂斯塔独裁政权。随后,古巴与美国交恶,转而投向苏联和社会主义阵营。美国中央情报局数次尝试推翻卡斯特罗政权,包括试图进行暗杀。1961 年,美国中央情报局帮助逃亡美国的古巴人组成雇佣军在古巴西南海岸猪湾附近的吉隆滩登陆,入侵古巴,力图颠覆卡斯特罗政权,但遭到失败,史称"猪湾事件"。此事件促使古巴更进一步靠拢苏联,进而引起 1962 年震惊世界的古巴导弹危机。这场美苏冷战时期最严重的正面对抗虽然仅仅持续了 13 天,但险些酿成热核战争。

1959 年革命后,古巴就开展了土地改革、住房改革。1961 年,20 万青年下乡扫盲,70 万人脱盲。古巴享受着社会主义阵营核心苏联的实质经济补贴——苏联高价收购古巴的糖,收购价高的时候达到市场价的 10 倍,低价向古巴销售石油。古巴政府将大量资源投入到社会保障体系,医疗、教育、住房都免费,还有各种各样的福利补贴。比如,古巴人受教育程度非常高,而且女性专业人士占很高的比例。这很难说与古巴作为美国后院的特殊地位而获得苏联大量补贴没有关系。

在近 30 年的经济支援后,1989—1991 年的"苏东剧变"导致苏联援助终止,引发了所谓"和平时代的特殊时期"。当然,有些人也觉得这个说法不合适,因为古巴依赖苏联补贴的时候,才是特殊时期。无论如何,苏联援助停止后,美国制裁的影响就日益凸显出来。1990—1993 年,古巴经济非常困难,GDP 下滑达到 36%。后来,古巴开始探索经济改革,但维持住了社会保障体系。另外,侨民汇款、旅游业也成为古巴重要的收入来源。

今天的古巴仍然面对着美国经济封锁和国内经济转型的双重困境。官方估计,2019年3月—2020年4月,因为美国的经济制裁,古巴损失了56亿美元①。据统计,现今古巴人居住房屋的26%经评估条件是一般,15%是很差,有6万居民,他们不得不好几户人住在一个房檐下面,有6万个房屋需要重建。居住房屋条件对人民健康还是有很大影响的。2017年,古巴国民经济中的75%是服务业,工业不发达。同年,出口额18亿比索,相当于18亿美元,其中差不多一半以上是外派医生带来的收入。

(二)卫生体系发展历程

1959年革命胜利之前,古巴有一家医学院、一所大学医院,以私立医院为主,也有基本的公共医疗卫生机构。当时古巴有6300名医生,三分之二在哈瓦那工作。革命成功后,卫生体系收归国有,完全由政府筹资并组织提供服务。不过,由于美国与古巴关系严重紧张,到20世纪60年代中期,有3000名医生陆续离开古巴。

1960年,古巴启动"农村医疗服务"计划,培养并分配医学院毕业生去偏远农村提供医疗服务。这种广泛培养医生的做法不同于许多国家采用护士在农村提供医疗服务的做法。据古巴的专家解释,这主要是因为革命前古巴就有不少医生,因而革命者认为革命成功以后应该让所有人都享有医生的服务。此外,古巴的医生是古巴革命运动的热情参与者,因此也有许多医生积极主动参与农村工作。同时,古巴发展了国家疾控体系,主要应对疟疾、急性痢疾和疫苗可防的疾病。结合农村医疗服务,医生也负责健康教育和卫生宣传。到1970年,古巴建成了53所农村医院。这些卫生体系建设措施使得古巴在传染病防控方面成绩显著②。

1970年,古巴建立由国家母婴健康机构(Programa de Atención Materno

---

① Andrea Rodriguez, "Cuba Says U. S. Sanctions Have Caused Nearly $5. 6 Billion in Losses," PBS News Hour, October 22, 2020, https://www. pbs. org/newshour/economy/cuba-says-u-s-sanctions-have-caused-nearly-5-6b-in-losses.

② Richard S Cooper, Joan F Kennelly, Pedro Orduñez-Garcia, "Health in Cuba," *International Journal of Epidemiology*, 35(4), (August 2006), pp. 817–824.

Infantil，PAMI)领导的、各部门和社区参与的国家母婴健康项目,持续降低母婴死亡率。与此同时,古巴开展了医学教育改革。古巴将医学教育的管理部门从教育部调整到卫生部,医学教学强调胜任力,强调为农村、农民和其他社区居民服务的能力。在地方建医学院和护士学校,大量培养医生和护士,培养过程大部分是免费的,招生也只看成绩。据有关人士在当地走访的观察,古巴的大学普遍建有医学院,医学专业现在还非常有竞争力,医生也非常愿意让自己的子女学医。这样就快速实现了医疗卫生队伍在国家各地区的普及,而且医生来自基层社区,也有更强的服务意识。

20世纪70年代以后,古巴的卫生体系发展在完成了农村防疫和普及之后,将重点转向发展综合卫生体系。这主要是为了应对当时暴露出的一些问题。如在70年代时,病人看医生等候时间长,医生问诊时间很短、很简单。而且,医疗和预防脱节,医疗服务协调连贯性不足,服务也集中在医院,医生倾向于专科而非全科医疗。1974年开始,古巴推广建设社区综合诊所(polyclinics),使所有社区都有普通专科(妇产科、儿科、内科)服务[1]。

这一时期,古巴进一步改革医学教育,强调物理和社会环境因素的重要性,将综合诊所纳入临床教学基地,把医学教育过程与社区服务结合起来,在理念上灌输基层卫生服务的核心作用。古巴启动了四项人口健康服务计划,包括母婴健康,后面还有防治传染病、慢性病,以及老年健康,因为疾病谱已经开始发生变化了。这个时候古巴的经济条件不错,还有苏联的支持,开始建设专科医学中心。同时,古巴着力发展了本国的生物科技,在拉美最早引进了核磁共振仪器,同时建立了产前检查筛查制度,不过仍然存在整合协调的问题。1980年以后,古巴受到了国际初级卫生保健大会发表的《阿拉木图宣言》及中国赤脚医生经验的影响,更加重视基层医疗的价值,并通过建设家庭医生护士团队来实现全民共享卫生健康。

80年代初期古巴已经发生了流行病学转型,人口开始老龄化、慢性病成为

---

[1] C William Keck, Gail A Reed, "The Curious Case of Cuba," *Am J Public Health*, 102(8), (2012), pp. 13–22.

国民主要的疫病负担。古巴决定建立基于综合性家庭医学的全民覆盖的体系。它的组织构成是一名医生加一名护士,组成"家庭医护团队"。几个家庭医护团队加上一个领导综合诊所构成一个基本工作组,考核等在基本工作组框架下面去实现。家庭医护团队和基本工作组负责协调医疗服务、引导促进居民健康、分析辖区人口健康等,基于证据和数据来提供服务。为了持续保证家庭医生的岗位胜任力,古巴再次改革医学教育:第一,设立家庭医学学科,把家庭医学作为一个新的、与之前内、外、妇、儿等分科相当的学科来培养。第二,在教学过程中增加大量流行病学和公共卫生科学的内容。其中,公共卫生科学的范围比较广泛,包括社会沟通的能力,强调医生在社区中通过服务实践来学习。第三,强调实践能力,引入基于问题学习的教学方法,并在基础学科的学习早期引入临床技能培训。强调公共卫生服务能力,要求医学生能够在临床服务中运用社区公共卫生的理念。第四,针对家庭医学临床技能和继续教育的需要,建立了专门的毕业后家庭医学培训体系。

这一时期,古巴还通过法律将卫生健康的重要性和发展方针加以明确。古巴1976年宪法[①]和1983年公共卫生法[②]都明确提出:健康是人民的基本权利,全民享有、全民均等、全面免费;卫生服务是国家的责任;国家整合预防和治疗服务;人民参与国家卫生体系的发展和运行;人民健康与社会经济发展相结合;全球卫生合作是古巴卫生体系和卫生专业人员的根本义务。

至1999年,古巴的家庭医护的团队已经覆盖了全体国民,所有人得到了服务。这种模式也得到了医生和患者的接受,患者从家庭医护团队所接受的门诊服务比例稳步上升。根据现有的数据,2000年时,基层卫生服务机构(包括综合诊所和家庭医护团队)的门诊人次数占总数的84.5%,急诊人次数占总

---

① Constitución de la República de Cuba(古巴宪法,于1992年和2002年进行修订) http://www.cuba.cu/gobierno/cuba.htm.
② Ley No. 41. Ley de la Salud Pública (古巴公共卫生法). http://www.parlamentocubano.cu/index.php?option=com_content&view=article&id=257:ley-no-41-salud-publica&catid=46:leyes&Itemid=79

数的56.1%①。除了赢得了群众的信任,古巴的家庭医护模式还有三个重要特点:第一,强调服务群众,家庭医护团队对社区居民进行健康诊断,评价辖区内人口健康,需要每年进行一次家庭访视,然后根据居民健康状况分层进行管理。作为社区成员,他们积极参与改善社会关系,加强居民家庭与邻里之间的相互支持。第二,强调预防,强调居民养成良好的卫生习惯和健康水平的提升,发展社区康复,并推动家庭和社区环境的改善。古巴医生会常规性地下社区访视社区的供水情况,以及厕所清洁、垃圾清理和废水处理等环境卫生整治工作。第三,强调医生具备可及的、高质量的临床技能,而不是一味追求高端技术,这使得社区居民能够享受及时连续的综合服务。

经过多年的努力,古巴的国家卫生体系逐步健全,形成了非常系统的分级诊疗制度。最突出的特点是,古巴的人均医生数达到全球第一,为每千人6.7名医生,而且还在不断上升,世界卫生组织提出的基本标准是每千人2.5名医生。需要指出的是,古巴的医生收入非常低,每个月平均的基础工资就是30—50美元。而且医生在全国任何地方服务获得的收入都是一样的,不论是在大城市的大医院还是在基层社区。这样低的工资之所以能够维持,主要是因为古巴的计划经济有各种各样的生活补贴。医疗卫生是一种服务而不是商品的观念深入人心。不过,在当地访谈中,也有一些医生认为自己的收入相比所从事的专业劳动,明显偏低。尤其是专科医生,他们觉得提供的医疗服务技术含量比全科高很多,但收入上没有体现差别。因此,随着古巴经济社会的改革,医生的想法也在发生微妙的变化。当然,前面提到的外派医疗所能获得的相对高额的收入也使得医疗行业有吸引力。

此外,从20世纪80年代开始,古巴积极发展医学科技,包括向生物医学研发投入10亿美元。古巴因而开发出了当时全球领先的甲型脑膜炎疫苗和一种治疗糖尿病足溃疡的含有表皮生长因子特效药Herpeprot-P。2005年,古巴医学技术产业实现收益额3亿美元。目前,古巴国内免疫计划的12种疫

---

① C William Keck, Gail A Reed, "The Curious Case of Cuba," *Am J Public Health*, 102(8), (2012), pp.13 – 22.

苗种,有 8 种是自主开发生产的。每年,古巴向海外 40 多个国家销售数以亿计的疫苗①。

六、古巴卫生体系经验及其启示

综观古巴卫生体系发展历程,体现了以下经验:

首先,古巴的卫生体系在该国医疗卫生发展中发挥极其重要的作用。从全球卫生支出分析来看,高收入国家人口占世界人口总数不到 20%,但却消耗了全球 80% 的卫生资源,是一个非常经典的 20/80 定律的案例。因此,低成本是发展中国家实现全民卫生体系覆盖的必要条件。而且也并不是经济发展了就能实现全民健康覆盖。在全球卫生支出中,美国占比超过 40%,达到高收入国家的一半②。然而,美国仍有数千万人没有医疗保障,而且新冠肺炎疫情防控效果也很差。因此,古巴在低成本建设卫生体系、实现全民医疗覆盖和卫生安全上取得的成就,是全世界对它如此关注的主要原因。与此同时,古巴以基层为中心、以人力为核心的卫生发展模式也相对能够适应剧烈的社会波动。古巴的卫生健康发展水平不只源于狭义的卫生体系产生的作用,也有更广泛的社会决定因素。这离不开社会主义制度所提供的基本公平,包括高度的教育普及、高就业率、高度的社会保障。

其次,古巴卫生体系发展与国家社会历史与密不可分。古巴逐步建成的以大量高水平医生为主的基层卫生服务模式,离不开其较早发展的和快速形成的教育普及。古巴能够建立稳定的高水平福利,也与历史上苏联的援助有关系。古巴没有在苏联解体之后,陷入长期的卫生危机,说明古巴卫生体系并不完全依赖苏联。因此,最关键的原因在于相对低成本的基层医疗卫生模式。

---

① Sarah Marsh, "Cuba Leads Race for Latin American Coronavirus Vaccine," *Reuters*, November 12, 2020, https://uk.reuters.com/article/uk-health-coronavirus-vaccine-cuba-focus-idUKKBN27S1OZ.

② Xu Ke et al., 2018. New Perspectives on Global Health Spending for Universal Health Coverage, World Health Organization. https://www.who.int/health_financing/documents/health-expenditure-report-2017/en.

在计划经济体制下,卫生人力资源的配置完全由中央政府控制。这使得古巴在实现卫生资源的均等分配方面有相对的优势。20 世纪 90 年代以来,古巴的卫生体系的各层级是直接合作而非竞争关系,而且成功建立了家庭医生护士团队为主的基层卫生服务模式。同时,部分又因为美国的封锁,古巴积极发展并形成了独特的高新医学科技研发系统。

最后,古巴的国内卫生体系建设与国际卫生服务相结合。古巴国内完整、高效的卫生体系反过来使得古巴又能以独特的"双循环"实现国际卫生服务与国内卫生发展的相互依赖、相辅相成。对内是"举国体制"和"计划经济",对外却积极融入市场经济。包括利用医务人员的劳动力市场和技术市场,获得回报,补贴国内的医疗卫生事业。古巴的案例说明,国家的社会经济基本制度安排和地缘政治格局对其国内卫生体系和参与全球卫生治理都可能产生深刻的影响;反过来,卫生体系也可能成为一个国家国际政治的核心领域。在极为敏感的政治经济方面被高度边缘化的古巴,通过医疗卫生体系、医疗人力资源及医疗科技的软实力赢得了世界的尊敬。

古巴的案例对我国有诸多启示作用。卫生体系属于一个国家重要的社会制度,也是国家参与国际政治的重要平台,应当成为我国构建人类卫生健康共同体的重点。在古巴的案例中,卫生体系是人民健康发展的关键。我国卫生援外长期以外派医疗队为主,近年来开始重视疾病预防、医院建设等,但对发展中国家卫生体系发展还未给予充分重视。实际上,与古巴类似,我们的邻国泰国也在将卫生体系打造成国家的名片,包括每年举办"玛希隆王子奖卫生大会"(PMAC),探讨全球卫生发展议题。我国 2009 年启动深化医药卫生体制改革,到 2020 年基本建成了覆盖全民的基本医疗卫生制度,而且即将启动全面建设健康中国的伟大事业,其中积累了大量非常有价值的经验。我国也通过广义的社会决定因素的发展,助推卫生健康体制的改进。比如,我国是世界人口脱贫的主要贡献力量。如此覆盖十几亿人口的全民健康发展道路,对发展中国家来说,本身充满了可供参考借鉴的丰富经验。因此,不断发展我国自己的卫生体系,并及时总结经验,一定能在全球卫生领域发挥重要作用。当然,我国卫生发展援助需要与发展中国家的国情相结合。

七、卫生体系研究与区域与国别研究交叉的学术和现实意义

首先,卫生体系研究需要走到区域与国别的层面,区域与国别层面的卫生体系研究有重要的学术和现实意义。学习借鉴国际卫生发展的规律和前沿经验对现今的中国有着切实需求。我国卫生体系的发展实际上一直在努力尝试借鉴国际经验。新中国成立初期,我国吸收了许多苏联的经验。21世纪以来,尤其是2009年深化医改的方案出台前几年,关于"英国模式"与"德国模式"等的争论是我国讨论卫生体系改革路径的重要部分。当前,国家卫生健康委员会等相关部门也非常关心国际经验。与此同时,我国建设"一带一路"和"构建人类卫生健康共同体"都需要更好地了解其他国家的卫生体系。这其中包括,只有了解各国卫生体系的背景和问题,才可能把"中国故事"讲好,才可能把中国的经验对接到其他国家。

然而,卫生体系的属性决定了,国际之间卫生体系研究的结论不能简单迁移。卫生干预有许多复杂的、体系层面的干预。所谓体系层面的干预,常常是牵一发而动全身的。这些干预从性质上不同于简单地应用某项技术或某种药品。从当前的新冠肺炎疫情控制来看,新冠疫苗相对具有普遍性,全球基本上是可以通用的,我国生产的疫苗在海外的临床试验进展顺利。但是,更复杂的疫情防控措施,在我国能有效实施,在其他国家则受到意识形态、科技手段、社会治理水平等限制,显然面对着大得多的阻力。古巴的卫生体系发展经验,同样无法直接在其他发展中国家复制。这是因为世界各国社会组织结构复杂得多,国家与国家差异巨大。不仅经济发展水平基本决定了卫生体系所能获得的资源水平,国家社会经济的组织和制度,也直接影响到卫生体系的运行体制机制。卫生体系干预,作为复杂的系统层面干预常常比简单干预需要适应国家之间的巨大差异。因此,虽然有规律可循,但是具体的实施方案,则不可能统一。卫生政策的决策者对国际经验的接受度并不一致[1]。卫生体系研究需

---

[1] Stefanie Ettelt, Nicholas Barron Mays, Ellen Nolte, "Policy Learning from Abroad: Why It Is More Difficult than It Seems," *Policy & Politics*, 40(4), (2012), pp. 491–504.

要具体的区域与国别研究的层面。无论从理论研究的角度,还是从促进国际卫生体系发展的实践角度,区域与国别层面的卫生体系研究都具有重要的意义。然后从具体区域与国家的经验,再上升到国际层面的规律,进而结合各国国情探讨找到本国的落地方案。只有这样,才能对问题有较好的分析,也才能真正对实践发挥指导作用。

其次,快速发展的区域与国别研究将对深入研究各国卫生体系的规律性和独特性问题产生促进作用。前面的论述已经说明,卫生体系研究也需要对所在地区的社会背景、政策制定过程等有足够的理解。但是,卫生体系研究的学者常常不具备对某个国家政治、外交、社会、文化、历史等深入研究的基础。因此,通过融入多学科的区域与国别研究,能获得重要的营养。区域与国别研究的多学科、跨学科属性,将为卫生体系研究带来更丰富的研究视角、资料和方法。卫生体系相关的研究,很可能将获益与其他相关社会部门的研究,如教育、社会保障等。同时,区域与国别研究还可能推动研究如何通过跨部门方式、采用生物－心理－社会的医学模式,全面应对健康需要,提供良好的基础。更深入地参与新兴的区域与国别研究学科建设,势必将推动卫生体系研究走向一个新的高度。

最后,区域与国别研究也将通过区域与国别卫生体系研究得到丰富,对于一个国家能形成更为立体的认识。卫生体系是一个国家国内和国际政治的一个重要制度构成部分。卫生体系的研究,也能为更好地认识一个国家的政治和社会安排提供有益的视角。实际上,许多国际上的政治学者是以卫生体系领域的研究为切入口,研究一个国家的政治体制等。比如,美国著名的中国问题研究专家大卫·兰普顿(David Lampton),早年就是研究中国的卫生政策,从而提出了关于中国行政制度的基本理论[1]。卫生体系本身具备的很高的制度密度,使其作为连接国家和居民的重要纽带,成为一个国家政治经济的关键领域。美国就有不少著名的政治学者,将卫生政策作为其研究的主要方向。如果脱离了对卫生体系的理解,很难说能真正了解一个现代国家。在疫情状态下是如此,疫情的间歇期也是如此。对区域与国别卫生体系的深入研究,能

---

[1] David M Lampton, *The Politics of Medicine in China: The Policy Process*, 1949—1977, Boulder: Westview Press, 1977.

够与区域与国别研究的其他领域形成合力，建立我们对一个国家更全面的认识。

八、总结

古巴人口健康水平媲美高收入国家，卫生体系绩效高、韧性强。到2020年下半年，古巴在新冠肺炎疫情防控方面树立了拉美的最高标杆。古巴的卫生成就主要源于卫生体系相对健全，体现了政府主导、基层为重点、预防为主、人力资源为依托，关注社会决定因素，并且积极发挥自身优势参与国际卫生合作。卫生体系强化应当成为我国构建人类卫生健康共同体的战略重点。总结国际卫生发展一般性规律的同时，亟需更深入认识各国卫生体系的内在发展逻辑。作为公共卫生和区域与国别研究之间的跨学科交叉场域，区域与国别卫生体系研究的发展具有重要的学术和现实意义。

作者简介：徐进，北京大学中国卫生发展研究中心助理教授、副研究员。

海外疫情实地观察

【实地观察】

  区域与国别研究重视实地观察与研究。针对目前备受人们关注的"全球疫情与中国留学生问题",北京大学区域与国别研究院在2020年调研了9个国家的20余名中国留学生,请他们介绍该国的中国留学生与当地疫情状况。9个国家包括西班牙、英国、美国这些疫情严重的国家,也包括印度、以色列以及巴勒斯坦这些疫情尚在蔓延的国家,还有日本、德国这些相对来说比较稳定的国家。留学生身份包括本科生、硕士研究生、博士研究生以及国内高校的短期学术交流生(3个月至1年)。我们希望通过中国留学生的自述,微观展示国外新冠肺炎疫情的真实状况,海外学子的思考与共济。

英国疫情直击:留学生的标签化与边缘化困境

桑 蒂

  作为一个在英国学习社会科学的留学生,我最近一个月最大的感受却是对社会的无力感——当你所学的所有理论都建立在常规的情景(context)中时,似乎学者们未曾考虑过如新冠病毒般汹涌的冲击。正如英国媒体所言:在一个月之前,没有人想到事情会发展至如此。在雪崩来临的时候,没有一片雪花可以幸免于难——每个人都面临着前所未有的挑战。

边缘化的留学生：一篇口罩引发的焦虑

伦敦既是国际化、多元化的世界城市，也是充满着冲突、误解和强调自我的城市。走在伦敦的街头，几乎每个人聊天都加了"密语"，你很少能听懂他人的言语。按理来说，作为外国人，理应更容易融入进这没有刻板范式的、更为包容的社会中，但事实并不尽如人意。从一场疫情到一片口罩，在英国的部分中国人似乎承受了更大的压力：如果你在街头遇到另一位戴口罩的人，你就可以自信地开口和对方讲普通话，八九不离十。我在这里不想谈口罩是否有用，因为这是医学专家们需要讨论的；我也不想谈论每个人是不是有权戴口罩、戴口罩是不是就该被歧视，因为这不需要讨论、事实一目了然；我想从文化的角度来说：口罩在疫情暴发前的英国社会中，成为一个排斥性（exclusive）的符号、成为和"口罩"本身寓意所绑定的意象——戴口罩的人是病人、脆弱的人和中国人。社会上本就有个别人对中国人有所偏见，这一片口罩更是给了这些人新的借口、甚至更明确的目标。这也就是为什么出现了个别留学生因口罩被歧视乃至遭受殴打的事件后，所有华人都会倍感压力——戴上口罩就像在告诉那些人：我就是你们在寻找的歧视对象。伴随着当地主流媒体对于"口罩无用论"的宣传，口罩成了"边缘化"中国留学生的推动者，让很多留学生想戴而不敢戴。我们作为异乡人，是十分担心被所在社会孤立而引来祸水的，哪怕只是路人一个不友善的目光，都会让人倍感焦虑。

然而，正是疫情初期英国当地人们的意识淡薄和政府的措施不力，给疫情的暴发埋下了伏笔。到了 2020 年 3 月上旬，疫情形势显然比之前更为严峻。我曾在与国内的同学交流时说，2020 年 3 月底之前英国肯定会停课、在公共交通和公共场所一定要戴上口罩；即便如此，我仍然心存忌惮——尤其在身旁没有其他人戴口罩时，我仿佛是个异类。当低峰期地铁车厢空旷时，我就会摘下口罩，直到下车或者换乘的时候才戴回来；当在上课时，我也很难说服自己戴着口罩与同学们讨论和交流，因为我无法确定他们能否接受这样的举动或者是否会引发恶意。坦诚地说，在我意识到了英国疫情的严重性后，我曾试图做一些来改变身边的情况。我和班里的外国同学说大家现在做得还不够,每个人都在不自觉地摸脸,并且不是每个人咳嗽都会捂嘴,政府实施的措施力度完全不够;但同学却说:"我认识的医学生都说这(新冠肺炎疫情)不是什么大事,不用担心。"我苦笑着把免洗洗手液递给她:"那你洗洗手吧(这是英国政府说的)。"她也微笑着但毫不犹豫地拒绝了。后来上课的时候,我问给我们上课的教授:"您担心病毒吗?"教授也表示并不担心,微笑地告诉我们"一切都会好的"。我深感无奈,也知道没有政府的正确引导,我所说所做的只是杯水车薪。"他们没有经历过那两个月的信息轰炸,他们不会懂的。"一个和我非常要好的中国朋友说。此话没错,我们这些小心谨慎、甚至想回家的人仍旧是当地社会上的"异类",是和英国政府呼吁和政策相悖的"边缘人",被排斥在主流的疫情话语乃至主流的留学生话语之外。

群体免疫之殇:停课、告别与转折

事情的转折点出现在英国首席科学顾问帕特里克·瓦兰斯(Sir Patrick Vallance)第一次将"群体免疫"的概念公之于众时,英国人突然意识到政府已经"躺平",而我们也不能再依仗政府来保护我们。在此之后,很多人都感受到了媒体带来的前所未有的压力。许多外国人对纸质媒体并不十分信任,认为他们经常夸大其词、耸人听闻来博取关注度,转而信任社交媒体。而这一天,他们发现即便在社交网络上,对疫情暴发的焦虑和担忧也已经扑面而来。我们项目(programme,即国内大学的"专业")的同学在最后一天上课后,一起开了个告别派对,大家一起聊天、一起喝酒、一起吃零食,同时疯狂地用免洗洗手液擦手。我们都知道危险就在身边,可就是没有人愿意承认、没有人愿意向疫情"投降"而不辞而别。之前和我说"这个病毒不是大事"的那位同学,如今和我一边骂鲍里斯(英国首相),一边喝着科罗娜(Corona)啤酒来发泄对于新冠病毒(Coronavirus)的情绪。幸运的是,尽管在这场疫情里,我一直在社会的边缘徘徊,但学校给了我最强烈的归属感。校长的英明果断让我校成为英国最早停课的学校之一,系里的老师放弃周末抓紧研究上课、研讨会和考试的方案并酌情延期,同学之间分享信息并相互鼓励、互相扶持——这些都让我终于有了做主人翁的感觉,让我感受到自己是被接纳的、被照顾的和被关爱的。相比有的英国学校在封城前一周,仍然坚持将留学生提前回国按退学处理的"头铁"手段,我真得很幸运来到了我的学校,感受到了来自社区、来自集体的关怀。

在经历了社会人士和各学科专家的批评和指责后,英国政府的政策出现了"180度的转弯"。3月23日,我校停课一周后,英国政府终于发布了极为严格的封锁措施(Lockdown)。这可以理解为英国的"封城"——除了四种必需的情况,民众一律不许外出,并且警察有权力对违反规定的人进行处罚。虽然政府被诟病防疫措施来得太晚,但聊胜于无——至少政府没有再消极地应对疫情,以实现不尊重生命的"群体免疫"。但出乎众多留学生意料的是,千辛万苦盼来了英国政府的积极应对后,另一场不见硝烟的回国之争——或许称之为"回国之挣扎"更为合适——才刚刚拉开帷幕。

留学生的下半场:回家的焦虑与彷徨

在国内疫情得到控制后,我们身处国外的留学生突然站在了国内抗疫努力的对立面,与之前为国内捐款捐物时获得的评价完全不同。国内外媒体只言片语、夸大其词的信息无不在留学生群体中传播着焦虑,也让在国内的家长对孩子愈发担心。"回家",成为所有留学生乃至在英华人都曾考虑甚至盼望的事情。国内的疫情刚刚稳定并趋于落幕,而国外疫情又风声鹤唳,大多数留学生在海外又因独居而缺乏关心与照顾。疫情之下,有舍友比没有舍友还令人提心吊胆,出现这样的想法不足为奇。但国内境外输入案例的不断增长既证明了回家路途的危险性,也增加着国内民众对归国人员的反感情绪。国内的民众在家"闭关"熬了足足两个月,面临着企业难以为继,收入锐减的生存压力、缺乏收入却依旧高举贷款的经济压力、长期居家缺乏正常社交生活的精神压力——种种压力让人们对于任何新增的病例极为敏感。不巧的是,媒体的报道刚好触动了人们此时敏感的神经。从"留学生要纯净水"、"海外华人归国不戴口罩跑步"到"机场辱骂检疫人员",都给此时归国的华人华侨贴上了极为不光彩的"标签"。利益的冲突外加集体主义的情愫,都被社交媒体和自媒体继续放大,最后升级成了社交网络上的冲突与争论。无论是社交平台、新闻媒介,乃至网络体育社区,都可以发现相关问题的讨论。而留学生大多为青年人,又在社交媒体中异常活跃,让这场矛盾逐渐聚焦到了留学生身上。而我们一边带着信息被简化后贴上的标签,一边和各国每日都在大幅变化、机票随时取消的航司做着斗争。这场挣扎最后以中国民航局宣布从2020年3月29日开始执行的"五个一"(即一航司、一国、一城、一周、一班)政策而结束,大多数普通留学生回国的大门就此关闭,而国内也将有更多的资源来消化之前恐慌返国的华人华侨们,解决之前输入病例的危机。

然而,留守学生的焦虑并未随着机票的取消而被打散,回国的需求仍然高企。我作为一名中国留学生,理性来讲并不想也未曾打算现在回国的,而且身边相当多的同学有类似想法。但现在大家最大的焦虑在于,如果回国的航班不会增加、回国的政策不会放松、回国的隔离不会解除、所在国已经做好了疫情持续到秋天的准备——那么本应在六七月份毕业回国的大量留学生该何去何从呢?6月份对于英国乃至欧洲的留学生都是重要的节点,这是很多学生房租到期的时候,是很多学生完成课业回家调研、写论文的时候,是许多人准备投身暑期实习、找工作的时候。而大家看着意大利持续了一个多月的疫情高峰期仍未转折,以及国内难见宽松的政策,也难免对自己的未来充满担忧。而物资供给减少势必导致价格升高,这是价值规律告诉我们的道理。可事实是,大多数留学生真的不像某些微博"大V"所想的那样,出身富贵、家境殷实、从未打算报效祖国。恰恰相反,家境殷实的学生反而有更多途径、更多可能回到国内,而留在国外的大多数留学生因无法及时退款的航司而囊中羞涩。普通家庭已经拿出相当积蓄让留学生出国,这些学生又怎敢让家里因为航司问题而浪费数万元,最后换来一年内都用不上的航司代金券呢?

结语:潮水仍未褪去,有祖国才有希望

3月底,祖国派来了山东省专家团队以援助英国,给在英国以十万计的学

生学者们注入了一针强心剂。中国国家领导人在通话的时候特别强调了对于在英美的中国留学生的关心与爱护,要求相关方面做好足够的措施保障大家的安全,这也让我们在脆弱的、面临被挤兑风险的英国国家医疗系统(NHS)面前不再孱弱、更富信心——强大的祖国,永远是面对危机时最好的良药,我也相信国家会再接再厉,一举战胜疫情,给留学生们的未来更多信心。尽管国内对留学生的舆论还有些不理智的声音,却也因为逐步收紧的政策和国家明确的表态而缓和许多,至少"留学生"相关的话题少见于"热搜"之中;而国外的街头也在严格的管控下变得繁华不再,许多外国人也主动戴起了口罩或者围巾,有意识地和他人保持距离;超市里充足的卫生纸、水和冷冻食品也熬过了抢购危机,恢复了正常的供给——尽管居民在进入超市前需要等待数十分钟,以控制超市内的人数。疫情袭来的第一波潮水逐渐褪去,而国外对抗疫情的斗争,则远未来到高潮。

作者简介:桑蒂,英国伦敦政治经济学院留学生。

法国版战疫:从个人自由到欧洲未来

马麟贺

2020年5月11日,经历了两个月的封城,法国在阴冷的细雨中迎来解封时刻。然而对于像笔者这样的学生而言,日常生活并无大的改变。高等院校在9月之前不会开学;图书馆、档案馆以及多数博物馆持续关闭;餐馆、咖啡馆、酒吧、电影院等娱乐场所无法开张;所有人的出行在非特殊情况下被局限在住所方圆100公里之内……不同的是,由于取消了外出限制,巴黎人纷纷走出家门,在大街小巷散步,在塞纳河边闲坐,仿佛想一下子补回失去的春光。

日常生活:安静的巴黎,艰难的转变

对于"又浪又漫"的法国人来说,新冠肺炎疫情在很大程度上改变了他们经久不变的生活样态。许多在两次世界大战中尚且正常开放的场所都不得不停止运行。在平日里,巴黎街头的露天咖啡座是法式风格的经典呈现——老人就着咖啡翻看报纸,伴侣戴着墨镜谈情说爱,慵懒地沐浴在午后的阳光中。封城使得这座城市一下子安静得不像巴黎。法国是一个传统意义上的天主教国家,封城使得信徒无法一如既往前往教堂参加弥撒。位于法国西班牙边境的卢尔德(Lourdes)是著名的天主教朝圣地,卢尔德圣母教堂每年吸引600万信徒和游客,如今历史上第一次关上了大门。5月24日开斋节是全法500万穆斯林的盛大节日,然而巴黎大清真寺自 1926 年建成以来第一次无法举行庆祝活动。

然而最显著的变化无疑是日常的社交与卫生习惯。笔者清晰记得,在中国疫情高峰及法国疫情开端的 2 月底,戴口罩对华人而言是一件敏感而紧张的事。尽管法国媒体滚动报道疫情并讨论口罩佩戴,但是即便在摩肩接踵的地铁内,往往只能零星看到一些华人佩戴,有时为了躲避法国人的异样目光,他们还要在口罩外面用围巾做掩护。如今在大街上已有近一半的人佩戴各种类型的口罩,人们的交谈保持着 1 米以上的社交距离,在超市入口前自觉排着间隔 1 米以上的长队……根据法国媒体的调查,到 5 月初已有 35％的法国人选择在户外戴口罩。

法国人对于戴口罩的认识是缓慢而渐进的,这或许可以被视为法国乃至欧洲疫情应对的一个侧面。当法国总统马克龙于 3 月 12 日宣布实行封城之时,公众佩戴口罩问题还完全没有被提上日程。事实上,总理和卫生部长还多次重申戴口罩是"无用的"。官方对戴口罩的争论直到 4 月初才尘埃落定。4 月 2 日,法国国立医学科学院建议当局强制人们外出时佩戴口罩。4 月 7 日,在马克龙访问巴黎近郊塞纳—圣但尼省时,当地市长提出"推广佩戴口罩,即便是织物口罩",马克龙依然回应"有些问题需要考虑"。直到 4 月 23 日,官方才宣布"将于 5 月 4 日起面向公众分发口罩"。

随着公众对口罩认知的转变,社会对高层在口罩问题上的质疑也声势日增。这些质疑一方面针对的是政府在口罩问题上的"打脸行为",另一方面也含有对大型超市"囤积"行为的不满。法国政府于 4 月底宣布批准超市出售口罩时,各大超市纷纷表示将向市场投放数以亿计的各类口罩。在当时医护人员口罩使用尚显紧张的情况下,这种大批量的投放难免惹人生疑。不过这一事实也从侧面证明,经过近两个月的探索和应对,法国在大众防疫方面终于获得了相对稳定的物资保障,而这恰恰是解封的重要基础。

3 月 31 日,封城期间,市民排队等待进入一家邮局。人们保持着社交距离,约一半人戴上了口罩。

社会经济：衰退阴霾，罢工重来

疫情对法国经济造成了严峻而深远的伤害，这是法国乃至整个欧洲在疫情尚未有效控制的前提下急于解封的根本原因。根据欧盟委员会的预计，法国GDP在2020年将下降8.2%，超过欧盟7.4%的平均降幅。与此同时，法国的财政赤字将达9.9%，失业率将达10.1%。作为一个高福利国家，法国在此次疫情中为学生、企业和个体经营者等提供了巨额补贴。其中，为防止公司大规模裁员而推出的"非全时失业"（chômage partiel）计划，仅此一项就斥资240亿欧元。根据该计划，雇员无论完全还是部分停工，都可以从雇主手中得到由国家补贴的84%的工资。

然而该计划对各行业的影响程度不一。笔者的邻居工作于一家修理厂，由于业务萧条，如今员工只需隔周上班。按照他的说法，虽然休息时间增加了，但是除国家补贴的84%之外，其余16%基本由公司补足。因此，像他一样的许多人"不想早日恢复正常"，但也对"政府的钱发光之后"的光景感到担忧。与此同时，尽管额外实行了减税等政策，餐饮业依然是受疫情影响最严重的行业。面对连续数月无法经营的艰难局面，众多餐馆濒于倒闭。为维持生计，部分餐馆将自己改造成杂货店，更多餐馆选择提供外卖，就连一些米其林星级餐厅也自降身段开始"卖盒饭"。

事实上，疫情对法国经济的影响是"雪上加霜"。法国是一个具有"工团主义"和罢工传统的国家，行业本位根深蒂固。马克龙近年来推行的养老金改革停滞不前，在这次二战以来最严重的公共卫生危机暴发之前刚刚上演了二战以来持续时间最长的大罢工。如今沉疴未去，新病又来，疫情成为社会问题的又一个潜在引爆点。随着法国疫情好转，抗议浪潮卷土重来。5月16日，黄马甲运动违反集会禁令，在巴黎、里昂等多座城市发起示威。此外，出于对政府的不满，医护人员、餐饮业者等都通过不同形式向当局示威：马克龙在视察巴黎一家医院时遭怼"我们是欧洲之耻"；巴黎十九区餐饮业者在乌尔克运河沿岸摆出1000张空椅子表达抗议……

疫情应对:国家主义与自由平等的博弈

法国经济的艰难局面或许只是欧洲整体的一个缩影。不过,如果跳出疫情的次生影响,回到疫情应对本身,在笔者看来,法国依然有可圈可点之处。在宏观上,截至2020年5月23日,法国累计确诊数185282例,死亡数28289例,在欧盟均处于第4位。无论从疫情暴发之初还是从近期走势来看,法国在欧洲主要国家中都处于相对稳定的状态。在微观上,根据笔者的亲身体会,法国在生活必需品供应上几乎没有出现其他国家发生的食品、卫生纸等短缺问题。另外,法国也是全世界最早且至今为数不多的向全体公众免费发放"大众口罩"的国家之一。这种织物口罩最多可重复清洗50次,据官方介绍其过滤率为70%—90%。笔者在解封前到住所所在的拉伊玫瑰园市发放点领取口罩,过程方便快捷,工作人员态度幽默而友善,这令一个因反华传闻而心生忧虑的中国留学生倍感温情。

法国的应对相较于意大利、西班牙等疫情严重的国家更为有序,这在一定程度上归功于法国中央政府的指挥能力。法国在路易十四时期已经成为中央集权国家的典型代表,经过大革命所秉持的"祖国统一而不可分割"理念的强化,形成了比较强大的国家主义传统。这一传统在疫情危机面前每每得以体现。其中最显著的特点就在于,全国各地区、各行业的政策都高度遵从总统的命令。这与早期的意大利、西班牙以及后来的美国、巴西等国形成鲜明的对比。

欧洲疫情暴发之初,各国在关闭学校的问题上踌躇不决,意大利、德国等国部分省州均先后自行宣布停课。然而直到法国封城开始的前一周周四,全国学校依然照常运行且毫无关闭动向。3月12日周四晚,马克龙在电视讲话中宣布停课封校,令笔者措手不及,急忙在图书馆关闭前最后一天前去借还书。3天后,全国大中小学完全关闭。欧洲各国也随之跟进。封校只是国家主义的一个侧面。事实上,从3月16日封城到5月11日解封,全国防疫不同阶段的时间表都是通过总统讲话所确定的。马克龙于4月13日发表的全国电视讲话收视率达到创纪录的86.6%。疫情发生以来,这位总统在南部的科研机构、东部的野战医院乃至西北的蔬菜农场都留下匆忙的身影,极大地宣示了国家领袖的形象。这些举动似乎与中国的政治经验很相近,但在西方却极为罕见。

不过,正如国家主义与自由平等在大革命中所彰显的张力,疫情中显现的国家主义并非没有遭遇法国人对自由渴望的冲击。如果说国家主义在疫情之初显示了指挥与协调的力量,随着疫情的好转,舆论界关于"雅各宾法国"(主张中央集权)与"吉伦特法国"(反对中央集权)的争论与日俱增。法国政府最初计划在解封后强制高龄人群继续居家,这引发该群体的普遍不满,其理由是"感觉受到歧视",最终的解封方案只能建议他们在自愿基础上避免外出。大巴黎地区如今成为全法唯一的"红区"(高风险地区),公园、花园等聚集性场所保持关闭,同样引发不满。巴黎市长表示"理解巴黎人民",已经多次向中央政府强烈要求提前开放。

尊崇权威与向往自由,这对看似矛盾的词汇奇妙地融汇在法国人民的个性之中,通过这次新冠肺炎疫情更为凸显。如果说法国人在疫情高峰期普遍关注并遵从着总统的指令,那么如今草地上、运河边熙熙攘攘的人群或在表明,自由散漫才是他们骨子里的天性。巴黎的城徽是一艘白色帆船,下面用拉丁文镌刻着这座城市的格言:"风雨飘摇而永不沉没。"诚然,这座城市见证过无数次狂风巨浪,而每一次风雨既给她造成切肤的苦痛,也塑造着她与她人民的精神气质。作为二战以来最严峻的挑战,这次疫情会给巴黎乃至法国人民留下怎样的集体记忆呢?

法国的欧洲主义:理想与现实

新冠肺炎疫情也给欧洲一体化带来了前所未有的多重挑战。首先,疫情在意大利暴发之时，从部分邻国自行关闭对意边境到欧盟全面关闭内外边境只用了不到一周的时间，申根区一时间名存实亡。其次，随着疫情迅速蔓延，欧洲各国自顾不暇，不仅欧盟无法回应重灾区国家的求助，甚至数度出现成员国之间因截留口罩而发生龃龉的局面。最后，疫情给原本就脆弱的东南欧经济一记重击，使得后疫情时代的欧盟前景不甚乐观。

马克龙一直是坚定的欧洲主义者，在欧洲各国纷纷"自扫门前雪"之时再次肩负起欧洲领袖的重任。马克龙欧洲主义的具体体现在于，即便在危机面前也要从欧盟的整体立场出发寻求解决方案。他于3月12日宣布封城时依然强调"病毒没有护照"，并批评奥地利等国自行关闭与意大利的边境。随着意大利、塞尔维亚等国因疫情加重而不断滋生厌欧情绪，马克龙主动发声为欧盟争夺话语权。例如，他在接受意大利媒体采访时直言不讳地抱怨："人们说了许多有关中国和俄罗斯对意大利的援助，为什么一句不提法国和德国早就向意大利送去200万只口罩和几十万件防护服？"

马克龙的欧洲立场应该放在更宽阔的时空背景中加以考察。在法国疫情尚处于高峰的3月底，马克龙在视察口罩厂时就对后疫情时代释放了敏锐而强烈的信号，呼吁"重建法国和欧盟的主权"。他此前曾指出："为了欧洲的明天，我们的规则不能任由美国控制，我们的基础设施、港口和机场不能交给中国资本，我们的数字网络不能受制于俄罗斯的影响。"正是出于捍卫一个强大欧盟的需要，他在4月的欧盟视频峰会上表示，"如果我们任由欧洲的一部分沦陷，整个欧洲就会沦陷"；也正是为了捍卫后疫情时代的欧洲，法国联合德国于5月18日共同倡议在欧盟层面设立总额高达5000亿欧元的复苏基金，并作为预算支出提供给受疫情影响最严重的国家。默克尔最初对此持保留态度，后来在德国宪法法院的裁决支持下加入了倡议。

不可否认，马克龙领导下的法国在疫情危机之时对欧盟发挥着重要的维系作用。然而这种欧洲主义在现实考量外依然带有一些理想主义色彩，连法国媒体都质疑马克龙的方案"过于雄心勃勃"。事实上，法德提出的复苏方案很快遭到"节俭四国"（荷兰、奥地利、瑞士、丹麦）的正式反对。疫情成为引燃欧盟建设长期问题的凹面镜。法国是一个素有欧洲主义情怀的浪漫国度,然而其国内改革纷繁复杂,其社会经济本身也受到疫情的重大冲击。这份热情能否获得足够的力量作为支撑？后疫情时代的欧洲能否应对地缘政治日趋紧张的现实考验？这不只是也不能只是浪漫的法国人所面临的难题。

作者简介：马麟贺,北京大学历史学系博士研究生,在巴黎第一大学访学。

美国大选与防疫:应对新冠病毒蒙上党派色彩

许翔云

一、媒体舆论

美国主流媒体对新冠肺炎疫情的报道与该国的政治文化及政治现实紧密联系。鉴于中美近年来的贸易摩擦和政治纠纷,加上冷战思维影响,以及对自由的强调,导致他们对中国的防疫应对以批评为主,集中关注"李文亮事件"、武汉的封城决定、中国政府对个人活动轨迹和接触人群的追踪,以及围绕着《华尔街日报》以"东亚病夫"为文章标题讨论中国引发的争议。由于2019年夏天美剧《切尔诺贝利》热播,甚至有媒体将中国防疫应对与苏联核电站事故相提并论。除此之外,媒体早期还持续追踪被困在武汉和"钻石公主"号上的美国公民,以及特朗普政府的撤侨行动。

需要指出的是,与英国BBC、天空电视台、《卫报》等新闻机构相比,美国媒体主要关注点还在本国国内,对世界事务的报道严重不足。在2020年1月下旬至2月下旬这段时间内,在新冠病毒问题上,美国媒体不时表达对该国缺乏应对流行病能力的担心,但该声音基本淹没在铺天盖地的关于弹劾特朗普及民主党初选的报道中。因此,对大多数美国普通民众而言,疫情仅仅发生在遥远的中国,丝毫不会影响到自己的日常生活。

2020年2月底,新冠病毒在美国西海岸的华盛顿州进入"社区传播"阶段后,美国媒体开始集中审视特朗普政府的应对措施。时任总统特朗普任命副总统彭斯牵头负责防疫工作,媒体挖出彭斯2013年至2017年在印第安纳州州长任上对抗艾滋病传播不力的老底。有新闻评论员就此认为,特朗普意在让彭斯背锅,以便选择美国前驻联合国代表黑莉作为副总统候选人,对抗民主党候选人拜登提名的女性副总统候选人。

由此可见,处于总统大选年,加上党同伐异氛围浓厚,就连如何看待及应对新冠病毒都蒙上了党派色彩。由于担心疫情影响美国股市,特朗普反复淡化新冠肺炎疫情的危险性,称这和普通流感差不多,并在一次政治集会上宣称这是民主党的新骗局,福克斯电视台也和他一唱一和,翠西·里根称民主党弹劾不成,又企图借新冠病毒大做文章。这与共和党及其基层选民近年来抵触环境变化问题和接种疫苗举措、质疑科学和专家、相信阴谋论的意识形态一脉相承。民调显示,相比于共和党,民主党选民更担心新冠病毒可能造成的危害。

待到新冠病毒在美国大规模传播开来,特朗普借着每日白宫疫情通气会向全国发表电视讲话,从而霸占着各大电视台的黄金时段,并信口开河,承诺很快就能实现大规模检测,同时援引国防生产法案,要求工厂转轨,像二战时的"民主兵工厂"那样大量生产呼吸机和口罩。这一切都是为了重写历史记忆,塑造其雷厉风行、果敢有为的领导人形象,并像"让美国再次伟大"的竞选口号那样触发美国公众对伟大过去的怀念。曾主持真人秀节目《谁是接班人》的特朗普,对如何在镜头前制造话题、吸引观众驾轻就熟,与此同时,民主党候选人拜登只能在自家的地下室里通过网络直播与选民互动,二者所得到的媒体关注有着天壤之别。

在此情况下,不少美国民众有点遗忘了他先前的渎职行为,2020年3月中旬,民调显示约有60%的美国人,包括许多民主党人,认同特朗普的疫情应对措施,其总统施政好评度也达到任内最高(47%)。但当时也有政治评论员指出,美国人在危机时刻都倾向于支持现政府,因此特朗普好评度有所上升并不稀奇。此外,与"9·11"恐怖袭击事件后小布什政府获得的极高好评度相比,特朗普要逊色许多。再者,他们也以林肯和小罗斯福为例,表明特朗普的领导力远不如其他面临危机和挑战的美国总统。果不其然,随着新冠病毒的继续传播，民调显示美国人民对特朗普政府的好评度持续下降，有媒体社论直称这是特朗普政府的"切尔诺贝利时刻"。

除对特朗普政府防疫措施的讨论外，另一大媒体关注焦点是，共和党占多数的威斯康星州最高法院拒绝民主党州长禁止现场投票的决定，以及美国最高大法院法官投票以5：4表决维持原判。在其他各州纷纷推迟初选日期的背景下，该裁决明显置州内选民于危险之中。据媒体分析，该裁决主要出于两方面考虑，一方面是禁止现场投票意味着增加邮寄选票，这是共和党所不愿意看到的。近来历次选举中，但凡选民参与度高，共和党普遍表现不佳。另一方面是，由于人口众多，城市选区现场投票危险性高于郊区和乡镇，而城市选民，尤其是该州第一大城市密尔沃基中的非裔美国人，更多拥护民主党，共和党乐于借此机会除掉民主党选民的选票，以期在11月大选中保住该摇摆州。

从上述对非裔美国人的同情可以看出，在对选举政治的持续关注外，媒体也不懈追求社会正义。早在2020年1月底特朗普政府拒绝过去两周内造访中国的旅客入境时，就有媒体认为这和先前数道禁止穆斯林为主的几个国家旅客入境的行政命令一脉相承，反映其排外和反移民主张。同时他们也关注纽约、旧金山等大城市唐人街受人们偏见的影响，从过去门庭若市到当下门可罗雀的情状。

当共和党政客和特朗普政府以"武汉"及"中国"指称新冠病毒时，媒体指责其煽动种族仇恨，将给美国亚裔带来灾难，同时还披露两位共和党参议员早在1月份听取内部情报简报时便已知悉新冠病毒的威胁，进而早早卖出手中的股票，同时却在公众面前对病毒轻描淡写。当参议院讨论救市计划时，媒体质疑为何拥有大量固定资产的航空公司不向商业银行贷款，却伸手索要500亿政府补助，与此同时普通人和中小企业只能领到杯水车薪般的千余美元。当各州陆续要求民众尽量减少外出时，媒体注意到家庭暴力可能随之增加。当死亡人数持续上升时，媒体强调少数族裔，尤其是非裔美国人，在其中占了较大比例，反映出经济资源与医疗资源分配的不公。而数例因没有保险而被医院拒收，或直接不敢看病，最终死亡的事件再次引发媒体对美国现有医保系统的争论。

二、本地防疫经历

对处于宾夕法尼亚州正中央、远离大城市的我而言,上述这些全国性政治讨论,大多显得非常遥远。唯一的例外是关于病毒的争议,当地华人微信群上有人呼吁效仿大城市,组成华人互助组,以防万一。虽然宾夕法尼亚州立大学(以下简称"宾州州立")所在的斯泰特科利奇(State College, PA)是大学城,居民大多欢迎国际学生,但 2016 年大选前,我和夫人在路上散步时便被白人用脏话问候祖国,也曾在公交车站看见一些白人手执标语,呼吁禁止使用中文、韩语等外国语言。现在我们有了孩子,带着他散步,更是不敢掉以轻心,于是我网购了棒球棍,作防身之用。

除此之外,直接影响我们生活的是州及学校的政策。宾州州立于 3 月 11 日宣布推迟校内授课至 4 月 3 日,学生暂缓回校,3 月 18 日更是将该举措延长至整个春季学期。这便在一定程度上减少了春假结束、学生返校时传播病毒的可能。在此期间,州长也开始行动,关闭酒吧、餐厅、商场等一切非维持生活所必需的场所(允许外卖)。然而,由于巴士公司不在禁令之列,每日往返于斯泰特科利奇和纽约、费城、匹兹堡这三大城市间的班车令当地居民颇感不安。此外,当地盛传近日挂纽约或新泽西牌照的车辆大量进入州法院,地方新闻台随后专程开车在镇上转了两小时数车牌,多少证实了这一消息。再加上超市货架上原本摆放卫生纸、意大利面、大米、豆子罐头、消毒剂的地方空空如也,除亚裔群体外基本无人戴口罩(美国卫生部门鉴于公众哄抢口罩,价格飞涨,医院物资缺乏,建议健康人士无需佩戴口罩),亚洲超市营业时间缩短造成的人潮涌动,签证即将到期的访问学者因民航局政策变化导致航班取消、被迫逾期滞留(这很可能影响今后赴美签证),这些都加剧了紧张气氛。

尽管如此,还是有人力求在困境中找到闪光之处。超市将开门的第一个小时定为老人购物时间,以减少他们感染病毒的可能。当地报纸列出提供外卖的餐馆清单,地方政府取消了镇上停车收费,希望本地居民能多多扶助这些餐馆渡过难关。有两位居民发起众筹,将所得用于订购外卖,供忙得脚不点地的医护人员食用，从而一举两得。一位过 6 岁生日的小男孩因无法与朋友庆祝感到沮丧，但看到孩子妈妈帖子的周边居民纷纷开车经过其家门前，远远地向他送上生日祝福。

此外，正如英国女王演讲时所言，人们"会发现这段时间为他们提供了机会，以祈祷或冥想的方式放慢脚步、暂停、反思"。突然慢下来的生活以及巨大的不确定性使自己得以欣赏先前错过的精彩瞬间：初升的朝阳、傍晚的彩霞、飘散的飞雪、初春的鸟鸣。由于比赛停摆，电视台开始播放英超和欧冠的经典比赛，其中不乏利物浦队的身影，我得以重温经典。一墙之隔的邻居也趁机观看以往错过的经典电影，我凭声音听出了《北非谍影》和《指环王》。天气好时，楼下还有人踢足球，对面中学的运动场上也时有锻炼者。

作者简介：许翔云，美国宾州州立大学历史学系博士研究生。

比利时疫情直击：
信息差给谣言滋生提供空间

虞 璟

抗击新冠肺炎疫情对于我来说，是一个非常特殊的体验，我经历了两场疫情。2020年1月底至2月初国内暴发新冠肺炎疫情的时候，我恰巧放假回国，经历了整个春节的居家禁足；春季学期开学后，比利时没有针对中国提出航班禁令，因此我返回了学校，没想到又开始了下半场的欧洲抗疫。

在国内买口罩难、买酒精难的经历教会我，到达根特之后，迅速前往药房购买消毒液、洗手液、酒精棉片等物资，有备无患总好过疫情来时叫天天不应。其实当时欧洲的疫情尚不成"气候"，最多就是英、法、德这样的欧洲人口大国中出现了个位数的案例，并不算什么"大问题"。但微妙的是，彼时药店的消毒产品已经开始缺货了，我买到的那瓶酒精洗手液是店里的最后两瓶之一；更别提口罩了。有人说，2月初当地政府可能已经意识到问题的严重性，那时就开始严控防疫产品的购买数量，所以在药店不可能随随便便买到了；但也有人开玩笑说，当地欧洲人根本毫不在意，怎么会去购买防疫产品呢，很可能是被谨慎的在比利时的华人和中国留学生买光的吧。

经历了两周的自我隔离，我才最终返回学校办公室。那时候意大利已然成为重灾区，中文媒体对意大利疫情的报道早已铺天盖地，然而，我身边的欧洲同事却丝毫没有任何担忧的情绪。他们反倒是对中国、对我个人的情况比较感兴趣——当然，是正面的兴趣而非歧视和抹黑。我很幸运，我的同事和导师都是非常善良的人，他们对中国的灾难表示同情，也完全不担心我从国内过来会携带病毒，依然每天中午邀请我一起吃饭。当他们欢天喜地地庆祝我"逃到""安全的"欧洲，告诉我这里一切都很好，不会有任何问题的时候，我委婉地提起，意大利疫情似乎也比较严重，加之欧盟内部的人口自由流动以及恰逢其时的小假期、很多人前往意大利旅游，欧洲很可能也会面临一定的风险，但他们只觉得是我经历中国疫情之后过分精神紧张。我将酒精洗手液放在办公室的公共桌子上，告诉他们可以自由使用，不过，除了我自己完全没有人用过。

因为我在办公室里表现得比较焦虑，我的同事们还安慰我，他们说政府发布的数据表明只有老年人和本身就身患慢性疾病的人才会得这个病，我们都是身强体健的年轻人，不会有任何感染的风险，即便有，也可以像普通流感一样，很快就痊愈的。我的感受用一句网络流行语可以概括："人类的本质是复读机。"这些话我们在国内疫情的初期也常常听见，部分媒体的官方微博声称年轻人感染风险很低、老年人和有长期疾病的人才是易感人群，我记忆犹新。不过很快，事实证明这完全是无稽之谈，任何人都可能中招成为受害者，因此必须全民谨慎防护，才能共渡难关。我告诉同事，中国疫情早期也是有这种年轻人不易感染的说法，但血的教训让我们明白这是不正确的，我希望他们也做好个人防护，看看武汉的前车之鉴，不要轻信这些自我安慰的话，但他们只是一笑了之。

当意大利疫情彻底暴发、比利时这么一个小国家也出现一两百例患者的时候，我有点慌了。其实我最大的担忧并不是疫情本身。在国内人人居家隔离的那段时间，学到了不少防护技巧，现在已经囤了一些物资，加之从国内家里带来的几个KN95口罩，我认为自己已经做好了充分的准备；而且导师和办公室的同事都是很好说话的人，他们理解我的忧虑并支持我在家工作，不用每天去办公室报道。所以在学校正式宣布封校、全员居家工作之前的一个多星期，我就已经自己居家工作了。我最担心的问题还是中国留学生遭遇歧视和殴打这类事件。那段时间，许多媒体传得沸沸扬扬，说中国留学生在法国惨遭辱骂和殴打；在比利时布鲁塞尔也有中国人戴口罩被小混混围住、被威胁挨揍这样的新闻出现。对于只身在外、手无缚鸡之力的我而言，这比新冠病毒本身可怕得多。我甚至曾经一度在脑海中演练过，如果戴口罩出门购物囤粮，遇到这样的情况,是不是应该直接拽下口罩,向对方咳嗽、打喷嚏、吐口水?既然他们觉得戴口罩的人就是有病的人,那我是不是可以利用这一点反过来威胁他们呢?不过,我还是要说我是比较幸运的,根特居民相较而言都很友善也通情达理。我戴口罩去各类超市囤货的时候不仅没有遭遇歧视,相反,收银员看见我戴口罩,对我说"你一定是一个非常谨慎的人,这很好",并且在把购物袋交给我之前,主动用酒精洗手液擦手,擦拭完之后向我展示她的手很干净,然后才把袋子递到我的手中;购买的快递产品到货时,我戴着口罩开门拿东西,对方也没有流露出惊异的神色,只是正常地问候、签收、微笑。

3月中旬,比利时也进入疫情暴发期,各地政府纷纷宣布封城的相关政策,商店、餐馆关门,学校改为网络授课,居民无必要不得出门、出门也要保持安全社交距离,医护人员、超市员工、警察等公共服务者戴口罩上岗。仅就我个人感受而言,欧洲疫情的疯狂蔓延,关键在于民众过分自由散漫、无知无畏、不愿诚实配合国内防疫政策。比如上述比利时采取的措施,算是较为迅速及时,表面上看照抄了中国的"作业",该有的政策都执行了;而且比利时的医疗水平、治愈速度均属于较高梯队,医院也能保证一定的空床率,可都架不住民众"作死"。比利时官方通报中提及,就在全国封城前夜,百余名年轻人非但不早早回家隔离,反倒聚众开派对来纪念这特殊的一夜,简直令人费解。政府都已经顶着巨大的压力,力排众议决定封城了,说明情况非常之严重,严重到让比利时这种长期处于中央无政府、地方自治状态的"佛系"小国都变得如此强硬、坚定推行封城,这些人难道还不明白其中的厉害吗?结局可想而知,比利时某天出现的病例剧烈增长,就是这一批开派对的年轻人,可以说是"全军覆没"。当地新闻报道还称,布鲁塞尔和安特卫普两大城市仅在一个周末即两天之内就对不遵守规定、随意外出、聚众的人开出了三五百份罚单——可想而知,当地民众是有多不服从抗疫安排,根本在家待不住。

经历过国内和国外抗疫的我,还有一个体会就是信息差带来的误会非常可笑。欧洲同事对中国一些事情的疑问,让我一头雾水,在国内从未听说过的谣言在欧洲被传得真真切切,在他们口中,中国已经为此而失去了几百万条生命,时至今日仍在隐瞒真相。我解释半天他们才知道其实中国疫情中的死亡人数并没有他们想象的那么夸张，不过我也不确定他们究竟有没有听进去。现在局势反转，变成中文媒体发布一些不负责任的报道，极尽夸张之能事，仿佛整个欧洲重回黑死病时代的人间炼狱，甚至部分有一定社会地位的中年人士也在微信群中传播不知道从何处听来的小道消息，比如法国对 70 岁以上的患病老人直接安乐死。根据我极其一般的法语水平，略微搜索了一下法国当地新闻，这应该不是真实的情况，但这条消息以及其他一些欧洲国家针对老人放弃治疗的传闻依然在我的中老年亲属中广为流传，以至于他们非常担心，这些欧洲人连自己国家同胞的命都不顾了，对中国人会不会更差呢？我明白他们也是出于对我的关心，怕我在欧洲遇到麻烦，但每每看见他们散布这些不着调的假消息，内心还是十分无奈。两厢照映，我只能感慨，双方信息差给谣言滋生带来了巨大的空间，由此可见对外公共宣传的重要性以及困难度。

直至今日，已经在家办公好几周了，中途也曾戴口罩外出购物，领取了中国使馆老师努力协调来的 10 个爱心口罩，听说还有更多的祖国温暖健康包在路上，其实内心并不怎么恐慌和焦虑，也没有想过反向"逃难"回国。不过看到国内某些舆论攻击留学生，还是觉得有些心寒，这些的恶劣的言语比外国人对中国留学生的歧视还严重，即使不惮以最大的恶意来揣度这些网络键盘侠，也没想到他们能对自己的同胞学子如此恶毒。

只能庆幸自己本身就是一个喜欢待在家里的"宅女"，写写论文，研究研究菜谱，日子也不是很难过。

希望疫情在全世界早日散去。

作者简介：虞璟，比利时根特大学留学生。

疫情之下非洲社会的韧性

俞明焕

自 2019 年年底开始,新冠肺炎疫情在亚洲和欧美多国肆虐,给人类社会造成了难以估计的影响和冲击。2020 年 2 月 14 日,埃及宣布了非洲第一例确诊病例,截至 4 月 21 日非洲疾控中心的统计数据显示,非洲大陆的确诊人数已经达到 23716 人,非洲逐渐成为国际社会关注的疫情新焦点。我所在的东非国家坦桑尼亚于 3 月 16 日发现第一例确诊病例,截至 4 月 21 日,感染病例增长至 254 例,疫情传播速度令人咋舌。与此同时,国际社会纷纷对非洲的疫情表示担忧,联合国的一份报告甚至预测将有超过 300 万的非洲人死于新冠肺炎。不可否认,疫情已经给非洲的医疗和社会体系产生了巨大的负担,但是我相信我在地观察到的非洲社会的韧性将是非洲人民战胜疫情的有力武器。

疫情笼罩下的日常生活

下午 4 点,30 多岁的玛丽亚姆(Mariam)开始在厨房为家人准备传统美食拌肉饭(pilau)。把一只事前盛了水的锅架上了一个简易天然气炉灶,点火,把淘好的米倒进锅里。一个售价 2.3 万坦桑尼亚先令(约合人民币 78 元)的 5 升的天然气罐大概可以供她使用一个月左右。适时搅拌,等到米差不多快熟的时候,她大声地唤她 8 岁大的儿子的名字。"阿卜杜利……阿卜杜利……阿卜杜勒-拉扎克!快给我去买点肉桂、孜然回来。"家里的大人说贪玩的阿卜杜利并不喜欢学习,他现在本该上小学二年级,但在老师的要求下只能重读一年级。3月17日,坦桑尼亚政府因为16日发现的第一例输入性新冠肺炎确诊病例而宣布关闭所有中小学并减少群聚活动,这些措施更使他没有了课业的烦恼。不一会,阿卜杜利就用玛丽亚姆给的几个面额100的硬币从小卖部换回来了三四片肉桂和一小袋孜然,然后又迫不及待地加入许多玩伴之中。

在把肉桂、孜然、小豆蔻等香料捣碎后用水搅拌并加入米饭之中后,玛丽亚姆把手机递给了倚在厨房门框上的我,"拉杰卜(Rajab,我的斯瓦希里语名字),你是中国人,你看看这个方法真的有效吗?"我接过手机看了一眼,笑着说,"这是假的,dada(斯瓦希里语,意思为姐姐),我从来没有听说过我们中国人是靠用盐水漱口和喝热水才控制住疫情的"。

"这是谁传给你的信息?"我问。

"WhatsApp上的家庭群组"。

此时,和玛丽亚姆年纪相仿的隔壁邻居姆瓦纳朱马(Mwanajuma)赤着脚走了过来,"玛丽亚姆,你有多余的洋葱可以给我一个吗?"

"我自己就只买了一个啊,最近雨季开始了,大陆的很多路桥都被冲断了,运到桑给巴尔的蔬菜量少了许多,价格也就水涨船高了,现在一个洋葱就要300先令,以前50先令就可以了"。

"那你给孩子们买滴露牌肥皂了吗?只有用这种肥皂洗手才能杀死新型冠状病毒呢。"姆瓦纳朱马故意压低着声音,神情得意,像是在说一个只有她自己知道的秘密。

待她走后,玛丽亚姆问我:"你觉得她说得是真的吗?"

"我不知道,但是我想普通肥皂也会有用吧。现在网络上的假消息实在太多。"

"她那个人的确经常编造故事。"

我像每天打招呼一样例行性地和玛丽亚姆谈起疫情的发展情况,"今天卫生部宣布了最新的两例确诊病例,但是他们是坐什么航班入境的,行动轨迹等等政府都没有公布。"

"我们的政府很会隐藏消息,不告诉国民真相,"玛丽亚姆颇为不满却也习以为常,"但愿真主拯救我们,早日驱除瘟疫"。

断裂的跨国家庭网络

　　桑给巴尔位于东部非洲沿岸,临印度洋,由两个较大的珊瑚岛——桑给巴尔岛、奔巴岛以及邻近的20多个小岛组成。总人口约160万(2018年),98%的居民信奉伊斯兰教。在政治上属于坦桑尼亚联合共和国的半自治区,人均国内生产总值约1114美元(2019年)。近年来,凭借优美的海岛风光和迷人的历史文化,旅游业逐渐成为桑给巴尔的支柱性产业,年入境游客数从1985年的约1.8万人增长到2018年的58万人。2017年,对于旅游业的投资占了桑给巴尔政府批准的投资总额的68%。2018年,旅游业为该地区贡献了28%的国内生产总值和82%的外汇收入,并分别直接和间接地创造了2.2万个和5万个工作岗位。旅游产业业已成为桑给巴尔重要的收入来源之一和最大的外汇收入来源。然而,随着世界卫生组织在2020年3月11日宣布新冠肺炎疫情进入"全球大流行(pandemic)",世界范围内的人口流动迅速减少,各国航空业纷纷削减航班数量或直接停飞航线,对全球旅游业造成了巨大的冲击,桑给巴尔当然也不能置身事外。当新冠肺炎疫情在意大利暴发后,作为受众多意大利游客青睐的旅游目的地,桑给巴尔政府在3月6日宣布停止意大利旅游包机,并拒绝意大利游客入境。3月18日,桑给巴尔发现第一例输入型确诊病例。3月20日,桑给巴尔政府宣布停止所有国际旅游包机和关闭岛内旅游酒店。

　　我居住的社区位于被联合国教科文组织列为世界文化遗产的石头城(stone town)的不远处。有意思的是,在本地斯瓦希里语中并没有"石头城"这一称呼,而是采用"老城"(Mji Mkongwe)一词。作为一个城市社区,我的许多邻居都在旅游业及其相关的产业中 tafuta maisha(斯瓦希里语直译,寻找生活),因为这次疫情,他们的生活也受到了影响。穆斯塔法(Mustafa)和萨勒马(Salma)结婚已有6年,育有一个5岁的儿子穆尼利(Muniri)。40多岁的穆斯塔法本来是东海岸的某家高级度假酒店的经理,但在新冠病毒还未登陆桑给巴尔之前，他就失业了，因为来自俄罗斯的投资者已经选择结束合约，关闭酒店。

坐在客厅里，穆斯塔法和我看着电视机里卡塔尔半岛电视台的英语新闻。日复一日的疫情新闻让我们都有点疲劳，我首先打开话匣子，"穆斯塔法，既然你不在酒店工作了，现在有什么打算吗？如果阿曼那边有工作机会的话，你还会再去吗？"

桑给巴尔和阿曼有着千丝万缕的关系，历史上是，现实亦如是。在历史上阿曼人和本地斯瓦希里精英阶层联手将葡萄牙殖民者驱逐出东非海岸。1840年，阿曼苏丹赛义得将他的首都从马斯喀特迁到了桑给巴尔，在他死后，这两个地方由他的两个儿子分别继承统治。桑岛的苏丹王朝直到1964年才被推翻，而阿曼的苏丹统治则延续到了今天。2020年1月份阿曼苏丹卡布斯去世时，桑给巴尔的许多人都在社交网站上表达了哀思，一位妇女在接受BBC斯瓦希里语频道节目采访时甚至不无夸张地表示，"每个桑给巴尔人都和阿曼有着血缘关系"。由于在不同历史时期都有许多阿曼裔桑给巴尔人返回阿曼定居，大量横跨西印度洋的家庭网络也随之产生。这种跨国家庭网络的原型从两千年前阿拉伯人乘着季风到达东非海岸就初露端倪，直到现在还发挥着它独特的作用。

"还是要看待遇吧，如果待遇一般，去阿曼工作也没有很大的意思。况且还要远离妻儿，精神压力会很大。"

穆斯塔法的母亲艾达（Aida）是出生在桑给巴尔的阿曼人，她父亲在桑给巴尔发生革命时，带着唯一的儿子逃亡母国，留下她们姐妹几个和母亲生活在桑给巴尔。艾达在结束了最后一段婚姻后，毅然决然地回到阿曼和其他家人生活在一起，不久后又改嫁给了桑给巴尔阿拉伯人，组建了新的家庭。据艾达女士说，在阿曼有正统阿拉伯人（waarabu safi）和桑给巴尔阿拉伯人（waarabu kutoka Zanzibar）之分，后者指的是在桑给巴尔出生的阿曼人。透过母亲在阿曼的关系，穆斯塔法去过阿曼三次，其中一次在阿曼工作了几年。和菲律宾外籍劳工一起在快餐店赛百味（Subway）工作的经历，让他熟练掌握了英语和阿拉伯语。回到桑给巴尔结婚后，穆斯塔法找到了在酒店的工作。

"我最近在和一个朋友商量一起出海捕鱼。他有一艘船,我们会在晚上出海,清早拿到市场去卖。但出海捕鱼是一件危险的事,有时浪会很大。"穆斯塔法说。

斋月临近了,但今年艾达不能再像往年一样从阿曼回到桑给巴尔和儿子一家人一起封斋。受疫情影响,阿曼航空在3月29日宣布无限期暂停所有的国际客运航班。不过,艾达还是在最后一班飞机停航前通过空运为5岁的孙子穆尼利送来了斋月的礼物。晚上不需要再去清真寺上宗教课的穆尼利迫不及待地试着新鞋子和新衣服。他穿上新球鞋后不断在小小的客厅里大摇大摆地走来走去。与这些礼物一起寄来的还有10件可以剪裁成女性穿的礼服的精美布料。穆斯塔法的妻子萨勒马是一个传统的家庭主妇,她一边整理布料一边对我说,"在阿曼,他们称这些布料叫迪士达沙(dishdash)"。萨勒马会在社交网络的群组里告诉朋友们最新的迪士达沙已经到货,可以到家里来挑选,每件售价在4.2万—4.5万先令之间,从而帮补家庭用度。

兼容并蓄非洲班图、阿拉伯和印度等文化的斯瓦希里社会具有明显的世界主义特性,对于舶来商品的推崇和消费欲望是强烈的。正如德国社会人类学家保拉·伊万诺夫(Paola Ivanov)指出,"桑给巴尔(或整个东非海岸)的跨地方性文化是基于对物质、身体、审美的想象过程,而这个过程是通过社会文化的延伸和通过模仿或者具体的模仿型消费联结外部世界实现的"[1]。但是由于疫情的影响,以穆斯塔法一家为代表的跨西印度洋家庭网络暂时被病毒阻断,这种模仿型消费和家庭互助受到冲击,这恐怕是萨勒马在可见未来收到的最后一批迪士达沙了。

在非洲实行封城措施?

从2020年1月23日中国武汉封城开始,接着到欧洲各国实施强度不一

---

[1] Abdul, Sheriff, and Ho, Engseng. "Cosmopolitanism or Exclusion? Negotiating Identity in the Expressive Culture of Contemporary Zanzibar." In *The Indian Ocean: Oceanic Connections and the Creation of New Societies*, 209-238, London: Hurst, 2014, p. 229.

的封城措施,再随着肯尼亚、乌干达、卢旺达等邻国陆续开始实施宵禁、封锁(lockdown)等防疫措施,英文 lockdown 逐渐成为坦桑尼亚社交网络的一大热词。总统马克富力(Magufili)和议长恩杜加伊(Ndugai)都在公开的讲话中认为,坦桑尼亚的国情并不适合 lockdown 这样强烈的防疫手段。这一官方的定调使得 lockdown 目前只能沦为一些在野党的反对口号。我们需要知道的是,尽管我们用同一个词 lockdown 来表述欧洲和非洲国家的防疫措施,但是这两者的内容及其影响有天壤之别。对于很多意大利人来说,lockdown 可能只是意味着不能出去慢跑了,而在非洲国家,lockdown 是更暴力和血腥的,是关乎生死的。在东非多国封城期间,警方施暴、民众为哄抢救济粮而踩踏致死等新闻就会充斥着各大新闻版面,不禁让人质疑次生灾害的不良后果更甚于疫情本身。

此外,欧美社会和非洲社会的政治经济发展水平和社会制度有着很大的不同。研究非洲的社会学家埃利西奥·马卡莫(Elísio Macamo)在由南非开普敦大学人文学院主办的 Corona Times 平台上投书指出,由于欧洲和非洲对于"风险"的认知与反应不同,在欧洲执行的激进抗疫政策并不适合非洲国家。显然欧洲人认为这次大流行(pandemic)打断了社会正常的生活秩序,而马卡莫认为"危机是非洲社会的常态"(crisis is us, what our normal is, namely crisis),所以采取剧烈的 lockdown 是不妥的。非洲社会应对风险的方式一直是寻求社会安全网(social safety net,比如家庭网络),而不是欧美国家福利社会的社会保险政策(social security,比如发失业救济金)。① 世界银行的一份报告指出,2014 年桑给巴尔大约有 20 万人在非正式经济部门(informal sector)工作,占全部雇佣劳动力的 38%。② 欧美发达国家采取的休无薪假、发放失业救济金等措施是与全面成熟的社会保险、社会救济制度和正式经济部门联系在一起的,对于大部分非洲民众来说这些都难以企及。

"拉杰卜,你没看到我们的政府公布了银行账号呼吁民众捐款抗疫吗?如

---

① https://www.coronatimes.net/normality-risk-african-european-responses/

② Zanzibar poverty assessment. http://documents.worldbank.org/curated/en/778051509021699937/Zanzibar-poverty-assessment.

果真的 lockdown，一个仍需要民众帮助的政府如何帮助民众？"，在杂货店工作的纳苏尔（Nassor）这样问我。

"那如果不 lockdown，疫情继续扩散怎么办？"

"在桑给巴尔，政府并没有提供任何基本服务。这种时候我们必须要靠自己。作为一家之主，作为我自己'政府'的总统，我禁止孩子们出门，礼拜五的例行家庭聚会也已经取消，我们通过电话联络感情。朋友之间应该互相劝告，互相帮助，如果我有三个口罩，你没有，我会给你一个。自从政府宣布在清真寺礼拜时需要保持社交距离（social distancing）之后，我就开始在家里礼拜了，因为我再也感受不到穆斯林肩并着肩、脚踝碰着脚踝的团结一体感了。"

对抗艰困的社会韧性

世界卫生组织在疫情伊始就明确表达了对医疗体系落后的非洲国家的担忧，即使这种担忧是出于对实际现状的真实评估和善意建议，但多少也不免带着非洲悲观主义的味道。正当欧美各国陆续被疫情攻陷而疲于奔命，西方国家的新自由体制的弱点展露在世人之前，一些非洲人也开始反思自身对西方体制的幻想，并认为这次疫情将成为非洲大陆去殖民化的催化剂。[1] 非洲社会应该在这场"战疫"之中重新夺取自主性，寻求符合自身社会的（或不同于西方国家）的应对模式。

坦桑尼亚国父尼雷尔总统在独立初期提倡蕴含于非洲传统文化的村社社会主义，实行"乌贾马运动"（Ujamaa，意为扩展家庭、兄弟关系等），发扬人人平等、共同劳动等集体精神，促进了社会的融合与发展。杂货店的纳苏尔对"社交距离"（social distancing）的反感正折射出传统非洲社会与个人对集体性的倚重，而这种集体性正是社会韧性（social resilience）的载体。英国人文地理学教授尼尔·艾格（Neil Adger）把社会韧性看作"缓冲能力"（buffer

---

[1] https://www.aljazeera.com/indepth/opinion/pandemic-catalyst-decolonisation-africa-200415150535786.html

capacity），是个人和社会群体适应社会、政治、生态变化和调整紊乱的能力。① 举例来看，近期美国密歇根、加利福尼亚、明尼苏达等州都出现了反对州政府居家令的严重示威抗议活动。尽管不可否认其中掺杂着政党斗争的因素，但美国高企的失业率更是重要原因之一，密歇根州就有超过 100 万人申请了失业救济，占了该州劳动力总和的四分之一。长时间的居家令使得百业萧条，给美国普通劳工的生活带来了巨大的考验，甚至可能成为社会动荡的导火索。而反观非洲社会，尽管没有全面的社会保险制度，穆斯塔法仍然可以与朋友合作参与到传统的小型捕鱼业中，寻找替代的生计来源，展现了非洲社会强劲的韧性。为了应对口罩短缺且价格昂贵的问题，遍布每个社区的小型裁缝作坊开始缝制口罩，满足附近居民的需求。作为邻居和社区成员的裁缝甚至会免费为社区里的孩子缝制口罩，以降低孩童被感染的可能性。

我们可以从上文的例子中看到，桑给巴尔社会生活十分倚重的扩展家庭的互助网络和邻里关系已经在疫情的冲击下开始变得脆弱，而正是这些关系网络支撑着非洲传统社会的运行和发展。因此，在疫病流行的艰难时刻，保护并且加强传统的社会韧性和社会联结才是战胜新冠肺炎的可行办法。正如纳苏尔所说，"我们非洲人通过互相帮助生活，我家有糖，你家有盐，我不可能单靠糖活下去"。

作者简介：俞明焕，北京外国语大学亚非学院亚非地区研究——非洲研究方向硕士研究生，目前在桑给巴尔进行人类学田野调查。

---

① Adger, W. Neil. "Social and ecological resilience: are they related?." *Progress in human geography* 24.3 (2000): 347–364.

主题论文

新冠肺炎疫情下的日本社会：
影响、课题与前瞻

胡 澎

摘要：自 2020 年初新冠肺炎疫情在日本肆虐以来，至今已经历了四波感染高峰。新冠肺炎疫情不仅给日本民众的健康带来损害，也让日本经济、社会遭受重大打击，还直接影响到东京夏季奥林匹克运动会的举办。疫情也暴露了日本社会长期存在的低生育率问题、非正规雇用问题、数字化落后问题，以及日本人的"孤独"与"孤立"问题。同时，新冠肺炎疫情下，远程办公、远程教育的兴起带来了工作方式和生活方式的变化。新冠肺炎疫情下，少子化、数字化、性别不平等、东京一极化等课题值得关注，从中可窥探后疫情时代日本社会的几个发展趋势。

关键词：新冠疫情 日本社会 少子化 数字化 远程办公

截至 2021 年 5 月，新冠肺炎疫情已在全世界肆虐了将近一年半的时间，至今仍无结束迹象。这次疫情波及范围广，感染人数多，对世界经济、各国社会乃至国际关系的影响极其深远。日本遭受此次疫情的打击也颇为沉重，截至 2021 年 5 月 5 日，已累计确诊新冠肺炎病例 617622 人，重症患者 1114 人，死亡 10547 人。① 新冠肺炎疫情在日本蔓延以来，给日本社会带来的影响是巨

---

① NHK「日本国内の感染者数」https://www3.nhk.or.jp/news/special/coronavirus/data-all/ [2021-05-06]。

大的。日本政府的应对措施、疫情中暴露出的社会问题以及一些新事物、新观念的产生，值得我们系统地梳理、分析和研究。

一、新冠肺炎疫情在日本的蔓延及政府的应对

2020年1月15日，日本发现了首例新冠肺炎病例。2月初，"钻石公主"号邮轮暴发了数百人感染的疫情，其中包括大量日本人。由此，疫情的焦点从"钻石公主号"邮轮转移至日本国内本土。拥有相对成熟的灾害应急管理体系的日本开始应对这一重大公共卫生事件。2月25日，日本政府制定了《新冠病毒感染症对策基本方针》。3月12日和13日，旨在防控新冠肺炎疫情的《新型流感等对策特别措施法》修正案在众参两院获得通过。3月26日，首相官邸设置了"新型冠状病毒感染症对策本部"。截至2021年5月，日本政府在《新型冠状病毒等对策特别措施法》的基础上共发布了三次"紧急事态宣言"。

2020年4月7日发布了"紧急事态宣言"，这是第一次。4月7日到5月6日期间，东京都、大阪府、埼玉县、千叶县、神奈川县、兵库县和福冈县实施紧急状态措施。[①] 4月16日，"紧急状态宣言"涵盖范围扩展到全国所有的都道府县。"紧急事态宣言"实施期间，并未封锁城市，而是采取了最大限度控制疫情扩散、收治重症患者、让症状轻的感染者居家隔离、把医疗资源优先留给重症患者的做法。同时，呼吁广大民众自我防范、自我约束、自觉减少不紧急不必要的外出，提出避免密闭、密集、密切接触的"三密要求"。在企业、店铺、学校等组织和民众的积极支持和配合下，这波疫情逐渐趋于平稳。5月25日，日本政府提前解除紧急状态。6月下旬开始，疫情出现反复，东京都新增病例呈现增长趋势。7月以后，东京都每日新增确诊病例保持在三位数，多次创疫情暴发以来单日新增病例的新高。同时，全日本范围内出现了第二波感染高峰。疫情初期，厚生劳动省在补充预算中追加了医疗福利等机构援助，扩大新冠病

---

① 「新型コロナウイルス感染症緊急事態宣言」、https://corona.go.jp/news/pdf/kinkyujitai_sengen_0407.pdf［2020－12－10］。

毒检测和疫苗开发的预算，但仍出现了医疗防护用品缺乏，呼吸机、人工肺等新冠肺炎治疗所需医疗设备有限，医疗人员和仪器操作人员不足等状况。进入11月中旬疫情感染人数持续增加，不断增长的感染人数让日本的医疗体系压力倍增。东京都医院床位使用率一度紧张，一些新冠病毒阳性检出者被迫在家等待医院床位，还有一些患有其他疾病的患者被拖延治疗和手术。2020年12月21日，日本医疗界9家团体联合召开记者会，发布"医疗紧急事态宣言"，指出疫情快速蔓延给医疗资源造成重大压力。

2021年1月初，日本每天的新冠病毒感染人数超过3000人，重症患者人数居高不下，进入了第三波疫情高峰。2021年1月7日宣布第二次"紧急事态宣言"，1月8日至2月7日期间，东京都、神奈川县、埼玉县、千叶县的餐饮店等被要求缩短营业时间至晚8点，酒类销售限制在上午11点到晚7点，居民被要求减少出行、晚8点以后尽量不外出。由于日本发现变异新冠病毒，感染人数攀升，"紧急事态宣言"期限延长。4月初，新冠肺炎疫情再次反弹，大阪等三府县实施"防止蔓延等重点措施"，之后扩大到东京都、京都府、冲绳县，以及埼玉县、千叶县、神奈川县、爱知县。

为了应对即将到来的5月黄金周期间大规模的人口流动和密切接触，2021年4月23日宣布了第三次"紧急事态宣言"。4月25日至5月11日"紧急事态宣言"实施期间，东京都、大阪府、京都府和兵库县的大型商业设施晚8点停止营业，体育、音乐等活动晚9点之前停止，重点街区餐饮店缩短营业时间。由于印度的新冠肺炎疫情呈暴发式扩散并殃及多个邻国，截至4月25日，日本已经发现了21名印度新冠变异病毒感染者，这已经是第四波疫情感染高峰。这一感染力极强、致死率极高的病毒如在日本蔓延开来，极有可能让不堪重负的日本医疗体系面临崩溃。鉴于这一波疫情的凶险，"紧急事态宣言"从5月11日延长至5月31日，爱知县和福冈县也被纳入进来。

疫情初期阶段，日本政府的精力主要放在防止感染人群的扩大，主要经济活动让位于疫情防范。2020年全年，日本政府的工作重点是防止感染扩大、防止境外输入、加强医疗体制、积极筹备疫苗注射工作。日本政府希望在控制住疫情同时逐渐恢复正常经济活动，既希望阻断疫情的蔓延，又希望把疫情对经济和社会的影响控制在最小范围,力保东京夏季奥运会和残奥会的召开。疫情最为严重期间,国际航线停运,海外旅行团纷纷取消行程,外国游客大幅减少,旅游景点基本处于关闭状态,这让本就不景气的地方经济雪上加霜。2020年7月,日本政府为提振地方经济、支援遭受重创的旅游业,实施"Go To Travel(去旅行)"和"Go To Eat(去吃美食)"旅游补贴项目[①],可惜好景不长,疫情再度来袭不得不宣布暂停。

随着疫情的扩散蔓延,新冠疫苗的接种工作也分期分批地开展起来。2021年2月17日,首批接种对象为医护工作者,4月12日启动了以65岁以上老年人为对象的疫苗接种工作。由于日本不生产新冠疫苗,疫苗供应速度有限,再加上地方的接种准备不够充分,导致疫苗接种工作进展较为迟缓。

为应对疫情下的民生问题,日本政府实施了一系列紧急援助措施。如:给每位日本国民(在日本生活的外国人也可申请)发放10万日元的"特别定额给付金"。疫情对中小企业影响较大,日本有359万家企业,其中358万家是中小企业。[②] 因此,日本政府把对中小企业的援助作为重点,满足一定条件的中小企业和个体营业者可向政府申请补助。在"紧急事态宣言"实施地区,对响应政府号召、缩短营业时间、限制就餐人数的餐饮企业给予相应补助,规模较大的餐饮店在承诺不解雇员工的情况下可向政府申请雇佣补贴。

二、新冠肺炎疫情对日本社会的影响

新冠肺炎疫情对日本最直接的影响是东京夏季奥运会的延迟举办。疫情下也凸显日本社会一些既有问题,如:出生人口减少、非正规雇佣劳动者收入减少、就业不稳定、社会收入差距拉大、"孤独"和"孤立"等问题。同时,远程办

---

① 民众通过网络预约旅行团或餐厅可享受折扣,折扣额度最高达到半价,剩下的费用由政府买单。"Go To Travel"活动自2020年7月22日推行,最初在东京以外的地区实施,9月18日起在东京也适用。"Go To Eat"自2020年10月1日在日本全国各个城市实施。

② 経済産業庁「2019年版中小企業白書」,https://www.chusho.meti.go.jp/pamflet/hakusyo/2019/PDF/chusho/00Hakusyo_zentai.pdf [2020-12-10]。

公等新型工作方式也给日本民众的日常生活带来了一些新的变化。

（一）东京夏季奥林匹克运动会一波三折

1964年10月，日本成功地举办了第18届夏季奥运会。这是日本第一次举办奥运会，举办之前，基础设施和重点场馆及相关配套工程相继兴建，世界上首条高速铁路开通，被称为"奥林匹克景气"。东京奥运会为蒸蒸日上的日本经济进一步注入了活力，塑造了良好的国家形象，也给日本人带来了强大的自信。2013年9月，东京成功申请到2020年夏季奥运会的主办权，意味着隔时半个多世纪东京将要举办第二次奥运会。政府和民间都对此次奥运会寄予厚望，希望能刺激持续低迷的日本经济，振奋国民精神，提升日本形象。然而，新冠肺炎疫情的蔓延给这些美好的初衷泼了一盆冷水。围绕东京奥运会的举办可谓一波三折。首先是召开时间被延期至2021年7月23日至8月8日，造成的直接、间接经济损失难以估量。关西大学宫本胜浩名誉教授预测奥运会延期一年的情况下将损失约为6408亿日元，停办将损失4.515万亿日元。如现场零观众的情况下，直接和间接经济损失将高达2.4万亿日元。① 其次是东京奥运会组委员（简称"东京奥组委"）主席森喜朗因歧视女性发言遭到国内外批评，不得不于2月12日辞职。东京奥运担当大臣桥本圣子接任会长。围绕奥运会还出现了一些令人烦心的事。如：2021年3月25日，奥运圣火传递第一天就出现了火炬熄灭的情况，似乎预示了不好的兆头；在火炬传递期间，有数十名火炬手纷纷放弃传递资格；还有一名负责火炬传送工作的人员确诊感染了新冠病毒。

2021年3月中旬以来，新冠变异病毒在日本的蔓延速度加快，3月20日，东京奥组委正式宣布海外观众将被禁止入境日本观看奥运会，并对90万张海外观众门票进行退款。自民党干事长二阶俊博称，疫情加重情况下"取消东京奥运仍是可能选项"。随着印度新冠变异病毒的蔓延，日本民间要求停办奥运

---

① 「東京五輪、無観客開催による経済の損失は約2兆4,133億円」，https://resemom.jp/article/2021/01/22/60106.html［2021－03－10］。

会的呼声越来越强烈。不少人认为一场没有观众的奥运会已失去了举办意义。同时,日本的医疗系统已不堪重负,再抽调数万名医护人员保障各国选手和工作人员的健康恐怕很难操作。2021年5月5日,有日本民众在网上发起了叫停东京奥运会的签名运动,两天内已有超过23万人签名支持。在疫情如此严峻的情势下,既要保障奥运会的顺利举办,还要控制和阻止疫情传播,这无疑是一项异常艰巨的任务。

(二)新生人口数量减少,少子化现象加剧

新冠肺炎疫情的影响下,世界多国出现了出生人口数量的急剧减少的现象,日本人口减少的步伐也向前迈了一步。据日本总务省统计局的数据显示,截至2021年4月1日,日本总人口数为1.2541亿人,较上年同时期减少了52万人,人口减少已连续多年。① 截至2021年4月1日,日本未满15岁儿童人口数为1493万,较2020年减少了19万人,是自1982年以来连续40年减少,创历史新低。②

2020年日本新生人口降至87.2683万人,比2019年减少了2.5917万人。③ 疫情下新生人口数量的减少有经济原因、社会原因和心理原因。一是,疫情对日本经济和就业影响较大,完全失业率上升,劳动者的劳动时间、平均工资和奖金相应减少,年轻群体生活艰难,导致不愿结婚、生育的人群扩大。二是,一些妇女担心孕期去医院检查或生产有一定的感染危险。三是,民众对疫情何时结束、经济合适恢复以及后疫情时代日本社会的前景不甚乐观,这一心态影响了年轻人的生育意愿。四是,疫情的长期化以及"三密"等要求让人与人的交往大为减少,不利于年轻人的相亲和恋爱。因防控疫情的需要,不少新人取消了预定的婚礼。2020年日本的结婚数量为53.7583万对,比2019年

---

① 総務省統計局「人口推計」(2021年4月20日発表)、https://www.stat.go.jp/data/jinsui/new.html

② 「15歳未満の子ども、最少1493万人 40年連続で減少」、『日本経済新聞』、https://www.nikkei.com/article/DGXZQODE306GD0Q1A430C2000000/[2021-05-08]。

③ 「2020年の出生数、過去最小に」、https://news.yahoo.co.jp/articles/b21845830ab7a2c4819e2df38000ff5234ce42f3[2021-05-08]。

减少了12.7%。① 结婚数量直接影响到怀孕的人数,据厚生劳动省统计表明,2020年1—10月怀孕人数为72.7219人,比前一年减少了5.1%。② 结婚率和出生率的下降将让日本社会的少子化程度更为严峻。

(三)雇佣领域受疫情冲击较大

新冠肺炎疫情使得日本的经济活动受到很大影响,2020年日本国内生产总值(GDP)创下1955年有统计以来的第二大降幅,比2019年下降4.8%,仅次于受雷曼危机影响的2009年(当年为-5.7%)。③ 疫情下,一些企业通过解雇员工、缩短工作时间、降低工资等做法缓解生存压力,降低疫情带来的损失,导致雇佣环境恶化。再加上日本政府公布的完全失业率没能体现出雇佣领域受到的冲击。一是临时工、合同工、小时工、派遣工等非正规雇佣群体从事的是短时间工作,未被包含在完全失业率中的统计中。二是部分劳动者和用人单位之间有劳动合同,但疫情下工作时间减少甚至无活可干,实际收入大幅减少,这部分人也未被包含在失业率中。三是非正规雇佣劳动者中学生和家庭主妇人数较多,不少人担心受病毒感染而没有出去工作,呈现隐性失业现象。

疫情期间,到职业介绍所求职的人数增加,求职难度随之加大。在劳动合同到期续聘时候,一些用人单位出具的条件十分苛刻。例如,东京迪士尼公司针对合同工提出异常严苛的条件,必须承诺同意半年收入22万日元才可续约。公司此举其实是希望员工主动提出辞职。④

疫情加大了日本的贫富差距。2021年1月8日—14日,有机构对日本主要企业负责人实施了"社长100人问卷调查",结果表明,有将近70%的企业在"紧急事态宣言"期间收入同比减少,其中45%的企业"收入小幅减少",21%的

---

① 「2020年の出生数、過去最小に」、https://news.yahoo.co.jp/articles/b21845830ab7a2c4819e2df38000ff5234ce42f3[2021-05-08]。
② 「総人口、最多の42万人減」『日本経済新聞』2021年2月4日。
③ 「20年実質GDP4.8%減 コロナ禍、11年ぶりマイナス成長」、https://www.sankeibiz.jp/macro/news/210216/mca2102160600003-n1.htm[2021-05-03]。
④ 「半年で収入22万円 ディズニーランドが契約社員に事実上の"退職勧奨"」、『週刊文春』2020年10月1日。

企业"收入大幅减少"。① 2020年,申请生活保护的高达22.3622万件,比上一年增加了0.8%。② 针对疫情下低收入群体的生活困境,日本政府出台了多项援助措施。如:设立"紧急小额资金"和"综合支援资金贷款",援助疫情下失业、停业导致工资收入减少而陷于窘迫的群体;各地政府和民间组织纷纷开通热线电话,邀请律师或专业人士解答有关失业、劳动合同中止、房租滞缴等与生活密切相关的问题;③对停业期间开不出工资的中小企业的员工(包括临时工),一天最多援助1.1万日元;对单亲家庭以及儿童抚养津贴家庭给予10万日元的援助;收入减少的二人家庭可贷款200万日元,单人家庭可贷款155万日元;对收入减少、无法按期缴纳房租的劳动者提供原则上3个月、最长9个月的房租补贴;对疫情期间无法打工、生活陷于窘困境地的学生减免学费、发放奖学金等。但这些援助措施对于阻止整个雇佣环境的恶化只能是杯水车薪。

疫情对非正规雇佣劳动者影响尤甚。总务省2020年12月1日发表的《劳动力调查》表明,2020年10月,非正规雇佣劳动者人数同比减少了85万,是连续8个月减少。④ 日本的非正规雇佣劳动者问题在2008年雷曼危机后得以凸显。在此之前,在非正规雇佣劳动者中,女性特别是专职主妇占大多数,她们的劳动仅被看作补贴家用,非正规雇佣劳动者的工作环境不稳定、工资低、社会保障不完善等问题并未引起足够的重视。2008年金融危机后,不少中青年男性加入了非正规雇佣劳动者的队伍,没有相应的福利和业绩奖金,缺少教育和培训机会,没有晋升空间,即便工作时间再长,收入也很难增加。非正规雇佣劳动者的生存问题以及引发的结婚难和少子化问题开始受到关注,政府也相继修改了《劳动基准法》《劳动者派遣法》《雇佣对策法》《临时工劳动法》《劳动契约法》等相关法律。同时,2018年正式开启了劳动方式改革,各地也出

---

① 「緊急事態で減収"7割"」、『日本経済新聞』2021年1月16日。
② 「生活保護申請初の増加」、『読売新聞』夕刊2021年3月3日。
③ 「新型コロナ影響で失業6万3000人余 飲食業も1万人超に」、https://www3.nhk.or.jp/news/html/20201006/k10012650331000.html[2021-05-08]。
④ 「就業者数93万人減 11年ぶり減少幅 非正規をコロナ直撃85万人減」、『東京新聞』2020年12月2日。

台了一些改善非正规雇佣劳动者问题的具体措施,但成效并不显著。疫情之下,非正规雇佣劳动者的生存问题凸显,且呈现异常严峻的局面。

(四)远程办公等新型工作方式兴起

2020年4月"紧急事态宣言"发表后,作为抑制新冠病毒感染人群扩大的措施,避免人员面对面接触和上下班通勤传染风险的远程办公、居家办公、错峰出勤等新型工作方式兴起。不少学校、培训机构也纷纷实施网上教学、网上辅导等教学方式。远程办公给日本人的居住方式、生活方式带来极大变化。

日本劳动者的"过劳"现象相当普遍,早已为国际社会所诟病,再加上大多数公司职员居住在东京周边的郊区或卫星城,从居住地到市中心的公司上班,每天通勤时间仅单程就需要1—2个小时。长时间劳动和远距离通勤不仅让劳动者身心疲惫,还造成工作与家庭很难兼顾,同时也是少子化产生的一个重要原因。远程办公实施后,通勤成本大大缩减了,劳动者和家人共处的时间增多了,十分有利于女性参与社会生活和男性参与家务劳动,起到了平衡家庭与工作之间矛盾的作用。同时,一些有条件实施远程办公的商社、企业可以不用在城市中心区域租写字楼,办公空间也可大为压缩,这样就节省了一笔高昂的房租,可用于企业创新,增强企业的竞争力。舆论调查表明,较多的受访者非常认可这一新的工作方式,希望在疫情结束后继续实施远程办公。

但也要看到,像医疗、物流、销售、环卫等行业是不可能实现居家办公的。网上授课也从一个侧面凸显了家庭的贫富差异,经济条件好的家庭,网络环境和电子学习设备完备,而有些低收入家庭没有网络设备,上网课受到影响。另外,父母是否居家办公,对儿童的照护也不同。小地方的学校和大城市的学校在网络通信、在线教育的设施方面存在差异,私立和公立学校的在线教育也存在差异。

(五)疫情下的"孤独"与"孤立"问题

为防范疫情,远程办公、线上课堂、减少出行和聚集、保持社交距离等措施让不少日本人的心理压力增大。居家工作空间狭小,工作与私生活界限模糊,也造成了一部分日本人内心焦虑。随着新冠肺炎疫情的长期化,对疫情的忧虑、担心失去工作、收入减少、就业不顺利、生活陷入困顿等导致很多人心情抑郁。还有相当一部分日本人对日本的未来持悲观态度,"孤立"与"孤独"问题凸显。德岛大学副教授山本哲也团队,以分析新冠肺炎疫情对人的心理影响为目的,面向约 1 万人实施了网络调查。2021 年 1 月发布的结果显示,"紧急事态宣言"期间,有 18% 的受访者呈现抑郁状态,且达到了需要治疗的程度,有 48% 的受访者表示精神压力大。① 另外,东京等大城市独居女性多,疫情严重的情况下,不少人心理压力增大,孤独感倍增。一些陷入窘困境地的女性缺少亲人的关爱与社会扶持,独自承受痛苦,甚至失去生活勇气选择自杀。2020 年日本自杀人数为 21081 人(较前一年增加了 912 人),其中,女性自杀人数攀升至 7026 人,增长了 15.4%,仅次于雇佣环境恶化的 1998 年时增长的 23.5%。② 疫情时期,儿童的抑郁倾向也值得关注,由于长时间在家隔离,缺少和同龄孩子之间的玩乐,一些孩子出现了情绪低落、郁郁寡欢的迹象。2020 年 6 月以后,大多数日本人的生活和工作回归正轨,也有些人对原先的工作环境和生活节奏产生了明显不适。

"孤独"与"孤立"问题并不是疫情期间才产生的,它在日本社会已存在了相当长的时间。人与人、人与社会、人与职场、人与社区之间的联系通常用"缘"来表示。伴随着日本社会少子老龄化的发展、终身雇佣制的衰落、女性更多地走向社会,以及年轻人婚姻观念的变化,"社缘"(公司里的人际关系)、"血缘"(家庭关系)、"地缘"(社区居民之间的关系)逐渐变得淡薄。2010 年,日本广播协会(NHK)电视台播出的纪录片《无缘社会》将镜头对准了那些没有朋友、没有亲人,与家乡和家庭断绝联系陷入"无缘"处境的群体。近年来,一系列"孤独"与"孤立"现象引起人们的重视。日本的单身家庭数量明显增多,特别是独居老年人增多,而独居老年人的贫困发生率较高,"孤独死"现象时有发生;此外,不想谈恋爱、不想结婚、不想生孩子的年轻人也在增多。2015 年,日

---

① 「コロナ自粛生活、「精神的苦痛」が半数」、『朝日新聞』2021 年 1 月 30 日、0https://www.asahi.com/articles/ASP1Y6SR6P1VPTLC01P.html[2021-05-05]。
② 「女性の自殺者、過去 2 番目の伸び率」、『読売新聞』網絡版、2021 年 3 月 16 日。

本男性的终身未婚率达 23.37%、女性达 14.06%;①丧失社会行为、自我封闭的青少年,即所谓的"蛰居族"已经高达数十万人……

新冠肺炎疫情让日本社会既有的"无缘化"趋势更加明显。2021 年 2 月 19 日,日本政府决定在内阁官房之下成立专门机构——"孤独、孤立对策应对办公室",时任首相菅义伟任命"一亿总活跃"大臣坂本哲志兼任"孤独与孤立对策大臣",并从厚生劳动省、文部科学省、内阁等部门抽调 31 名职员。"孤独、孤立对策应对办公室"能在多大程度上消除民众的不安情绪,能否真正解决愈加严峻的"孤独"与"孤立"问题,还有待观察。

三、值得关注的几个社会课题以及对日本社会的前瞻

疫情下日本出现了诸多引人关注的社会问题,特别是少子化、数字化、性别不平等、东京一极化等课题显得尤为严峻和紧迫,并预示着后疫情时代日本的走向。

(一)少子化程度将进一步加深

少子化一直是困扰日本社会发展的一个重要因素。自 1989 年日本全国育龄妇女的总和生育率降至 1.57 创下历史新低、造成"1.57 冲击"以来,日本社会一直深陷少子化泥淖。少子化现象的直接原因是年轻人晚婚、晚育、不婚、少生和不生。日本经济的长期低迷以及个人的多样化选择也对年轻人结婚和生子意愿产生影响。少子化反映了当今日本社会年轻一代的"生存困难"。对经济的不安以及教育费的担心,让不少家庭不敢生或不敢多生孩子。调查数据表明,越是高收入群体结婚和拥有孩子的比例越高,而低收入群体中未婚的比例却较高。在 30 多岁的日本男性中,正规雇佣劳动者的未婚比例为

---

① 国立社会保障・人口問題研究所「人口統計資料集」(2021 年版)、http://www.ipss.go.jp/syoushika/tohkei/Popular/P_Detail2021.asp? fname = T06-23.htm[2021 - 05 - 08]。

30.7%,非正规雇佣劳动者的未婚比例则达75.6%。① 而女性正好相反,收入越高,未婚率越高。

为扼制少子化的进展,日本政府出台了《少子化社会对策大纲》《少子化社会对策基本法》《儿童及育儿支援法》《下一代培养对策支援推进法》《育儿护理休假法》等一系列法律、法规和政策,各地也纷纷出台了不少具体措施,如:结婚支援,缩短劳动时间,促进育儿休假制度,倡导男性休育儿假,扩充保育设施,改革性别分工意识,支援女性再就业,扩大生产和育儿的各种补助,减轻父母在养育和教育子女的负担,减轻低收入家庭的经济负担,对多子女家庭进行支援等。2019年日本实施3—5岁"幼儿教育、保育免费化"政策。2020年面向低收入家庭的学生实施了免除大学、高中的学费,扩充奖学金的制度。另外,对患有不孕症又想拥有孩子的夫妻,政府在这些夫妻治疗不孕症上给予一定的补助,而且也在酝酿在2022年将不孕症治疗纳入医疗保险。2020年5月,日本政府鉴于少子化的严峻程度,制定了新的《少子化社会对策大纲》,提出了总和生育率1.8的目标,以及实现的具体途径。即:对年轻人在结婚、怀孕、生产、育儿等人生重要节点上予以支持,创造有利于年轻人工作和家庭兼顾的环境,对多子女家庭给予经济上的援助等。然而,日本的低生育率现象并未得到扭转,地方的人口减少现象依然严重。2020年的总和生育率为1.34,新生儿人口为84.08万人,比上一年的86.52万人又减少了2.44万人。②

新冠肺炎疫情再度加剧了日本少子化的程度。在疫情和经济不景气的双重压力下,年轻人的恋爱和结婚受到较大影响,特别是男性正规雇佣劳动者结婚难现象愈加显著。有民间机构预测2021年日本出生人口将低于80万。③日本似乎正在陷入一种少子化恶性循环的境地,即:新生人口数量减少→生产、育儿的市场随之缩小,产科和小儿科经营困难,儿科医生转行其他科室→

---

① 「平成22年 社会保障を支える世代に関する意識等調査報告書」,www.mhlw.go.jp [2021-03-20]。
② 「令和2年(2020)人口動態統計月報年計(概数)の概況」,https://www.mhlw.go.jp/toukei/saikin/hw/jinkou/geppo/nengai20/dl/gaikyouR2.pdf [2021-11-12]。
③ 「出生数、世界で急減」,「日本経済新聞」2021年4月10日。

生产和育儿市场萎缩→政府在育儿方面的预算减少→育儿环境恶化→新生人口数量减少→少子化现象愈加严峻。

（二）"东京一极化"现象有望得到缓解

新冠肺炎疫情在日本的蔓延显示，越是人口密集的大城市，病毒传播越快，感染病毒的人数越多，疫情也越严重。东京都作为首都，是日本各大城市中，功能最集中、企业最密集、人口密度最高的城市，感染病毒人数在全日本一直处于高位，这再次印证了"东京一极化"的高风险和脆弱性。

"东京一极化"指的是日本的政治、经济、文化、人口等社会资本、资源、活动向东京都集中。这一都市集中型社会的形成由来已久，1955 年到 1970 年间，每年有三四十万人口流入东京。进入 20 世纪 80 年代后，人口向首都圈（也称东京圈）流动的现象更为显著。即便是在经济低迷的 2009 年，首都圈的人口流入也未停止。为扭转"东京一极化"局面，日本政府采取了多种措施，如：1987 年制定的"第四次全国综合开发计划"中，提出一个重要目标就是通过多渠道分散东京的城市功能，扭转"东京一极化"现象。1988 年制定了《多极分散型国土形成促进法》，提出中央政府和民间应采取必要措施，合理配置国土，避免过度集中。2014 年内阁通过了"城镇、人口、工作创生综合战略"，试图改变东京一极集中，阻止地方人口减少，促进地方焕发活力。日本政府出台了各项措施，投入也不少，但"东京一极化"现象始终没有改善且日益加深，由此带来诸多大城市病，治理难度增高。与此同时，地方社会陷入一种恶性循环，少子老龄化现象严重，导致一些中小学校停办，当地就学、就业机会减少，不少娱乐设施、养老设施、医疗设施或撤离或停业，民众生活的便利程度降低，经济缺少活力，越来越多的年轻人流向大城市。特别是受东日本大地震和东京电力福岛核泄漏的影响，东北地区人口减少速度领先全日本。岩手、宫城、福岛三县的人口 10 年间减少了 4.3%。①

---

① 「人口減　進む悪循環」、『毎日新聞』2021 年 3 月 11 日。

新冠肺炎疫情下，远程办公、在线会议、弹性工作、灵活就业等方式改变了人们的生活方式和居住方式。离开物价高昂、生活成本高的东京，搬到交通便利的地方城市生活，这样一种职住分离的生活方式或许成为一部分人的选择。到地方城市生活的有利之处在于：自然环境好、生活节奏慢、房租和物价相对低廉、人情味儿浓、适合生活和养育孩子、幸福指数高等。远程办公、居家工作的普及让在大城市工作的人到地方定居成为可能。省去了每天的通勤可以将更多的时间用于自己的兴趣和爱好，促进劳动者工作和家庭、育儿、护理兼顾，享受和家人在一起的时光，也有利于增进与地区社会的联系。劳动者因育儿和护理老人不得不离职的现象也可以得到改善。疫情期间有舆论调查显示，一部分年轻人对到地方生活表示有兴趣。疫情下人们观念的变化预示了未来"东京一极化"现象有望得到缓解。

今后，日本政府应支持大企业、大学、研究机构、文化和娱乐设施向地方转移。地方政府也要以疫情为契机，提升居民生活的便利度和舒适度，积极改善就业环境，吸引更多的都市年轻人、高等院校毕业生、退休后的健康老人到地方工作。地方城市要提升学校教育水平，增加育儿设施，使之更人性化。要完善地方城市的互联网、银行、体育馆等基础生活设施，将一些闲置房屋改造为公共空间。让商业街不仅是消费场所，还要成为民众社交的场所。便利且高质量的生活才能吸引一些企业、大学以及更多的年轻人才到地方定居，并留着他们，只有留住人才，才能扭转地方社会劳动力不足现象，实现地方振兴。

（三）数字化改革将向前迈一大步

疫情暴露了日本数字化水平滞后的现状。新冠肺炎疫情下，日本政府对检测为阳性的病毒携带者的人数、行走轨迹的信息搜集较为落后，疫情下政府决定给国民发放的"特别定额给付金"10万日元。虽然可以在线申请，但手续较繁杂，不少人只得通过邮寄的方式。舆论调查显示，有超过40%的受访者认为疫情后应强化数字环境建设。①

---

① 「コロナ後の社会 日本の若者"デジタル環境強化"望む声」，https://www3.nhk.or.jp/news/html/20201025/k10012679661000.html[2021-04-15]。

日本行政数字化水平与其发达国家的身份不相符。2018年日本行政手续的网络利用率只有7.3%,在经合组织里只排在30位。① 传统习俗和约定俗成对提升数字化水平产生阻力,如盖章作为一种日本文化根深蒂固,行政办公以及各类证明、证书、申请等习惯在纸质材料上加盖印章。"盖章文化"阻碍了行政办公的数字化发展。另外,日本人对个人隐私的保护意识较高。2016年日本实施了"个人账号"(My Number)制度,将收入、纳税、社会保险、养老金、育儿津贴、失业津贴、医疗等项目的手续合并为一个个人号码,极大地简化了行政手续,提高了行政效率,也方便了民众。但一些中小企业和部分民众出于对个人信息泄露和国家对个人资产监视的担心,对"个人账号"制度接受意愿不高。

新冠肺炎疫情让日本政府认识到数字化改革的意义和重要性。2020年12月15日,内阁通过了设置"数字厅"的基本方针,将疫情之前就筹划推进的数字化转型的步伐大大加快了。"数字厅"于2021年9月正式启动。此举将极大地促进无纸化、自动化、数字化办公,加速线上线下的融合,各行各业的经营模式也将发生较大变化。

今后,随着在线教育的普及,成年人也要不断学习新知识,打造一个线上线下相结合的终身教育体系。还要加大对老年人群体数字通讯使用能力的培训。随着居家工作人员规模的扩大以及数字化技术的开发和普及,在线会议将会越来越普及,工作效率将会明显提升。未来以数字化平台为业务的企业会有较快的发展,AI、机器人等自动化发展的进程也会进一步加快。日本民众将更多地享受数字化带来的便利。

(四)性别分工模式将进一步得到改善

《男女雇佣机会均等法》《男女共同参与社会基本法》《为促进女性活跃的重点方针2020》等法律和制度在促进女性参与经济和社会生活、保护女性权益

---

① 「ICT活用状況の国際比較」,https://www5.cao.go.jp/keizai-shimon/kaigi/minutes/2020/0708/shiryo_01-3_3.pdf[2021-04-15]。

方面发挥了积极作用。近年来，在日本的某些领域，性别不平等的现象有一定程度的改善。例如：女性劳动者工资有上升倾向，女性在企业担任管理职位的人数有增多趋势，认同"男主外、女主内"这一传统性别分工观念的人在逐渐减少。但不可否认的是，日本社会的性别不平等现象依然存在。如："M"型就业模式和性别分工模式依然影响了女性的职业发展。男女两性工资差距较大，2019年，女性的平均工资只占男性的74.3%，[1]而西方发达国家占到了百分之八九十。单亲家庭中占86.8%的是母子家庭，而有37.6%的母子家庭年收入不到200万日元，有45.1%的母子家庭生活较为困苦。[2]

新冠肺炎疫情对日本女性产生的负面影响要远超男性。实施"紧急事态宣言"期间，学校停课、保育园放假、丈夫居家办公、护理机构停业，女性不仅承担照顾孩子、护理老人，以及繁重的家务劳动，还要兼顾工作。疫情期间，女医生、女护士和女保健师等职业人士工作时间大幅度延长，工作强度也大为增加。疫情对女性非正规雇佣劳动者的影响较大，她们大多在受疫情影响最严重的餐饮业、酒店业、酒吧业等服务行业工作，有的失去工作，有的收入锐减。不少单亲母亲因担心一旦感染新冠病毒后不能照顾孩子，而选择离职或停职，收入大幅减少，生活处境艰难。疫情期间，丈夫居家工作，夫妻相处时间增多，出现了一些夫妻矛盾和摩擦增多的事例。另有统计表明，疫情期间，女性遭受家庭成员的暴力、性侵害案件也较以往增多。疫情让日本的性别不平等现象得到进一步显露。

20世纪90年代以来，日本"男主外、女主内"的家庭模式在悄然发生着变化。占主流的专职主妇家庭已让位于双职工家庭。2015年，日本双职工家庭已占全部家庭总数的66.4%，[3]随着远程办公、居家办公的继续推广和普及，男性对育儿和家务的参与度将有所提升，家庭成员在一起时间增多，夫妻共同

---

[1] 厚生労働省「令和元年賃金構造基本統計調査の概況」，https://www.mhlw.go.jp/toukei/itiran/roudou/chingin/kouzou/z2019/dl/14.pdf[2021-04-20]。

[2] 内閣府男女共同参画局「令和2年版 男女共同参画白書」，https://www.gender.go.jp/about_danjo/whitepaper/r02/gaiyou/pdf/r02_gaiyou.pdf[2021-04-20]。

[3] 総務省「平成27年（2015年）国勢調査」，https://www.stat.go.jp/data/kokusei/2015/pdf/life12.pdf[2021-04-20]

工作、共同承担育儿和家务劳动，也许会彻底颠覆"丈夫在公司做正式员工、妻子做专职主妇"这一典型的性别分工模式。疫情也促使日本人的意识发生变化，越来越多的人认识到家庭的重要性，希望能兼顾工作与生活。

2021年的四五月份，印度的新冠变异病毒来势汹汹，感染人数和死亡人数直线飙升，引发全球关注。疫苗能否对病毒产生群体免疫，疫情何时结束，目前仍看不到任何希望的曙光，也许人类社会将不得不长期"与病毒共存"。新冠肺炎疫情对日本社会的影响是深远的，也将是长期的。以疫情为契机，将带来一场更加深刻的工作方式和生活方式的革命。疫情留给日本社会的思考以及需要解决的课题有很多。能否解决好这些课题，考验着日本政府的治理能力，同时也左右着日本社会的发展方向。

作者简介：中国社会科学院日本研究所社会室主任、研究员、博导

后安倍时代的日本外交变数及走向①

吕耀东

摘要：菅义伟接替长期执政的安倍晋三出任新首相，与安倍及自民党派阀支持有关，因而安倍外交理念注定会影响"菅内阁"的对外关系。深化日美同盟关系，注重印太视阈下的日澳、日英等"准同盟"构建，继续"战后外交总决算"，均是菅义伟政府坚持安倍时代"战略性外交"的理念表达。菅义伟强调"将与近邻各国构筑稳定的关系"，表明安倍外交遗产涉及的日俄领土问题、朝鲜半岛"历史问题"等"负面清单"依然困扰"菅内阁"的外交决策。尽管菅义伟首相表明其对华政策奉行安倍既定方针，亦不排除出现或然性现象。具体来说，中日关系中的结构性问题加之中美关系的不确定性，是考验"菅内阁"大国"平衡外交"的试金石。

关键词：后安倍时代　日美同盟　平衡外交　中日关系

2020年9月，自民党总裁易人，安倍内阁官房长官菅义伟继任首相，日本内政外交进入"后安倍时代"。就日本外交政策及中日关系走向而言，菅义伟已明确将继续坚持安倍的对外关系理念。但有评论认为，颇具过渡色彩的首位"后安倍时代"首相，很难在为期一年的短暂任期内为日本外交设定新航线。

---

① 本文系中国社会科学院创新工程项目"日本外交战略及中日关系研究"（GJ08－2017－SCX－2974）的阶段性研究成果。

本文认为,尽管"菅内阁"会根据国际局势适度调整日本对外关系,但以"积极和平主义""俯瞰地球仪外交"和"战后外交总决算"为代表的安倍对外政策与理念,将会以"菅内阁"特有的外交政策色彩加以继承、调整与发展。

一、安倍外交理念注定会影响"菅内阁"的对外关系

日本政坛突如其来的首相更替,让国际社会对"后安倍时代"的日本内政外交产生诸多猜测。在安倍晋三的政治同僚中,不乏标新立异、谋求出任首相之人,但为何对官房长官菅义伟"情有独钟",显然是其觉得将内政外交大权交予自己的"大内总管"更为放心。事实上,新晋自民党总裁、首相菅义伟组建新内阁中的20名阁僚中,有安倍内阁8名阁僚留任,显示延续安倍时代内政外交理念及政策的政治态度。其中,决定让副首相兼财务大臣麻生太郎、外务大臣茂木敏充、国土交通大臣赤羽一嘉、环境大臣小泉进次郎、奥运大臣桥本圣子等留任,而且让安倍的胞弟、前外务副大臣岸信夫出任防卫大臣。上述"菅内阁"人事安排,展现出"继承安倍路线与方针"的姿态。尽管菅义伟首相表示"将大胆起用适合我政策的人",但实际展现出缺乏原创性、继承前政权的路线。① 如此看来,菅义伟留任安倍"老臣"外务大臣茂木敏充,启用富有外交经验的安倍侧近出任要职,延续安倍的外交政策理念及路线的用意显而易见。

菅义伟在自民党总裁竞选演讲中就明确表示,要坚持安倍的"积极和平主义"外交政策与理念。安倍在第二次执政时期提出了"俯瞰地球仪外交""积极和平主义""价值观外交""战略性外交"和"战后日本外交总决算"等诸多新名词,其在外交领域的良苦用心就是为了摆脱"战后体制",实现"大国化"战略目标。从外交遗产上看,以稳固的日美同盟关系为前提,安倍通过建立良好个人关系的"首脑外交",同一些"重要"国家签订了一系列双边多边经贸、防务协定,

---

① "菅义伟新内阁阵容展现继承安倍路线",共同社2020年9月16日电,https://china.kyodonews.net/news/2020/09/0fc2d8519d89.html.

在一定程度上提升了日本的外交自主性。但是,安倍未能实现与俄罗斯签署和平条约、解决朝鲜绑架日本人问题等"夙愿",与近邻韩国的关系依然龃龉不断,这些棘手的外交遗留问题,仍然需要"菅内阁"费心费力加以解决和应对。

值得强调的是,安倍第二次执政时期在对华政策上出现了较为明显的变化与反复。即从上任初期的对华遏制,到 2018 年前后转而改善中日关系,再到 2020 年年初以来就新冠肺炎疫情、东海、台海、南海及涉港等问题上批评、打压中国,其主要根源在于安倍等保守派政治家的现实主义、实用主义色彩的外交理念。既可以采取"政经分离"的方式在政治、安保、技术等领域追随美国遏制中国,也能够顺应国内外经济形势变化以派遣特使、视频拜年等手段改善对华关系,或者从自身国家利益出发,以维持两国基本的贸易往来与人文交流。每当遇到诸如"森友学园丑闻""加计学园丑闻"等国内政治危机时,安倍又以"俯瞰地球仪外交""战略性外交"等外交活动及政绩加以应对与排解。这对于长于内政、弱于外交的菅义伟来说,能否如安倍"游刃有余"应对错综复杂的对外关系,妥善处理中日关系,推进"战后日本外交总决算",将严峻考验"菅内阁"的外交能力。

菅义伟作为安倍政权的继任者,之所以能够获得自民党内 7 大派系中 5 派支持,显然安倍是背后推手。菅义伟在就任首相后的首次记者会上,表达了继承安倍政权外交理念的举措及决心:在日本周边环境日趋严峻的背景下,将以有效的日美同盟为核心推行政策。为了保护国家利益,将战略性地推进"自由开放的印度太平洋"构想,希望与包括中国和俄罗斯在内的各近邻国家建立稳定关系。为了实现"战后日本外交总决算",将全力解决朝鲜绑架日本人问题。[1] "继位"的菅义伟,虽然强调自己参与了许多重大外交决策,有能力应对外交事务,但薄弱的外交经历,不足以为其提供应对复杂国际形势的现实外交经验,恐怕在短时间内难以彻底消除外界对其缺乏外交能力的怀疑。

为了消除日本朝野上下的担忧,菅义伟不仅留任安倍内阁富有外交经验的"老臣"茂木敏充,亦强调延续安倍的外交政策理念及路线的经验与能力。

---

[1] 令和 2 年 9 月 16 日菅内閣総理大臣記者会見、総理の演説・記者会見など、首相官邸ホームページ、https://www.kantei.go.jp/jp/99_suga/statement/2020/0916kaiken.html.

早年菅义伟与安倍就因在处理"朝鲜绑架日本人问题"上相知相惜,如果说菅义伟不善外交,只是说他一直在官房长官的位置上给安倍外交事务"打下手",如今他走上前台延续安倍既定外交路线,虽有"萧规曹随"之意,亦不排除适度调整日本对外关系的意向。

二、"菅内阁"深化日美同盟关系的意向

日本外交战略既定的基本路线是,在日美同盟框架内强调不断提高外交自主性、在地区甚至全球范围内谋求话语权、主导权的倾向。鉴于此,"后安倍时代"的菅义伟首相仍将延续安倍基于上述日本既定外交战略的基本外交路线方针。

首先,以美国为基轴的外交传统不会改变,若有变化也只是加强与深化。站在"菅内阁"的视角来看,安倍留下的是以"唐纳德—晋三"关系为表征的、被特朗普誉为"有史以来最好"的日美同盟关系。在当时看来 2020 年 11 月特朗普很有可能实现连任的情况下,菅义伟首相没有必要亦无余力对两国关系做出巨大调整。更何况,已决定辞去首相职务的安倍依然同特朗普就未来构筑导弹防御体系等深化日美同盟的具体问题交换了意见,这足以证明日本继续巩固日美同盟的决心。9 月 20 日,新任日本首相菅义伟与时任美国总统特朗普举行电话会谈,就携手加强日美同盟达成了一致。特朗普提出"一起让同盟得到进一步发展",菅义伟强调"同盟是地区和平与稳定的基础"。两人还确认了日美在研发和普及新冠治疗药与疫苗方面展开合作。菅义伟就朝鲜绑架日本人问题表示"为了早日解决,将果断采取措施",要求特朗普给予全面支援。两人在实现"自由开放的印度太平洋"构想也达成了共识。可以说,菅义伟继承前首相安倍晋三的外交姿态,努力与特朗普建立相互信赖关系。显然,菅义伟要求特朗普予以"全面支援""合作"和寻求"共识"的弦外之音是十分明确的,表明了维持日美同盟关系对于实现日本对外战略目标的重要性。作为新任首相的菅义伟清醒地认识到,日美同盟仍然是日本安全战略的支柱,因而要依托日美同盟,不断提高日本在同盟中的地位和作用。同时不能排除新内阁从自身利益出发讨好美国,有可能会做出损害地区及周边共同安全利益的举动。

其次，通过拥有"对敌基地攻击能力"，谋求改变日美同盟机制的"非对等性"。日美关系是一种不对等的同盟关系，结构性的不平等既有历史性的原因，亦有现实问题。二战后以来的日本从不习惯因战败被美国压制，到习惯被美国安全保护而得到经济迅速起飞的红利。这使得美国必须通过收取安全"保护费"得以维持双边同盟的心理平衡，并维护和扩大美国在亚太地区的政治和军事存在感。但日本对于美国逐年提高安全"保护费"的做法大为不满，表现出过去少有的所谓对美"离心力"倾向，对此美国一直予以高度警惕，一直以来，美方要求包括日本在内的印太地区同盟国接受"相应的负担"，继续迫使日本增加美军驻留费或购入最尖端美制武器。考虑到拥有对敌基地攻击能力，是继承前安倍政府的首相菅义伟面临的"安保"难题。围绕上届安倍政府托付的导弹拦截系统部署的相关讨论，直接关系到调整以日本为"盾"、美国为"矛"的日美同盟方式，①这也是改变"非对等性"日美同盟机制的"契机"。2020年9月23日，访问美国的日本国家安全保障局长北村滋与美国国防部长埃斯珀和副国务卿比根举行会谈时表示，日本拟继续提升防卫力与威慑力，需在导弹防御体系、太空和经济安全保障领域加强合作。②再次明示通过购入最尖端美制武器，谋求通过日美同盟提升防卫力与威慑力的意图。

最后，改变日美同盟机制的"非对等性"，亦是"修宪"应有之义。早在2019年大阪二十国集团（G20）峰会前夕，特朗普突然批评《日美安全保障条约》的防卫义务是单方面的。时任日本官房长官的菅义伟回应称："日美双方的义务保持平衡，单方面的指责并不恰当。"③在菅义伟看来，美方不顾及日方的言行，皆因日本"和平宪法"有关"专守防卫"、不能拥有攻击性武器等规定的限制。安倍甚至用"断肠之痛"形容其未能实现包括修改"和平宪法"在内的诸多政治目标的遗憾心情。的确，安倍在任内一直致力于修改和平宪法，以便从根本上消

---

① "需调整日美'盾与矛'的同盟方式"，共同社2020年9月20日电，https://china.kyodonews.net/news/2020/09/ae801730594d.html。

② "日本安保局长访美 确认合作强化日美同盟"，共同社2020年9月23日电，https://china.kyodonews.net/news/2020/09/2cefac060e22—.html。

③ "特朗普不满日美安保条约称美承担单方面防卫义务"，共同社2019年6月27日电，https://china.kyodonews.net/news/2019/06/97cceae2f873.html。

除其对日本军力发展的法理限制。在这一过程中,修宪与外交已经形成了互为表里、相互促进的互动关系。就外交而言,修宪的作用在于为日本谋求国家利益最大化增添诉诸武力、进行军事威慑的筹码;就修宪而言,外交的作用则体现在对内渲染周边威胁,为修宪寻找借口,向外获取国际理解,为修宪铺平道路。况且,菅义伟高票当选自民党总裁、就任首相后就宣称继续推进"修宪"。可以预见,只要将"修宪"作为基本方针的自民党继续执掌日本政权,日本外交就会坚定不移地为"修宪"这一保守强硬路线的主要目标服务。

三、"印太构想"视阈下的"准同盟国"及安全机制构建意向

菅义伟首相上台伊始,就奉行安倍的战略性外交、价值观外交理念,与欧美寻求推进"自由开放的印度太平洋"构想的共识。发展日澳、日英等国的"准同盟"关系,并打着维护"航行自由"和"法治"的旗号,构建由美、日、澳、印组成的"民主安全菱形"机制,谋求日本外交的战略自主性。

首先,通过防务安全合作,构建日澳"特殊战略伙伴关系"。2020年9月20日,新任日本首相菅义伟的首个电话打给了澳大利亚总理莫里森,双方就新冠肺炎疫情后建立一个自由开放的印度太平洋地区乃至整个国际社会的繁荣稳定而加深合作达成"共识",并一致同意进一步加强日澳双边关系,表明深化两国"特殊战略伙伴关系"的意愿。菅义伟此举是有意提升与澳大利亚的"准同盟关系",在坚持安倍倡导的"印太构想"基础上,在周边外交中寻找更多"着力点",以此作为"菅式外交"的新意和路径。此次菅义伟强调希望日澳在新冠肺炎疫情后"就建立一个自由开放的印度太平洋地区而加深合作"的倡议,重点在于强调日澳对于构建包括美国及印度在内的四国合作的重要性,以及增强在东海、南海问题上的对华针对性。早在安倍时期就成为日澳首脑共识的《访问部队地位协定》(VFA)签署,提上日澳首脑会谈议程,进程可能会加快。若成功签署,两国因联合训练而在对方国家停留时,能顺利携带装备和弹药等物资入境,有望强化双方防卫合作的深度。这意味着日澳的防务合作关系会

朝着更加紧密且制度化的方向发展。

其次,通过日英安全防务合作与交流,推进"印太构想"。日本首相菅义伟于 9 月 23 日与英国首相约翰逊进行电话会谈。双方一致同意为实现前安倍政府提出的"自由开放的印度太平洋"构想,在安全保障领域加强合作。两人还对日英经济伙伴关系协定(EPA)达成基本协议表示了欢迎。① 对日本而言,英国是欧洲防卫合作最紧密的国家。近年来,在日本积极推动"自由开放的印度太平洋"构想的背景下,日英安全防务交流与互动相比之前更加频繁和高效,推动了日英"准同盟"关系的形成与发展。日本航空自卫队战机和英国空军"台风"战斗机于 2016 年 11 月在日本三泽基地举行首次联合训练。2017 年 4 月安倍首相到访英国,与特雷莎·梅首相就实现"自由开放的印度洋太平洋"战略,确保"自由航行"的必要性达成共识,并协商了日本自卫队和英国军队的联合训练及防卫装备的研究等安全合作项目。2019 年 3 月 8 日—14 日,日英美三国海军举行了共同训练。日本"村雨号"舰长冈田周作称:"期待进一步深化与美英海军的合作,增进彼此了解。"② 日英不仅以安全防务交流为重点,还积极深化双边战略伙伴关系,寻求在全球和地区事务上合作,进而成为印太地区新的不确定因素。

最后,菅义伟力求构建美日澳印合作机制,提升落实安倍提出的"自由开放的印度太平洋"构想的影响力和号召力。近年来,日本以维护"亚太及世界和平和经济繁荣共同目标"的名义,积极构建基于共同价值观的"民主国家"政治及安全机制。在亚太地区海洋安全合作方面,日本加强与美国及其盟友遏制中国海洋维权的相互配合行动。日本、美国和澳大利亚三国的国防防长定期举行亚太海洋安全会谈,就"南海问题"提出制定"共享信息和通过联合训练加强警戒监视"的三国防务合作行动计划,充当所谓"航行自由""遵守国际规范"的"捍卫者"。菅义伟首相于 2020 年 9 月 25 日与印度总理莫迪举行电话

---

① "菅义伟首次与英首相通电话 同意加强安保合作",共同社 2020 年 9 月 24 日电,https://china.kyodonews.net/news/2020/09/8b9ceb53949b—.html.

② 「安全保障協力に関する日英共同宣言」,日本外務省,2017 年 8 月 31 日,https://www.mofa.go.jp/mofaj/files/000285660.pdf

会谈。菅义伟呼吁为了实现前安倍政府提出的"自由开放的印度太平洋"构想,"希望两国发挥作用"。莫迪回应称,"愿紧密开展合作",同意加强双边协作关系。①

近年来,日本不断通过外长防长磋商(2+2)机制与澳印强化安全合作,菅义伟也从安倍的"自由开放的印度洋太平洋"构想出发,积极与澳印及西方国家加强防务及安全合作,积极推进允许自卫队提供弹药的《物资劳务相互提供协定》(ACSA)的修订或谈判,力图提升日本的亚太地缘战略控制力的用意显而易见。

四、"后安倍时代"的中日关系走向

继承安倍外交理念的菅义伟首相上任伊始,就表明发展中日关系的意愿。安倍提出"化竞争为协调"的对华政策,缓和了中日关系。菅义伟首相亦有顺应国内外变局,发展"面向未来"的中日关系的意向。在2020年9月25日的中日首脑在电话会谈中,习近平强调,中方愿同日本新政府一道,按照中日四个政治文件各项原则和精神,妥善处理历史等重大敏感问题,不断增进政治互信,深化互利合作,扩大人文交流,努力构建契合新时代要求的中日关系。② 菅义伟表示"日中关系的稳定对地区及国际社会而言极其重要,希望共同负起责任"。③ 但如何在日美同盟下发展中日关系,是考验菅义伟首相能否在中美两个大国之间开展"平衡外交"的能力。当然,菅义伟强调"将与近邻各国构筑稳定的关系",显然突出了中日关系的重要性。

首先,如何推进安倍时代缓和的中日关系,考验"菅内阁"处理大国关系的外交能力。安倍于2018年10月访华时表示,"日方愿同中方一道,密切高层及各层级交往,持续改善两国友好的民意基础,妥善管控好双方分歧,推进日

---

① "菅义伟首次与莫迪通电话,同意合作实现印太构想",共同社2020年9月25日电,https://china.kyodonews.net/news/2020/09/8ee5d9ec40b4—.html.
② "习近平同日本首相菅义伟通电话",新华社北京2020年9月25日电,http://www.xinhuanet.com/politics/leaders/2020-09/25/c_1126542052.htm.
③ "菅义伟与习近平通电话 愿为日中关系稳定共同负责",共同社2020年9月25日电,https://china.kyodonews.net/news/2020/09/ebf49ac67a46—.html.

中战略互惠关系深入发展,共同致力于地区稳定与繁荣"。① 对于奉行安倍外交理念的菅义伟首相来说,全力应对自民党内部右翼势力阻挠中日高层访问的言行,妥善处理中日关系中业已存在的问题,将面临严峻的外交决策考验,也不能排除出现对华过激行为。当然,菅义伟首相必须顾及执政党内部"知华派"的反应,以符合日本国家利益的外交理念为原则行事。2017 年以来中日关系缓和与发展,与自民党内"知华派"的努力不无关系。未来,支持菅义伟政府的"知华派"、自民党干事长二阶俊博的意见也可能影响菅义伟的对华态度。他就自民党内阻挠中日高层交往的论调表示,"必须切实遵守国与国之间的承诺",表明维护中日关系的态度。为此,菅义伟将会在努力维持并强化日美同盟的同时,与特朗普政府的对华强硬姿态保持距离。② 并关注内阁阁僚及政府高官有关涉台、涉港的言行,谨慎处理中日关系中存在的问题。

其次,聚焦于中日关系中的经贸合作和新冠肺炎疫情应对。菅义伟上台伊始就明确提振国内经济、发展对外经贸关系的意向。鉴于安倍 2018 年 10 月访华期间达成的中日在第三国基建开发、重启货币互换协议、设立磋商先进技术与保护知识产权的共识,预计菅义伟仍会将上述"创新合作机制"构建作为发展中日关系的重点。在 2020 年 9 月 25 日的中日首脑电话会谈中,关于新冠肺炎疫情应对方面实施的边境口岸对策,双方表示就为尽快重启商务相关人士的往来而继续磋商。③ 重视新冠肺炎疫情防治的菅义伟,突出了中日两国在公共卫生安全领域磋商的必要性。鉴于新冠肺炎疫情依然严峻,中日两国社会均希望加强信息共享、疫情防控等交流合作,菅义伟政府亦会延续安倍时期的联华防疫抗疫姿态。

最后,菅义伟强调"将与近邻各国构筑稳定的关系",表明其对华政策与安倍既定方针不会出现大幅变化,但亦不排除出现大的变故。既然菅义伟已表

---

① "习近平会见日本首相安倍晋三",外交部网站,2018 年 10 月 26 日,https://www.fmprc.gov.cn/web/wjdt_674879/gjldrhd_674881/t1607459.shtml.

② "菅义伟政府需在美中之间开展平衡外交",共同社 2020 年 9 月 20 日电,https://china.kyodonews.net/news/2020/09/dfae50e62a40.html.

③ "日中首脑就磋商重启商务人士往来达成一致",共同社 2020 年 9 月 25 日电,https://china.kyodonews.net/news/2020/09/ea8d815a5fad.html.

示继续将日美同盟关系作为外交基轴,那么日本同其他大国及周边国家间关系势必只能在这一框架内展开。具体来说,中日关系中固有的结构性矛盾加上中美关系的持续恶化,不能排除菅义伟政府延续安倍执政末期为迎合美国而回归对华遏制的政策取向。

不可否认,中日关系中所涉及的安全利益、政治利益及价值观冲突仍然是一种客观存在,随时可能损害中日关系的健康发展。况且日本政府对华政策历来存在"两面性",近来的在涉港、涉台及钓鱼岛问题等方面消极表现,已导致中日两国间新旧矛盾叠加,严重影响了两国政治互信的可持续性。

总之,尽管日美同盟下的"自由开放的印度洋太平洋"构想及倡议,是菅义伟政府联盟澳大利亚、英国、印度、德国和法国的战略性外交首选。然而,"菅内阁"在"后安倍时代"将很难在短时间内打破安倍外交遗留问题的藩篱。尤其是周边外交难题仍将困扰菅义伟政府。在日俄关系层面,以领土要求为底线的日本在缔结和平条约问题上显然难以做出让步,两国关系破局不易;在日韩关系上,日本亦不会在岛屿争端、"慰安妇"及"劳工"等历史遗留问题上有所妥协;日朝关系因"绑架日本人问题"和殖民侵略历史问题而难以实现邦交正常化。虽然菅义伟表明将继续推进安倍的"战后外交总决算",但若不反思安倍的历史修正主义外交"败迹",缓和的中日关系亦会再现不确定性。这不仅印证了安倍历史性超长期执政对日本造成的深刻影响,也意味着在未来的中日关系发展进程中,"后安倍时代"的历史特质亦将如影随形。

作者简介:吕耀东,中国社会科学院日本研究所中日关系研究中心研究员。

菲律宾在中美之间的"再平衡"

郭延军 刘仁雪

摘要:2016年在杜特尔特就任菲律宾总统之后,奉行"独立自主"外交政策,在中美之间开展平衡外交,一方面,缓和此前因为"南海仲裁案"①而紧张的中菲关系,积极发展中菲经贸合作;另一方面收紧同美国之间的军事合作,与美国保持适当距离。然而,杜特尔特的对华政策特别是南海政策一直受到来自国内和美国的压力,迫使杜特尔特不得不在中美之间动态调整其平衡外交政策。在2020年9月第75届联合国大会上,杜特尔特改变了就任总统以来在南海问题上的立场,表示菲律宾将坚持"南海仲裁案"的"判决"结果。同时,杜特尔特在对美军事合作上的态度有所缓和。这些举动表明杜特尔特开始对中美关系进行"再平衡",尽管这种调整是有限度的,但也将对南海问题的解决以及中菲关系产生不可忽视的影响。

关键词:杜特尔特 中菲关系 美菲关系 平衡外交 再平衡

在菲律宾当前的外交布局中,对华关系和对美关系是最重要的两组双边关系。菲律宾总统杜特尔特上任后对此前阿基诺政府"亲美疏中"的外交政策作出调整,提出了"独立自主"的外交政策,这一转变的政策目的十分明显,就

---

① "南海仲裁案"并不具有法律效力,是"菲律宾单方面提起仲裁,违反中菲通过谈判解决有关争议的协议,违反《南海各方行为宣言》,违反《联合国海洋法公约》规定,滥用《公约》规定的仲裁程序"(《人民日报》2016年7月15日第一版)。

是通过在中美间奉行平衡外交,来改善菲律宾同中国的关系,同时与美国保持距离。杜特尔特的平衡外交为菲律宾赢得了中菲经贸关系的快速发展,中国在杜特尔特任期内的对菲投资额以及双边贸易额都有显著增长。但是同中国关系的缓和尚未能使杜特尔特在解决南中国海问题上取得突破性进展。2019年6月,两国在南海部分海域的撞船事件使得两国在南海的竞争局面暴露无遗,杜特尔特随后的回应以及在第34届东盟峰会上较为温和的表态,使部分菲律宾政客和民众感到失望,而反对派也将杜特尔特的南海立场视作攻击的焦点。2020年9月23日,杜特尔特在联合国大会上向世界宣布了菲律宾在南海"坚持""南海仲裁案"的结果,这标志着杜特尔特政府南中国海政策的重要转向,无疑对杜特尔特上任之初在中美间奉行的平衡外交产生重要影响。本文认为,菲律宾南海政策的逐步清晰化,意味着杜特尔特政府将在中美之间开展新一轮外交"再平衡"过程,以更好维护其安全和经济利益。杜特尔特政府此轮外交"再平衡"的动机是什么?其政策影响何在?本文拟对此进行初步分析。

一、文献回顾

关于菲律宾和中美两国的外交关系发展,国内外学者都进行了相关研究。贝克(Carl Baker)在21世纪之初将中菲之间的关系形容为"谨慎的合作",指出一个逐渐崛起的中国将会给菲律宾带来经济上的机遇和政治上的压力,这种压力也将推动菲美双边关系的发展。① 海德里安(Richard Javad Heydarian)梳理了二战之后菲律宾同中美关系的演变,他认为,受国际局势的影响,菲律宾同中美两国关系经历了数次反转,这一组三边关系动态变化的最主要影响因素是中菲两国在南海问题上的态度,而礼乐滩(Reed Bank)是两国

---

① Carl Baker,"China-Philippine Relations: Cautious Cooperation", *Special Assessment of Asia-Pacific Center of Security Studies*, Oct. 2004, pp. 2 – 9.

在海上主权争端的核心地区。① 格雷滕斯(Sheena Chestnut Grettens)在杜特尔特上任之前,对菲律宾外交政策上可能的调整进行了预测,指出菲律宾正在将对华关系和对美关系进行"务实性"的平衡,将使菲律宾同中美两国的双边关系比此前两位总统任期内更加平衡,菲美同盟关系的发展将主要取决于美国如何回应中国在南海的动作。② 班劳伊(Rommel C. Banlaoi)认为,东盟大多数国家非常依赖同中国的经济关系,同时重视同美国发展军事合作。菲律宾应该在促进同中国关系的同时不以损害美国盟友关系为代价,这是最符合菲律宾国家利益的发展道路。③ 卡斯特罗(Renato Cruz de Castro)的研究认为菲律宾有着平衡外交的传统,21世纪以来,无论是阿罗约还是阿基诺政府都试图将中菲关系和美菲关系维持在平衡状态,杜特尔特上台之后正在将这种平衡向着中国倾斜,作者将杜特尔特的这种姿态形容为"绥靖"(appeasement),这种姿态背后的原因是杜特尔特相信美国不会为菲律宾南海的权益同中国开战,杜特尔特通过在南海问题上的让步姿态和对菲美军事同盟的疏远来换取同中国的经济合作的加强。④ 亨德勒(Bruno Hendler)以双重不对称(Dual Asymmetry)的视角去分析菲律宾和中美两国的外交关系,他认为杜特尔特外交政策的转向使菲律宾获得了一些经济利益但是损失了一些政治利益。⑤

马博指出,菲律宾外交从"亲美疏中"和对美国"一边倒"转向了"平衡外交",试图缓解此前中菲关系的破损,其主要动机包括:菲律宾的"平衡外交"传

---

① Enrico Fels, Truong-Minh Vu, ed., *Power Politics in Asia's Contested Waters: Territorial Disputes in the South China Sea*, (Cham: Springer International Publishing, 2016), pp. 337–355.

② Dr. Sheena Chestnut Greitens, "The US-Philippine Alliance in a Year of Transition: Challenges & Opportunities", *Brookings Asian Alliances Working Paper Series* 5, July 2016, pp. 2–8.

③ Rommel C. Banlaoi, "Duterte Presidency: Shift in Philippine-China Relations?" *RSIS Commentary*, No. 121, 20 May 2016, pp. 1–4.

④ Renato Cruz de Castro, "The Duterte Administration's appeasement policy on China and the crisis in the Philippine-US alliance", *Philippine Political Science Journal*, Nov. 2017, pp. 355–376.

⑤ B Hendler, "Duterte's Pivot to China, and Prospects for Settling the South China Sea Disputes," *Contexto Internacional*, vol. 40(2), May/Aug. 2018, pp. 319–337.

统；菲律宾的经济发展考量以及对美国干涉菲律宾内政不满。① 周永生指出，杜特尔特政府外交战略调整最主要的原因是借此获得实际利益，对美国的强硬态度和对中国的缓和态度，是为了促使中美两国向菲律宾提供更多好处的两种不同方法。② 任远喆从菲美双边军事合作出发，指出两国军事合作在杜特尔特上台后发生起伏的原因是双方都想利用对方实现自身战略意图，同时又不想被对方在安全事务上利用或者受到牵连。③ 聂文娟认为杜特尔特上台之后，菲律宾政府对南海问题的认知发生变化，目标逐渐从捍卫主权权利过渡到捍卫专属经济区权利，这是菲律宾南海政策调整的原因。④

杜特尔特对华和对美政策研究的现有文献，主要关注点是杜特尔特上台之初，提出的"独立自主"外交政策，这一政策的内容是疏远美国，接近中国。学者普遍将这一外交政策形容为"平衡外交"。但是杜特尔特的外交政策并非一成不变，随着杜特尔特在南海问题上的立场改变，菲律宾的外交政策开始了新一轮调整，本文将杜特尔特新一轮的外交政策调整称为"再平衡"。

二、杜特尔特执政初期菲律宾的"平衡外交"

中国是菲律宾最重要的商业伙伴，对未来菲律宾的经济发展有着举足轻重的影响，但是两国在南海地区的不同立场限制了两国在其他领域的合作。美国作为菲律宾当前唯一的军事盟友，是菲律宾最重要的军事伙伴，两国的主要挑战是美国对于菲律宾人权问题的批评。在杜特尔特就任总统之前，菲律宾外交在阿基诺三世的领导下总体呈现出"亲美疏中"的布局，中菲双边关系的恶化由于2016年菲律宾政府主导的"南海仲裁案"达到了顶点。杜特尔特

---

① 马博：《杜特尔特"疏美亲中"政策评析：国家利益与个人偏好》，《国际论坛》，2017年第4期，第31—37页。
② 周永生：《杜特尔特的亚太战略与纵横之术》，《人民论坛》，2017年第1期，第38—45页。
③ 任远喆：《杜特尔特时期美菲防务合作的调整及其局限》，《国际问题研究》，2020年第1期，第121—135页。
④ 聂文娟：《菲律宾南海政策的调整：利益认知结构的转变》，《南洋问题研究》，2017年第2期，第1—11页。

上台后,出于国家经济政治等方面的种种考量,调整了菲律宾的外交政策。

(一)"平衡外交"举措

杜特尔特在上任之后迅速对阿基诺留下的"亲美疏中"外交局面进行了调整。2016年9月,杜特尔特首次在国际舞台上发言,他提出了菲律宾政府将奉行"独立自主"的外交政策,菲律宾将在外交中坚持主权平等,不干涉和和平解决争端的原则。① 此后,"独立自主"外交政策的内涵不断丰富和具体。杜特尔特将这一外交政策形容为:"和所有人交朋友,不和任何国家成为敌人。"菲律宾外交部明确了这一政策的三个目标:维护和加强国家安全,保护权利和促进菲律宾海外工人的福利,促进和实现经济安全。② 菲律宾几名参议员在一份联合声明中对总统的外交政策评价道:"我们一致认为,菲律宾需要一项独立的外交政策,该政策应保护菲律宾人民的利益,这并不是支持中国或是支持美国,而是支持菲律宾的利益。"③2017年4月,菲律宾驻华大使将"独立自主"外交政策的内容总结为三点:第一,在保持菲美同盟的同时,减少对华盛顿的依赖;第二,改善同中国关系;第三,加强同日本、俄罗斯和印度等非传统伙伴国家的关系。④ 根据对菲律宾外交动态的观察,"独立自主"外交政策主要表现为菲律宾对中国和美国关系的调整。

一方面,菲律宾改善同中国的关系。杜特尔特上台之后,一直在南海问题上保持模糊化的立场。2019年6月,中国和菲律宾在南海部分海域发生了撞船事件,事件发生后,西方媒体大做文章,严厉批评中国,指责中国在南中国海

---

① Katerina Francisco, "Duterte: PH to pursue independent foreign policy", *Rappler*, Sep. 10, 2016, https://www. rappler. com/nation/duterte-philippines-independent-foreign-policy.

② Bernadette E. Tamayo, "Duterte's independent foreign policy, an advantage for all Filipinos", *Manila Times*, Feb. 27, 2021, https://www. manilatimes. net/2021/02/27/supplements/dutertes-independent-foreign-policy-an-advantage-for-all-filipinos/845771/.

③ Bernadette E. Tamayo, "Duterte's independent foreign policy, an advantage for all Filipinos", *Manila Times*, Feb. 27, 2021, https://www. manilatimes. net/2021/02/27/supplements/dutertes-independent-foreign-policy-an-advantage-for-all-filipinos/845771/.

④ Mico A. Galang, "US, China and Duterte's Independent Foreign Policy", *Diplomat*, April. 6, 2017, https://the diplomat. com/2017/04/us-china-and-dutertes-independent-foreign-policy/+&cd=7&hl=en&ct=clnk&gl=de.

的"霸权"行为,菲律宾媒体也对中国表示批评,但杜特尔特在这一事件上的表态十分克制,在随后召开的第 34 届东盟峰会上,杜特尔特将撞船事件形容为"海上事故"(maritime incident),①这反映了杜特尔特希望避免同中国在南海事务上发生摩擦的姿态。杜特尔特的这一举措遭到了国内反对派的批评和相当一部分民众的质疑。② 中菲两国在外交上的主要问题是南海问题,杜特尔特在上台后暂时搁置了这一问题,并且表现出改善对华关系的意愿。杜特尔特上任之初,将首次出访目的地放在中国就是一个标志③。

平衡外交的另一个方面是对美关系的调整。长期以来,美菲外交关系较为紧密,主要原因有三点:第一是历史因素。1946 年菲律宾独立之后,美国一直是菲律宾最重要的外交伙伴。这种紧密的双边关系有着历史原因。美国在 1898 年击败西班牙,成了菲律宾新的殖民者,在数十年的殖民统治中,美国殖民者重塑了菲律宾的政治体制和社会文化,因此今天的菲律宾社会在文化、政治以及思维模式和价值观等方面都有着深刻的美国烙印。第二是军事因素。菲美之间紧密的双边关系最主要的原因是国际政治格局影响。两国在 1951 年签订《菲美共同防御条约》,确立两国安全合作的基础。1955 年,菲律宾和泰国加入美国主导的东南亚条约组织,以防止共产主义在这一地区的"扩张",菲律宾成了美国在东南亚地区对抗社会主义阵营的前哨基地之一。冷战后,美国从菲律宾撤出了军队。1998 年,两国签订《访问部队协议》(VFA),双方军事合作再次升温。随着中国不断在南海巩固主权,美国开始将保障菲律宾等南海声索国的"主权诉求"作为保证美国在亚太地区领导力的关键④。第三是

---

① Manuel Cayon, "Duterte Presses ASEAN, China on Maritime Code of Conduct", *Business Mirror*, June. 25, 2019, https://businessmirror.com.ph/2019/06/25/duterte-presses-asean-china-on-maritime-code-of-conduct/.

② Richard Heydarian, "Defiant Rodrigo Duterte shrugs off Reed Bank incident to defend his China policy in speech", *South China Morning Post*, July 27, 2019, https://www.scmp.com/news/china/diplomacy/article/3020140/defiant-rodrigo-duterte-shrugs-reed-bank-incident-defend-his.

③ 李德意:《菲媒:杜特尔特受访中国 关注重建两国友好》,环球网,2016 年 10 月 18 日,https://world.huanqiu.com/article/9CaKrnJY8uU.

④ Patrick M. Cronin, Peter A. Dutton, etc., *Cooperation from Strength: The United States, China and the South China Sea* (Washngton. D. C., Center for a New American Security, 2012), pp. 69 - 75.

经济和社会因素。截至 2019 年,美国是菲律宾第三大贸易伙伴和最大的出口市场①,经贸关系较为密切。两国民间也有着很深的渊源,在美国有超过 400 万名菲律宾血统的美国公民,在菲律宾有超过 35 万名美国公民,其中包括许多美国退伍军人。每年有 65 万美国公民访问菲律宾。② 此外,菲律宾是美国在亚洲地区最大的援助接受国,2019 年,美国对菲律宾的援助金额超过 4.28 亿美元。③

杜特尔特上台之后,菲美关系总体"降温"。首先,杜特尔特上任以来五次访问中国,而没有访问美国。其次,双方军事合作也停步不前。2020 年 2 月,美国以违反人权为由,废除菲律宾访美官员的签证的行为激怒了杜特尔特,杜特尔特下令终止《访问部队协议》,此举被认为是菲律宾外交向中国和俄罗斯方向偏移的表现。④ 最后,菲律宾寻求同其他国家的军事合作以减少对美国军事支持的依赖。

(二)菲律宾外交战略调整的动机

杜特尔特上任之初,菲律宾在中美间开展平衡外交的原因有四点。

第一,南海问题难以解决。无论菲律宾在南海问题上作何表态,都无法阻止中国在南海地区的前进脚步,过于强硬的态度只会使中菲关系恶化。尽管在竞选时曾经许下亲自将"国旗"插在南海岛礁上的豪语,但是实际上杜特尔特深知菲律宾没有同中国开战的能力,而事实证明菲律宾在南海上阻止中国的目标,缺乏政策选项。杜特尔特同中国的接近尽管无法在南海问题上取得

---

① Philippines Statistics Authority, "2019 Foreign Trade Statistics of the Philippines", https://psa. gov. ph/sites/default/files/2019%20Foreign%20Trade%20Statistics%20of%20the%20Philippines%20Publication. pdf, p. 4.

② US Department of State, "U. S. Relations with the Philippines", https://www. state. gov/u-s-relations-with-the-philippines/#:~:text = The%20United%20States%20and%20the%20Philippines%20have%20a%20strong%20trade, and%20services%20traded%20(2086). &text = The%20two%20countries%20have%20a,1989%2C%20and%20a%20tax%20treaty.

③ US AID, https://explorer. usaid. gov/cd/PHL? measure=Obligations&fiscal_year=2019.

④ Nick Aspinwall, "Duterte Terminates U. S. Defense Pact, Pleasing Trump but Few Others", *Foreign Policy*, Feb 14, 2020, https://foreignpolicy. com/2020/02/14/vfa-philippines-china-duterte-terminates-us-defense-pact-trump/.

进展,但是带来了南海地区的和平。

第二,经济发展需求。2016 年,中国超过日本成为菲律宾最大的贸易伙伴国。① 2019 年,中国与菲律宾双边贸易额达到 353 亿美元,是菲律宾最大的商品进口国和第三大出口目的地。② 在杜特尔特上台之后,中菲双边经贸关系迎来了显著发展。双边贸易额从 2015 年 176.46 亿美元③增长到了 2019 年的 353 亿美元,增长超过了一倍。菲律宾的国际贸易对中国有着很深的依赖性,中国"一带一路"倡议中的基础设施投资也与菲律宾的"建设,建设,建设"(BUILD,BUILD,BUILD)政策不谋而合。菲律宾需要改善同中国的关系,避免同中国发生贸易摩擦,以此获得来自中国的投资。得益于中菲关系的改善,中国对菲律宾直接投资从 2015 年的 57 万美元增长到 2018 年的 2 亿美元。截至 2018 年,两国已经签订了 240 亿美元的经济协议,这些资金也为菲律宾带来了大量的就业。④

第三,保持外交灵活性。保持同中美两个超级大国的良好关系是菲律宾发展的重要保障。同中美相比,菲律宾国家实力十分有限,必须平衡好同两国关系,避免丧失外交上的灵活性。这种外交上的灵活性也体现在同其他国家的双边关系上,例如,试图拉近同日本的关系,在保证菲律宾安全问题上,使日本发展成为美国的补充力量。⑤ 此外,中国和俄罗斯也开始向菲律宾提供军事援助。⑥

---

① 《中国稳居菲律宾最大贸易伙伴》,中国政府网,2018 年 2 月 22 日,http://www.gov.cn/xinwen/2018-02/22/content_5267932.htm.

② Philippines Statistics Authority, "2019 Foreign Trade Statistics of the Philippines", https://psa.gov.ph/sites/default/files/2019% 20Foreign% 20Trade% 20Statistics% 20of% 20the% 20Philippines%20Publication.pdf, 2020 – 12 – 03, p.13.

③ Philippines Statistics Authority, "Foreign Trade Statistics of the Philippines: 2015", https://psa.gov.ph/content/foreign-trade-statistics-philippines2015#:~:text=People's%20Republic%20of% 20China%20was,percent%20of%20the%20total%20trade.

④ Julio Amador and Deryk Baladjay, "The New Normal of President Duterte's 'Independent' Foreign Policy", *Asia Pacific Bulletin*, No.540, Dec.2020, pp.1 – 2.

⑤ Hendler, "Duterte's Pivot to China, and Prospects for Settling the South China Sea Disputes", *Contexto Internacional*, vol.40(2), May/Aug 2018, p.326.

⑥ Aaron Jed Rabena, "Duterte's China Policy: Beyond law", https://www.lowyinstitute.org/the-interpreter/duterte-china-policy-beyond-law.

第四,个人因素。杜特尔特本人对美国在菲律宾事务中的过度参与感到不满。在杜特尔特上台之初,时任美国总统奥巴马一直对杜特尔特执政中损害人权的行为进行批评,这使杜特尔特感到不满。此外,这也可能与其本人的成长经历有关,他在棉兰老岛地区的政治家家庭中长大,曾经目睹了美军在这一地区的暴力行为,这激起了他的民族主义情感。[1]

三、菲律宾在中美间的外交"再平衡"

杜特尔特在其任内实行的"独立自主"外交政策实际上使菲律宾同美国关系疏远,而同中国关系接近,这种调整可以被看作杜特尔特外交战略在中美两个超级大国之间的平衡。中间国家在两个超级大国之间保持平衡战略实际上有很多先例,比如冷战时期的埃及和印度等国都曾在美苏两大阵营之间寻找平衡;社会主义阵营内部分裂之后,朝鲜和越南等国家也试图在中苏两个大国之间寻求平衡,等等。但是由于类似菲律宾的中间国家都处在一种不断变化的国际环境中,因此平衡是一个过程而非一种状态,需要不断进行调整。当中间国家过于朝向两个大国中的一方时,往往会产生一些无法使国家利益最大化的情况,此时就需要在外交政策上进行分方向的调整,也就是"再平衡"。

(一)菲律宾外交的"再平衡"

此次菲律宾外交"再平衡"开始的标志是 2020 年 9 月 23 日杜特尔特在第 75 届联合国大会上在南海问题立场的转变,他声称:"菲律宾将坚持 2016 年'南海仲裁案'结果,这一结果已经成为国际法的一部分,不容'妥协',菲律宾将坚决反对任何暗中破坏这一'仲裁'结果的企图。"[2] 与此同时,杜特尔特也有

---

[1] Hendler, "Duterte's Pivot to China, and Prospects for Settling the South China Sea Disputes", *Contexto Internacional*, vol. 40(2), May/Aug. 2018, p. 326.

[2] Duterte, "FULL TEXT: President Duterte addresses the 75th UN General Assembly", *Philippine Star*, Sep. 23, 2020, https://www.philstar.com/headlines/2020/09/23/2044544/full-text-president-duterte-addresses-75th-un-general-assembly.

意缓和同美国的关系。首先,杜特尔特政府开始重申菲美同盟的重要性。2020年9月19日《菲律宾星报》的评论文章对这一转变做出了解释,杜特尔特在上台之后试图通过在军事上疏远美国而接近中国,来减缓中国在南中国海上的前进脚步,有学者认为这一举措以失败告终,中国在此期间不断继续在南海的前进。① 其次,菲律宾在美国指责的"人权问题"上态度软化。虽然特朗普政府相比奥巴马政府在人权问题上的态度较为缓和,但是美国政界仍存在着对杜特尔特政府人权方面的批评。2020年9月24日,美国议会提出一项针对菲律宾人权问题的议案,议案中提出因为菲律宾《反恐法》对人权的损害,美国应该考虑中止对菲律宾的军事援助。② 在这方面,杜特尔特前后表态大不相同。此前杜特尔特从不讳言自己在毒品战争中的铁腕政策,他曾经表示将会给射杀毒贩的民众颁发奖章。③ 如今杜特尔特公开否认了自己在进行"毒品战争"和打击恐怖主义的过程中使用武力或是参与任何命案。④ 此举显示出杜特尔特在人权问题上态度的转变,这种转变也体现了杜特尔特迫于压力寻求同美国改善关系的意愿。第三,在两国军事合作上态度的缓和。2020年11月11日,杜特尔特下令,将暂停终止菲美《访问部队协议》的命令再一次延长。⑤ 此协议对美国来说最重要的意义是美国军队可以更加自由地在菲律宾领土行

---

① Renato Cruz De Castro, "Commentary: Duterte admin (finally) acknowledges value of Philippine-US alliance", *Philippine Star*, Sep. 19, 2020, https://www.philstar.com/other-sections/news-feature/2020/09/19/2043638/commentary-duterte-admin-finally-acknowledges-value-philippine-us-alliance.

② Gaea Katreena Cabico, "US bill seeks to cut security aid to Philippines due to Duterte's anti-terror law", *Philippine Star*, Sep. 24, 2020, https://www.philstar.com/headlines/2020/09/24/2044793/us-bill-seeks-cut-security-aid-philippines-due-dutertes-anti-terror-law.

③ Elahe Izadi, "'Shoot him and I'll give you a medal'-New Philippine president urges Public to kill drug lords", *The Washington Post*, June. 7, 2016, https://www.washingtonpost.com/news/worldviews/wp/2016/06/06/shoot-him-and-ill-give-you-a-medal-new-philippine-president-urges-public-to-kill-drug-lords/.

④ Christina Mendez, "I've never killed anyone-Duterte", *Philippine Star*, Oct. 7, 2020, https://www.philstar.com/headlines/2020/10/07/2047747/ive-never-killed-anyone-duterte.

⑤ Patricia Lourdes Viray, "Duterte extends suspension of VFA termination," *Philippine Star*, Nov. 11, 2020, https://www.philstar.com/headlines/2020/11/11/2056178/duterte-extends-suspension-vfa-termination.

动,这其中也包括了菲律宾声称的"西菲律宾海"地区。协议实际上是对《菲美共同防御条约》的补充和落实,终止协议将使《菲美共同防御条约》面临空心化的风险。①

美国也对菲律宾作出了回应,2020年9月15日,美国能源部表示将寻求在"不受争议的西菲律宾海"上参与石油勘探投标。② 所谓"不受争议的西菲律宾海"实际上位于中国南海九段线内,美国再次参与除了出于能源需求外,更重要的是地缘政治考量。一旦美国势力渗透到此处海域,中国在南中国海的维权行动将因为要避免与美国冲突而受阻。除了能源领域外,美国还在军事上有所行动。2020年11月23日,美国国家安全事务助理奥布莱恩访问菲律宾,主要成果包括:(1)向菲律宾带来了价值1800万美元的武器,这些武器将帮助菲律宾用于国内反恐行动。(2)向菲律宾重申美国在南海地区对菲律宾的保护义务。(3)呼吁菲律宾继续延长暂停终止《访问部队协议》的决定。③

此次外交"再平衡"最显著的特点是政策调整幅度有限。尽管杜特尔特在南海问题发布了强硬的声明并且试图拉近同美国的双边关系,但在对华态度上仍保持积极态度,他在联合国大会上表达了强硬的南海立场,不过并未在同中国的交往中强调这一立场,杜特尔特希望在南海推动《南海行为准则》,避免可能的军事冲突。④ 另一个表现是他的对华政策并未对美国亦步亦趋,菲律宾明确表示了不会追随美国的步伐,对美国列入"黑名单"的中国企业实施制裁。⑤ 在2020年举办的第十七届中国—东盟博览会(CAEXPO)和中国—东盟商业与投资峰会(CABIS)开幕式上,杜特尔特向中国示好,肯定了中国将是

---

① 刘琳:《菲律宾缘何暂停终止〈访问部队协议〉》,《世界知识》2020年第13期,第30—31页。
② Maria Romero, "DoE accepting oil exploration bids", *Tribune*, Sep. 15, 2020, https://tribune.net.ph/index.php/2020/09/15/doe-accepting-oil-exploration-bids/.
③ Pia Lee Brago, "US security adviser, Locsin meet today", *Philippine Star*, Nov. 23, 2020, https://www.philstar.com/headlines/2020/11/23/2058794/us-security-adviser-locsin-meet-today.
④ Gabbie Parlade, "Maritime Balance with US, China eyes", *Tribune*, Nov. 13, 2020, https://tribune.net.ph/index.php/2020/11/13/maritime-balance-with-u-s-china-eyed/.
⑤ Ellson Quismorio, "PH not bound to follow US blacklisting of China firm-Medialdea", *Manila Bulletin*, Sep. 14, 2020, https://mb.com.ph/2020/09/14/ph-not-bound-to-follow-us-blacklisting-of-china-firm-medialdea/.

菲律宾乃至东盟的重要伙伴,中国的投资对菲律宾具有重要意义。①

进入2021年,中菲关系迎来了新的挑战。1月22日,中国全国人民代表大会通过了《中华人民共和国海警法》(以下称海警法),法案的第三章对中国海岸警卫队的保卫海上安全职责进行了具体说明②,海警法的推出以法律形式明确了海岸警卫队的工作职责和执法权限,这有利于海岸警卫队更好地维护国家的领土主权。③ 海警法的推出也引起了国际社会的关注。④ 国际关注的焦点主要围绕在法案授权中国海岸警卫队在维护领土安全的过程中使用武力。在国际实践中,海岸警卫队作为国家的海上执法力量,拥有使用武力的权力早有先例,如美国、越南和马来西亚等国的海警法也有授权海岸警卫队使用武力的规定。⑤

当前菲律宾国内政界和民间团体对中国海警法的态度以怀疑、恐惧甚至敌视为主。参议员潘吉利南(Panjilinan)在1月24日表示,菲律宾不应该被中国海警法吓倒,因为印尼和越南都没有被吓倒,菲律宾和它们一样"勇敢"。⑥ 外交部部长洛克辛(Locsin)对海警法的看法则经过了转变,1月25日,他表示

---

① Argyll Cyrus Geducos, "Duterte Thanks China for PH Investments", *Manila Bulletin*, Nov 28, 2020, https://mb.com.ph/2020/11/28/duterte-thanks-china-for-ph-investments/.

② 《中华人民共和国海警法》,人民网,2021年2月2日,http://legal.people.com.cn/n1/2021/0202/c42510-32019526.html.

③ 王宁:《关于中华人民共和国海警法(草案)的说明》,全国人民代表大会网站,2020年10月13日,http://www.npc.gov.cn/npc/c30834/202101/e496ce89079c4565aefceeca6ef8b97c.shtml.

④ Reuters Staff, "U.S. concerned China's new coast guard law could escalate maritime disputes," *Reuters*, Feb. 20, 2021, https://www.reuters.com/article/us-usa-china-coastguard-idUSKBN2AJ2GN. Eric Johnson, "As China authorizes use of force by coast guard, Japan considers response," *The Japan Times*, Feb. 10, 2021, https://www.japantimes.co.jp/news/2021/02/10/national/china-coast-guard-law-japan/.

⑤ 闫岩:《抹黑中国海警法无益海上安全合作》,中国南海研究院,2021年2月10日,http://www.nanhai.org.cn/info-detail/26/10515.html,2021-02-23.

⑥ Pangilinan, "Philippines shouldn't be intimidated by Chinese law letting its coast guard fire on foreign ships", *Philippine Star*, Jan. 24, 2021, https://www.philstar.com/headlines/2021/01/24/2072725/philippines-shouldnt-be-intimidated-over-chinese-law-letting-coast-guard-fire-foreign-ships-pangilinan.

中国制定的法律与菲律宾无关,因为这是中国的内政。① 27 日,他则表示,经过深思,他决定代表菲律宾就中国海警法向中国提出"抗议",尽管制定法律是中国内政,但是海警法实际上规定了中国在开放的南海地区的"特权",对任何违反这一法律的国家都是一种口头威胁。② 菲律宾前外交部部长罗萨里奥(Rosario)则在 1 月 25 日呼吁菲律宾加强国防建设并且发展同盟国关系以应对中国海警法。③ 前法官卡尔皮奥(Carpio)表示海警法实际上"杀死了"多年来中国与东南亚国家共同商议《南海行为准则》(COC),中国在磋商期间实际不断在南海修建人工岛,只有当中国完成在南海的建设时,中国才会签署《南海行为准则》。④ 参议员托伦蒂诺(Tolentino)和戈登(Godern)也认为海警法将是对菲律宾的安全威胁。⑤ 军队方面,菲律宾国防部长洛伦扎纳(Lorenzana)和菲律宾国家安全部队首长索贝加纳(Sobejana)都对海警法表示关注,认为海警法可能会引起地区的武装冲突。⑥ 2 月 22 日,菲律宾渔民团体向联合国呼吁宣布中国海警法无效,这一团体还呼吁国际社会"谴责"中国在南海的"军事化和侵略"。⑦

---

① Roy Mabasa, "Not our business to criticize China's laws – Locsin," *Manila Bulletin*, Jan. 25, 2021, https://mb.com.ph/2021/01/25/not-our-business-to-criticize-chinas-laws-locsin/.

② Patricia Lourdes Viray, "Philippines protests new China coast guard law", *Philippine Star*, Jan. 27, 2021, https://www.philstar.com/headlines/2021/01/27/2073472/philippines-protests-new-china-coast-guard-law.

③ Roy Mabasa, "Let's build credible defense posture — Del Rosario", *Manilla Bulletin*, Jan. 25, 2021, https://mb.com.ph/2021/01/25/lets-build-credible-defense-posture-del-rosario/.

④ Pia Ranada, "Sea code of conduct 'dead' because of China Coast Guard Law-Carpio", *Rappler*, Jan. 29, 2021, https://www.rappler.com/nation/antonio-carpio-says-sea-code-of-conduct-dead-because-china-coast-guard-law.

⑤ Vanne Elaine Terrazola, "Senators bothered by new Chinese law strengthen their Coast Guard", *Manila Bulletin*, Jan. 26, 2021, https://mb.com.ph/2021/01/26/senators-bothered-by-new-chinese-law-strengthening-their-coast-guard/.

⑥ Michael Punongbayan, "AFP chief 'alarmed' at new China coast guard law", *Philippine Star*, Feb. 10, 2021, https://www.philstar.com/headlines/2021/02/10/2076664/afp-chief-alarmed-new-china-coast-guard-law.

⑦ Jhon Aldin Casinas, "Declare China's Coast Guard Law 'null, void'—fishers'group urges UN", *Manila Bulletin*, Feb. 22, 2021, https://mb.com.ph/2021/02/22/declare-chinas-coast-guard-law-null-void-fishers-group-urges-un/.

与之相对的是总统较为温和的态度,总统发言人罗克(Roque)28日表示,杜特尔特总统将保护南海上的所有菲律宾渔民。① 2月1日,罗克表示总统将会观察中国在海警法生效后的动作再决定如何应对,中国海警法并不意味着《南海行为准则》的"死亡"。② 2月12日,杜特尔特表示,他无法对中国展现出勇敢的姿态,因为那样将会给菲律宾带来无法承受的负担。他还重申了不会同中国或是美国结盟的立场。③ 尽管政界和民间都对海警法反应强烈,但杜特尔特在这一问题上的态度十分克制,并没有给海警法下定义,这体现出杜特尔特的再平衡政策并不意味着其对华态度发生根本改变。

除了对海警法较为温和的态度之外,杜特尔特重视同中国的疫苗合作。2020年10月,杜特尔特表达了对采购中国疫苗的兴趣。④ 2021年1月10日,菲律宾正式与中国签订共计2500万剂疫苗的采购协议。⑤ 在同中国签订疫苗采购协议之后,由于中国疫苗在巴西的临床有效性较低,以参议员潘吉利南为代表的部分政客对政府同中国的疫苗采购协议进行批评。对此杜特尔特力挺中国疫苗,表示相信中国疫苗同欧美生产的疫苗一样好。⑥ 除了与中国达成疫

---

① Azer Parrocha, "Duterte to protect Pinoy fishermen in WPS", *Philippine News Agency*, Jan. 28, 2021, https://www.pna.gov.ph/articles/1128820.

② Argyll Cyrus Geducos, "Malacanang takes wait-and-see tack on China's new Coast Guard law", *Manila Bullitin*, Feb. 1, 2021, https://mb.com.ph/2021/02/01/malacanang-takes-wait-and-see-tack-on-chinas-new-coast-guard-law/.

③ Mara Cepedam, "Duterte says he 'cannot afford to be brave in the mouth against China'", *Rappler*, Feb. 12, 2021https://www.rappler.com/nation/duterte-cannot-afford-be-brave-in-mouth-against-china.

④ Neil Jerome Morales, "Philippines' Duterte wants government-to-government deal for Covid-19 vaccines", *Reuters*, Oct. 27, 2020, https://www.scmp.com/news/asia/southeast-asia/article/3107198/duterte-wants-deal-chinese-government-provide-covid-19.

⑤ Pia Ranada, "Philippines signs deal with Sinovac for 25 million doses of COVID-19 vaccine", *Rappler*, Jan. 13, 2021, https://www.rappler.com/nation/philippines-signs-deal-sinovac-25-million-doses-covid-19-vaccine.

⑥ Reuters Staff, "Philippines' Duterte defends purchase of Chinese COVID-19 vaccine", *Reuters*, Jan. 14, 2021, https://www.reuters.com/article/health-coronavirus-philippines-vaccine/philippines-duterte-defends-purchase-of-chinese-covid-19-vaccine-idUKL4N2JO38S.

苗采购协议之外，中国还向菲律宾无偿捐赠了60万剂疫苗。① 参议员洪提罗斯（Hontiveros）质疑中国向菲律宾捐赠疫苗与菲律宾政府在南海上的让步相挂钩，对此总统发言人罗克在2021年2月11日表示，中国疫苗捐赠与南海问题无关。② 杜特尔特的疫苗政策从另一个角度表明了此次外交再平衡政策对中菲关系影响有限。

与此同时，菲律宾对美关系的缓和也不意味着杜特尔特对美态度的根本改变。他利用美国在菲律宾的战略利益诉求，在保障菲律宾安全的基础上，试图将菲律宾的利益最大化。尽管菲律宾两次延长暂停终止《访问部队协议》的期限，但是杜特尔特仍将关于《访问部队协议》的谈判视为获取利益的筹码。2020年12月26日，杜特尔特将延长《访问部队协议》同美国向菲律宾提供疫苗相挂钩。他表示，如果美国不向菲律宾提供新冠疫苗，就将美国的部队赶走。③ 2021年2月12日，杜特尔特重申了他将《访问部队协议》作为谈判筹码的立场，他指出，如果美国想继续保持同菲律宾长达20年之久的《访问部队协议》，那么美国必须支付费用。④

（二）菲律宾外交"再平衡"的主要原因

第一，菲律宾初期外交平衡政策使其过度倒向中国。中菲两国在南中国海地区存在结构性矛盾，同时菲律宾从中国获得的经济利益未达预期。两国在南中国海地区长期以来一直存在着争议，争议的本质是20世纪70年代以后菲律宾非法侵占中国南沙群岛部分岛礁所产生的领土争议，中国已经明确

---

① Reuters Staff, "Philippines to get China-donated vaccines this month for troops, medical staff", *Reuters*, Feb. 11, 2021, https://www.reuters.com/article/us-health-coronavirus-philippines-idUSKBN2AB0IT.

② Bella Perez-Rubio, "Palace: China's vaccine donation to military has no bearing on West Philippine Sea issue", *Philippine Star*, Feb. 11, 2021, https://www.philstar.com/headlines/2021/02/11/2077025/palace-chinas-vaccine-donation-military-has-no-bearing-west-philippine-sea-issue.

③ Lian Buan, "Duterte dangles VFA for US-made vaccine: 'No vaccine, get out'", *Rappler*, Dec. 26, 2020, https://www.rappler.com/nation/duterte-dangles-vfa-us-made-vaccine-december-2020.

④ Reuters Staff, "Philippines' Duterte tells U.S. 'you have to pay' if it wants to keep troop deal", *Reuters*, Feb. 12, 2021, https://www.reuters.com/article/us-philippines-usa-defence-idUSKBN2AC1K2.

领土主权是国家的核心利益。① 这种结构性矛盾使得双方在涉及领土、领海主权问题上都不具有转圜的余地。随着中国近年来在南海地区不断加强的维权行动,菲律宾媒体将中国在南海地区的存在视作对菲律宾利益的破坏和对菲律宾安全的威胁。《菲律宾星报》2020 年 9 月 27 日的评论文章对此表达了悲观态度,认为对于菲律宾人来说,此生不可能见到南中国海问题的解决。同时文中值得关注的一点是,在肯定杜特尔特于联合国大会上关于南中国海问题的立场之后,文章指出杜特尔特在与习近平会谈时不会保持同样的立场,杜特尔特声称如果保持同样的立场可能会遭受中国的武力威胁。② 美国战略与国际研究中心(CSIS)高级研究员波林(Poling)认为,过去 4 年,中国在菲律宾仅仅启动了 2 个此前承诺的项目,杜特尔特不断对北京的低声下气而饱受批评却一无所获。③ 总而言之,杜特尔特此前同中国关系改善的前提是在南海问题上较为温和的立场,持这种立场的原因一方面是杜特尔特希望换取中国的经济利益,另一方面是杜特尔特认识到菲律宾无力在南海同中国对抗。但是随着国内的反对派和民族主义者不断对杜特尔特的这一立场进行批评,以及来自中国的经济收益似乎未达预期,杜特尔特迫于压力对中菲关系进行调整。

第二,菲律宾在军事上高度依赖美国。尽管杜特尔特在上台之初的外交"平衡"试图同美国之间保持距离,但这种疏远很可能是暂时的,正如上文提到的,一部分菲律宾人将中国视为最大的安全威胁,随着中国在南海地区的不断发展,这种认知可能会进一步加强。而菲律宾在军事上无力与中国抗衡,实现他们所声称领土主张的唯一可能就是得到美国在南中国海地区的全力支持。杜特尔特在上任之初对南海问题上的模糊立场是一种无力在南海上同中国对抗的无奈之举。2019 年 6 月,杜特尔特对美国在南海上的行动决心提出质疑,

---

① 《中国的和平发展》白皮书,中华人民共和国外交部网站,https://www.fmprc.gov.cn/web/zyxw/t855789.shtml。

② Federico D. Pascual Jr. , "No Solution to SCS row in our Lifetime", *Philippine Star*, Sep. 27,2020, https://www.philstar.com/opinion/2020/09/27/2045330/no-solution-scs-row-our-lifetime.

③ Yen Nee Lee, "Four years on, Philippine President Duterte is still struggling to show the benefits of being Pro-China", *CNBC*, Sep. 7,2020, https://www.cnbc.com/2020/09/08/philippine-president-duterte-fails-to-produce-results-from-pro-china-stance.html.

并声称美国应该派部队到南海,一旦同中国交火,菲律宾愿意第二个宣战。①
2020年7月,杜特尔特对菲律宾同中国的主权争议表示无能为力,他说:"我们和中国都声称要拥有它(菲律宾非法侵占中国南沙群岛部分岛礁),但是,中国有枪而我们没有。"②杜特尔特的言论反映了菲律宾受到军事力量的限制,他不愿意与中国发生冲突,除非得到美国的支持。这也说明了尽管菲律宾试图在军事合作上同更多的国家开展合作,但只有美国能够给予菲律宾同中国对抗的信心。因此,菲律宾对美国军事上的依赖从根本上难以改变。这种依赖保证了菲美关系的"下限",无论杜特尔特作出何种外交姿态,短期之内,菲律宾都无法摆脱对美国的安全依赖。

第三,国内政界的态度。杜特尔特上台之后,最初实行的"疏美亲中"外交政策一直引起国内政界的讨论,主要的争议点就是杜特尔特相对温和的领土政策。舆论普遍认为杜特尔特试图使用在领土争议上较为温和的态度来换取来自中国的投资、贷款和援助等经济上的利益。但是中国近年来加快了在南海的维权力度,国内政界开始质疑杜特尔特的政策是否正在损害菲律宾的国家主权。比较有代表性的是前法官卡尔皮奥的观点,他认为杜特尔特的对华政策实际上在中国海警法推出后迎来了彻底的失败,在经济利益没有达到预期的成果下,中国在南海的"海上侵略"(Maritime Aggression)增加了一倍。③杜特尔特在2021年2月份讲话中称自己无法勇敢地面对中国,遭到了副总统罗布雷多(Robredo)的抨击,她表示这一讲话是菲律宾人的耻辱。④

第四,民间舆论的影响。对于菲律宾人来说,美国是一个可靠的国家,也

---

① "Duterte dares US: Declare a war VS China," *Philippine Star*, July. 6, 2019, https://www.philstar.com/headlines/2019/07/06/1932525/duterte-dares-us-declare-war-vs-china.

② Patrica Lourdes Viray, "'China has the arms. We do not have it,' Duterte says on West Philippine Sea", *Philippine Star*, July. 27, 2020, https://www.philstar.com/headlines/2020/07/27/2031008/china-has-arms-we-do-not-have-it-duterte-says-west-philippine-sea.

③ Pia Ranada, "Sea code of conduct 'dead' because of China Coast Guard law – Carpio", *Rappler*, Jan. 29, 2021, https://www.rappler.com/nation/antonio-carpio-says-sea-code-of-conduct-dead-because-china-coast-guard-law.

④ Raymund Antonio, "Robredo slams Duterte's defeatist view on China: 'Shameful to Filipinos'", *Manila Bulletin*, Feb 14, 2021, https://mb.com.ph/2021/02/14/robredo-slams-dutertes-defeatist-view-on-china-shameful-to-filipinos/.

是一个向往的地方。根据菲律宾民调机构亚洲脉搏（Pulse Asia）2019年的民调显示，美国是菲律宾人最信任的国家，超过84％的受访者表示信任，其次是日本。对中国表示信任的受访者仅占39％。① 公众对南海问题的看法也与总统此前的立场相左，在2020年9月之前，杜特尔特对"南海仲裁案"的结果反应冷淡，但是2018年的一项民调显示，73％的受访者希望政府能够坚持"南海仲裁案"的结果。② 对中国的不信任也体现在菲律宾的主流媒体上，当前媒体对中国的批评主要包括三个方面：首先，中国在南海地区的发展。这一方面的批评具体包括两点：中国在南海的"军事化"行动"侵占"了菲律宾的领土；中国在南海地区的建筑工程对这一海域的生态造成了不可逆的"破坏"，也影响到了菲律宾的渔业。③其次，中国势力在菲律宾国内的壮大。一方面，中国企业和中国投资大量进入菲律宾越来越多地参与到菲律宾国内的港口、机场等关键工程中，中国通信公司的信号甚至覆盖到了菲律宾的部分军事设施。④ 另一方面，中国劳工大量进入菲律宾将减少其国内的劳动岗位，加剧失业危机，⑤这种人口的大量涌入被一些人称之为"软入侵"。⑥最后，中国对菲律宾内政的"干涉"。

---

① Gaea Katreena Cabico, "US still most trusted by Filipinos, China least — poll", *Philippine Star*, Jan. 14, 2019, https://www.philstar.com/headlines/2019/01/14/1885018/us-still-most-trusted-filipinos-china-least-poll.

② Richard Javad Heydrain, "Duterte and the Philippine contested foreign policy", Asia Maritime Transparency Institute, Aug. 20, 2018, https://amti.csis.org/duterte-philippines-contested-foreign-policy/.

③ Albert Del Rosario, "Quo Vadis", *Philippine Star*, Nov. 19, 2020, https://www.philstar.com/opinion/2020/11/19/2057865/quo-vadis.

④ Jarius Bondoc, "China state units creeping into Phl armed forces bases", *Philippine Star*, Sep. 23, 2020, https://www.philstar.com/opinion/2020/09/23/2044417/china-state-units-creeping-phl-armed-forces-bases.

⑤ Mario Casayuran, "Lacson backs fellow senators who questioned influx of Chinese construction workers", *Manila Bulletin*, Oct. 15, 2020, https://mb.com.ph/2020/10/15/lacson-backs-fellow-senators-who-questioned-influx-of-chinese-construction-workers/.

⑥ Bernadette E. Tamayo, "Pangilinan pushes for inquiry in China's 'soft invasion' of PH", *The Manila Times*, Oct. 28, 2020, https://www.manilatimes.net/2020/10/28/news/latest-stories/pangilinan-pushes-for-inquiry-in-chinas-soft-invasion-of-ph/787608/.

菲律宾副总统罗布雷多认为,中国可能对 2022 年菲律宾总统大选进行干涉。①

第五,领导人因素。杜特尔特的政治作风以实用主义和果断而著称,同时他也被普遍认为是民粹主义兴起背景下上台的领导人,因为其大胆的言论以及其民粹主义基础,他也有着"菲律宾特朗普"的称号。但实际上,两者存在着根本性区别,与特朗普的商人背景不同,杜特尔特是一位真正的政客,有着丰富的执政经验,他此前担任菲律宾第三大城市达沃市的市长,在任职期间因为其设立死亡小队(Davao Death Squad)等政策饱受争议,但同时,他乐善好施,并且通过高压政策使这座原本动乱的城市趋于稳定。② 另外,杜特尔特在菲律宾国内支持率要比特朗普的国内支持率高得多,根据《马尼拉时报》2020 年 10 月份的报道,杜特尔特的国内支持率高达 90%。③ 这说明杜特尔特尽管行为举止大胆,但实际上善于赢得民心。希望保持民众对其执政的满意度可能是杜特尔特进行外交再平衡的一个重要原因。杜特尔特本身的实用主义使其在外交政策上体现了较强的灵活性。

(三)菲律宾外交"再平衡"的政策影响

通过对杜特尔特任期内,在中美之间的平衡和再平衡政策进行分析,可以发现菲律宾外交政策的调整动机主要包括:中菲两国的领土争端,对美国的安全依赖,国内的反对声音以及领导人的个人性格因素。长期来看,这些因素将会一直存在,对菲律宾与中美两国关系产生影响。

首先,菲律宾在军事上将继续同美国保持紧密合作。菲律宾外交的"再平衡"体现了美国对于菲律宾的重要性,尤其是在军事领域的重要性。中菲两国

---

① "Robredo concerned China out to meddle with Philippine .polls in 2022," *Philippine Star*, Sep. 28, 2020, https://www. philstar. com/headlines/2020/09/28/2045697/robredo-concerned-china-out-meddle-philippine-polls-2022.

② Richard C. Paddock, "Becoming Duterte: The Making of a Philippine Strongman", *The New York Times*, March. 21, 2017, https://www. nytimes. com/2017/03/21/world/asia/rodrigo-duterte-philippines-president-strongman. html.

③ Antonio Contreras, "Trump and the diehard Duterte Supporters", *The Manila Times*, Oct. 24, 2020, https://www. manilatimes. net/2020/10/24/opinion/columnists/topanalysis/trump-and-the-diehard-duterte-supporters/784975/.

在南海地区的领土争议在短时间内难以解决,菲律宾在军事上对美国的依赖将成为一种常态。由于杜特尔特对美态度发生转变,预计拜登上台不会改变双方关系改善的进程,而拜登的全球主义可能将更加重视菲律宾这一东南亚盟国。

其次,菲律宾仍将重视同中国之间的合作,但不可能成为中国的盟友。中国是菲律宾的重要贸易伙伴,中国将长期保持菲律宾最大的贸易伙伴国地位,同时在《区域全面经济伙伴关系协定》(RCEP)签署后,中国成了一个潜力巨大的出口市场。除了经贸上合作之外,菲律宾政府重视同中国开展疫苗合作,2021年1月13日,菲律宾已经与中国科兴公司签署了2500万剂新冠疫苗的采购协议。① 除了向菲律宾出售疫苗之外,中国计划向菲律宾捐助100万剂疫苗,②2021年2月28日,首批60万剂新冠疫苗到达菲律宾。③ 总统杜特尔特对此表示感谢,并计划对中国进行国事访问以向中国致谢。④ 杜特尔特本人表示出了对中国疫苗的偏好,他表示不喜欢西方生产的疫苗,将在中国国药公司疫苗到达后接种国药疫苗。⑤ 因此,双方在未来一段时间中存在着较为牢固的合作基础,但由于领土争议的存在,双方无法成为盟友。

最后,菲律宾采取在中美两国之间的"平衡外交"与其"独立自主"外交政策的内涵相符,这将成为一种常态。尽管杜特尔特在南海上的最新立场似乎将使中菲关系紧张化,但实际上"南海仲裁案"并不具备法理基础。因此,杜特尔特在

---

① Pia Ranada, "Philippines signs deal with Sinovac for 25 million doses of COVID – 19 vaccine," *Rappler*, Jan. 13, 2021, https://www.rappler.com/nation/philippines-signs-deal-sinovac-25-million-doses-covid-19-vaccine.
② Keith Calayag, "Duterte: China to Donate another 40000 vaccines to PH," *Manila Times*, March 4, 2021, https://www.manilatimes.net/2021/03/04/news/duterte-china-to-donate-another-400000-vaccines-to-ph/847383/.
③ Joyce Ann L. Rocamora, "China-Donated Sinovac Vaccines arrive in Philippine," *Philippine News Agency*, Feb. 28, 2021, https://www.pna.gov.ph/articles/1132107.
④ Azer Parrocha, "Duterte to visit China to Thank Xi for vax donation," *Philippine News Agency*, Feb. 28,2021,https://www.pna.gov.ph/articles/1132108.
⑤ Argyll Cyrus Geducos, "Duterte calls doctors 'discriminating' vs Chinese vaccine; respects their preference to western brands," *Manila Bulltin*, March 4, 2021, https://mb.com.ph/2021/03/04/duterte-calls-doctors-discriminating-vs-chinese-vaccine-respects-their-preference-to-western-brands/.

南海问题上的立场改变并不意味着菲律宾南海政策将有大的调整,这可以被视作是为了平息国内的反对派声音所采取的应对措施。未来杜特尔特很可能继续保持其在外交上灵活多变的风格,以实现菲律宾利益最大化。"平衡"与"再平衡"这种外交上的动态调整将成为菲律宾外交保障自身利益最大化的常态化途径。

四、结语

总而言之,杜特尔特此轮外交"再平衡"是一次有限度的调整,是对中国和美国两国关系的动态调整而非根本性改变。菲律宾的对华关系调整表现为在南海问题上态度强硬化,但是依然保持灵活性;对美关系调整体现在加强军事联系,但是依然留有余地。未来,由于中美两国的战略博弈将长期存在,菲律宾仍将努力在中美两国之间开展平衡外交,以谋求自身经济利益和安全利益的最大化。未来可能打破平衡的主要因素在美菲两国。美国拜登政府将继续推行印太战略,更加重视在南海地区的军事存在,这将为包括菲律宾在内的东南亚地区南海主权声索国寻求美国安全保护提供便利,可能会增强个别声索国的战略信心,从而在外交上向美国倾斜,在南海问题上对中国更加强硬。对于菲律宾而言,将在 2022 年夏进行总统大选,目前来看,至少在安全议题上,杜特尔特为首的对华温和派处于少数,新任总统的对华政策仍不明朗,需要进行充分的趋势预判和政策准备。

作者简介:郭延军,外交学院亚洲研究所研究员;刘仁雪,北京大学国际关系学院博士研究生。

试论阿纳多卢通讯社的报道取向
——基于10年间(2011—2020年)该社关于叙利亚难民报道的文本分析

龚颖元

摘要：阿纳多卢通讯社是土耳其历史最悠久、规模最大的通讯社,该社以其"及时传播政府立场"的鲜明特征在土耳其主流媒体中具有代表性。本研究选取自2011年叙利亚内战爆发到2020年12月这段时期阿纳多卢通讯社关于叙利亚难民的报道为研究对象,从报道频率、报道信源、议程设置等方面分析土耳其主流舆论场在叙利亚难民问题上的态度和主张,以及该社通过报道叙利亚难民问题构建的土耳其国家形象。研究发现,这10年里,阿纳多卢通讯社对叙利亚难民问题的报道量有较明显的大小年之分,2017年和2019年是报道叙利亚难民的"大年",其他年份中的报道量偏少。此外,单一信源的报道较为多见,主要来源于土耳其本国机构和匿名信源。总体而言,阿纳多卢通讯社在塑造一个积极正面、彰显人道主义的土耳其国家形象的同时,勾勒了一批在叙利亚难民问题上不尽责、缺作为的他国形象。

关键词：土耳其　阿纳多卢通讯社　叙利亚难民　国家形象

一、研究背景

2011年初叙利亚内战爆发,同年4月,第一批叙利亚难民进入土耳其。根据土耳其难民协会的统计数据,2011年至本文写作时,土耳其的叙利亚难民人数持续快速增长。根据土耳其难民协会发布的数据,2017年10月,土耳其境内的叙利亚难民人数达320万,主要聚集在东南部的10个省份。约90%的叙利亚难民生活在难民营中,其中基利斯市的难民人数已超过该市原有的居民人数,在土耳其的叙利亚难民享有"临时保护"待遇,但难民遣返与重新安置工作困难重重。① 截止到2020年11月,土耳其的叙利亚难民人数突破363万。②

难民问题是许多国家和政府面临的最棘手的问题之一。叙利亚内战使叙利亚成为全世界最大的难民输出国,近10年里,土耳其一直成为接收叙利亚难民数最多的国家。目前国内学术界展开了一些关于土耳其境内叙利亚难民问题的讨论,主要围绕难民问题对土耳其的政治、经济、安全和社会等方面构成的挑战(尹婧、黄民兴,2018年),土耳其介入叙利亚危机的策略(李云鹏,2017年),土耳其对叙利亚难民危机的应对及其影响(崔守军、刘燕君,2016年),土耳其在叙利亚危机中的困境(李游、王乐,2017年)等话题展开了讨论。此外,也有学者把土耳其的叙利亚难民问题放在欧洲难民危机或是中东格局的视野下探讨。总体而言,目前国内对土耳其的叙利亚难民问题主要从国际政治和国家关系的角度切入,而从具体文本出发,分析土耳其政府如何利用舆论场加强政府宣传,借势塑造国家形象方面的研究较为鲜见。本研究选取土耳其最大的官方通讯社阿纳多卢通讯社(以下简称"AA")自叙利亚内战爆发至今,AA关于叙利亚难民的报道为研究对象,尝试通过分析主流舆论场打造的叙利亚难民形象,分析土耳其官方对待难民问题的立场,探究土耳其借"难民问题"之东风,塑造完美国家形象的愿景。

关于"国家形象"的定义,国内学界已有较充分的阐述。孙有中认为,国家形象是该国内部公众和外部公众对该国政治、社会、文化与地理等方面状况的认识与评价,可分为国内形象与国际形象,两者之间往往存在较大差异。国

---

① 尹婧、黄民兴:《中东变局以来土耳其境内的难民问题探析》,《阿拉伯世界研究》,2018年第1期。
② https://multeciler.org.tr/turkiyedeki-suriyeli-sayisi/获取时间:2020年12月21日。

家形象在根本上取决于国家的综合国力,但并不能简单等同于国家的实际状况,它在某种程度上是可以被塑造的。① 程曼丽认为,国家形象的建构分为"自塑"与"他塑"。"自塑"是指国家通过新闻媒体,对外呈现自身维护国家安全、促进国家发展、增强综合国力,以及提高国际竞争力、影响力的过程;"他塑"是指国际组织、新闻媒介从政治稳定、经济发展、对外政策、国家道德、文化吸引等层面对一国作出评价。② 范红认为,可以从"形象"的客观性和主观性来对国家形象进行逻辑思考。"国家形象"的客观性在于"国家"是一个实体,由千千万万的有形物质和客观存在的现象构成。而"国家形象"的主观性则体现在它是公众对一个国家的总体印象,是他们对国家举措的价值判断,常常源于大众媒体的影响,也基于公众自身的认知。因此,"国家形象"既有客观的一面,也有主观的一面。改变国家客观面貌,改善公众主观印象,是树立国家形象战略中齐头并进的两项重要工作。③ 那么,符合土耳其愿景的国家形象是怎样的?参与土耳其国家形象塑造的组织和机构主要有哪些?

笔者对比了土耳其《国家第10个五年规划2014—2018》(以下简称"十五规划")和《国家第11个五年规划2019—2023》(以下简称"十一五规划")④,与十五规划不同的是,十一五规划在"强民富国"章节专门开辟了"外来移民"小节,同时在"法治、民主和治理"章节专门分项阐述了"加强塑造土耳其国家形象"的执政理念,这一理念具体包括"国家应积极开展各类文化和外交活动,增强国家国际知名度和国际形象,同时,打造具有战略意义的国际舆论场,为有效传播土耳其在国内和国际问题上的态度和立场创造良好的舆论环境。"此外,十一五计划还明确提出了宣传土耳其国家形象的具体措施,如使用新媒体和传统媒体,加强公共外交活动,通过研讨会、论坛等形式增强土耳其在国际舆论场的话语权,加强与国际重要舆论场的合作,密切与开展土耳其国别研究

---

① 孙有中:《国家形象的内涵及其功能》,《国际论坛》,2002年第3期,第14—21页。
② 程曼丽:《论"议程设置"在国家形象塑造中的舆论导向作用》,《北京大学学报(哲学社会科学版)》,2008年第2期,第162—168页。
③ 范红:《国家形象的多维塑造与传播策略》,《清华大学学报(哲学社会科学版)》,2013年第2期,第141—152页、第161页。
④ https://www.sbb.gov.tr/kalkinma-planlari 获取时间:2020年12月22日。

的国际机构和组织的交流,加大力度资助宣传土耳其国家形象的国际组织。从总纲到细则,十一五计划充分体现了土耳其从国家层面对塑造国家形象的重视程度,在具体实施中以 AA、土耳其广播电视公司(TRT)为代表的国家级官媒成了构建国家形象的主力。

AA 成立于 1920 年 4 月,是在国父穆斯塔法·凯末尔·阿塔图尔克的倡议下创办的通讯社,是土耳其独立战争时期最重要的舆论阵地。历经一个世纪的发展,AA 已成为土耳其最大的通讯社,在全世界上百个国家和地区设有代表处和分支机构,积极开展同包括路透社、美联社、法新社、德新社、新华社等在内的多家世界级通讯社的合作关系。AA 实行企业法人制度,其独立法人的地位受土耳其宪法保护,但由于该社一半左右的股份由土耳其财政部所有,且人事权在政府之手,因此虽然该社的公司章程中以"半官方机构"示人,但是从舆论宣传的导向性来看,是完全代表土耳其官方立场和主张的国家级媒体。基于此,研究这 10 年来 AA 关于"叙利亚难民"的报道至少可以抓住"明"与"暗"两条线。明线上,AA 打造的"叙利亚难民"舆论场和营造的意见环境能较全面地反映官方舆论场在难民问题上的认知和态度,有助于我国学界更准确地理解土耳其官方在叙利亚难民问题上的态度;暗线上,通过 AA 营造的"叙利亚难民"舆论场可以窥探土耳其政府借题发挥,借势发力从而达到塑造其国家形象的路径。

二、研究设计

20 世纪 70 年代美国社会学家戈夫曼提出"框架"的概念,指出框架是一种为了组织和凸显意义而对特定时间和活动进行解读的计划方案,这一概念很快被运用到传播学领域。根据框架理论认为,任何一个新闻报道,表面是在报道一个客观事实,实则是记者、媒体和编辑都会不自觉选择的取景框。内容分析法是一种主要以各种文本为研究对象的方法,通过将非定量的文本材料转化为定量的数据,并依据这些数据对文本内容进行定性分析,进而对事实进行判断、推论。本研究使用中国传媒大学舆情大数据研究团队自主研发的数据软件,通过搜索关键词"叙利亚难民(Suriyeli mülteci, Suriyeli sığınmacı)",获取了 AA 自叙利亚内战爆发以来至 2020 年 12 月的新闻报道文本,除去重复项和不相关项等无效文本后,共获取任意部分含有关键词的有效文本 200 余条。本研究主要采用框架理论和内容分析的研究方法,从报道频率、报道信源、框架结构、文本话语等四个方面对有效文本进行定性和定量研究,并主要尝试回答了以下三方面问题:

第一,AA 对叙利亚难民的报道频率和信源呈现哪些特点?

第二,AA 对叙利亚难民的报道主要关注了哪些议题?

第三,AA 对叙利亚难民的报道构建了怎样的国家形象?

三、研究内容

(一)报道总量

从报道时间来看,AA 在叙利亚内战爆发和难民入境的首年没有相关报道,首篇关于叙利亚难民的报道大致出现在 2012 年 3 月。该报道传递了两方面信息,一是逃亡土叙边境省份哈塔伊的叙利亚难民人数在不断攀升;二是为接纳难民,土耳其政府正在积极筹建难民营。[①] 从 AA 首次报道的时间上看,该报道与叙利亚难民的入境时间之间存在较长时间差。2012 年全年关于叙利亚难民的报道只有零星几篇,大部分报道仅传递了土叙边境的难民人数迅速增加的信息。总体来看,AA 对叙利亚难民问题的反应速度是较为迟缓的,而从报道内容来看,大致分为两大类,一类报道只是在通告难民人数和描述难民营的生存环境,如较多地援引联合国难民署驻土耳其代表的言论,向国际社会传递"虽然难民人数在极速增加,但土耳其对无辜的叙利亚难民提供了力所能及的人道主义援助"的讯息。另一类报道则主要宣传以土耳其红新月会为代

---

① https://www.aa.com.tr/tr/yasam/binlerce-sivil-turkiyeye-dogru-kaciyor/377536 获取时间:2020 年 12 月 22 日。

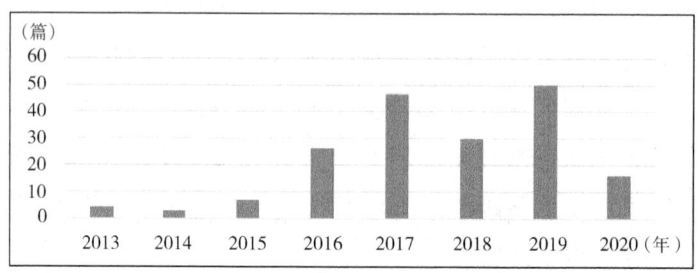

图 1　2013 年 1 月—2020 年 12 月 AA 关于叙利亚难民报道对比图

表的救助团体展开的帮扶行动。

从报道频率来看,2012—2014 年间 AA 仅以每年个位数的篇幅报道了叙利亚难民。叙利亚难民问题真正进入舆论场中心的时间大致是 2016 年末或 2017 年初,2017 年和 2019 年是叙利亚难民报道的大年。2017 年 1 月是一个较为突出的拐点。仅 2017 年 1 月,叙利亚难民的相关报道就达 6 篇,涉及的话题包括:马尔丁省某研究所①为女性难民实施的帮扶项目;15 岁的叙利亚难民在德国遇害;欧盟签署关于为叙利亚难民提供财政支持的协议②;土耳其卫生部在援助叙利亚难民方面取得的成果③;土耳其尚利乌尔法的某房东给叙利亚难民免房租;一名 2 个月大的婴儿在希腊的叙利亚难民营夭折。上述 6 篇报道中的 3 篇没有采用官媒惯用的宏大叙事,而是从小人物着手,塑造了一个为难民提供各类救助的、充满人道主义的土耳其政府形象。第二个拐点出现在 2017 年 9 月—10 月,这两个月的报道各 6 篇,共计 12 篇。涉及的话题包

---

① 报道称,该研究所是在埃尔多安的夫人埃米娜·埃尔多安的倡议下于 2011 年成立的。新闻链接:https://www.aa.com.tr/tr/yasam/el-sanatlari-suriyeli-kadinlarin-elinde-hayat-buluyor/720693 获取时间:2020 年 12 月 22 日。

② 该报道称,欧盟签署的协议规定,欧盟将为土耳其提供 2 亿欧元的难民救助款,用于学校建设、购置设备和人道援助等。新闻链接:https://www.aa.com.tr/tr/dunya/abden-turkiyedeki-suriyelilere-destek/726292 获取时间:2020 年 12 月 22 日。

③ 该报道援引土耳其卫生部部长的话,称土耳其接收了 400 万叙利亚难民,为叙利亚难民建立了卫生站,自 2015 年以来为 100 名患者提供了 2200 万次门诊服务等。新闻链接:https://www.aa.com.tr/tr/saglik/suriyeli-doktorlara-ozel-calisma-izni/735312 获取时间:2020 年 12 月 22 日。

括：黎巴嫩官方统计的难民人数(150万)与联合国难民署提供的数据(101.7万)有误差；叙利亚难民被叙利亚极端组织"伊斯兰国"当作人肉炸弹；土耳其财团举办叙利亚国别展；叙利亚难民希望德国寄养家庭把孩子送回土耳其；土耳其妇女与民主协会援助难民举措；土耳其艺术家在巴黎展会展出以叙利亚难民儿童为主题的作品；土耳其从人贩子手中解救难民；叙利亚难民画笔下的埃尔多安惟妙惟肖；在难民问题上韩国是给予土耳其最大支持的国家之一；叙利亚收藏家因内战逃往土耳其，等等。这些报道浓墨重彩地对比了叙利亚难民在土耳其和在其他国家的境遇，旨在凸显土耳其政府在难民问题上取得的成绩，丑化或贬低其他国家在处理难民问题上的形象，同时绝大部分报道通过转引联合国难民署的数据，彰显土耳其在接收叙利亚难民方面做出的重大贡献。第三个比较突出的拐点出现在2018年2月—3月，这两个月的相关报道各5篇，共计10篇。涉及的话题主要有：库尔德工人党对叙利亚平民定居点发动袭击造成难民伤亡；库尔德工人党强迫难民加入其组织；联合国难民事务高级专员对土耳其的难民援助工作表示赞赏；土耳其妇女与民主协会长期关注叙利亚妇女难民群体[①]；总统首席顾问在联合国阐述土耳其政府在难民问题上的三大政策(门户开放、临时保护、绝不遣返)；土耳其教育部和德国开发银行签署的在叙利亚难民集中区建立太阳能发电厂的协议。第四个拐点出现在2019年1月，共8篇报道，涉及的话题主要围绕在黎巴嫩的叙利亚难民的困窘生活，同时通过转引黎巴嫩某地区负责人的积极评价，彰显土耳其在叙利亚难民问题上的巨大贡献。此外，还有关于土耳其家庭、劳工和社会服务部与土耳其就业中心共同举办展会为叙利亚难民提供就业机会的报道[②]。最后一个较明显的拐点出现在2019年10月—11月，这两个月的相关报道各4篇，共计8

---

① 该报道称，叙利亚妇女难民支持土耳其的橄榄枝行动。新闻链接：https://www.aa.com.tr/tr/dunya-kadinlar-gunu/suriyeli-kadinlar-kadem-ile-hayatin-icinde/1083048 获取时间：2020年12月22日。

② 该报道称，有1.48万人从就业项目会上受益，其中一半是叙利亚难民。该项目是欧盟援助的4800万欧元资金的一部分，将在伊斯坦布尔，加济安泰普，尚利乌尔法和阿达纳四个试点省份开展30个月。新闻链接：https://www.aa.com.tr/tr/turkiye/turk-vatandaslari-ve-suriyeliler-icin-istihdam-destegi-projesi-/1377019 获取时间：2020年12月22日。

篇，主要涉及土耳其驻兵伊德利卜①；匈牙利外长表示支持"和平之泉"行动；北约秘书长为土耳其的难民救助行动点赞；荷兰首相呼吁北约盟国在难民援助和打击恐怖主义方面支持土耳其。与之前的拐点相比，这一时期的报道聚焦在国际社会对土耳其的声援方面。

2020年是叙利亚难民报道回落的一年。报道话题基本沿袭了此前的风格。如2月报道某叙利亚籍艺术家称赞土耳其给予叙利亚人民的援助；6月报道某孤儿院帮助71名叙利亚孤儿成功寻亲；11月报道布尔萨一家职业高中为叙利亚难民提供与当地学生同等的待遇。与之形成鲜明对比的是3月份的3篇报道。这3篇报道以3天连续跟进的方式，聚焦了"希腊方面对偷渡的叙利亚难民开火，造成1死5伤"的事件。2月、8月、10月均出现了黎巴嫩的叙利亚难民生存困境以及难民问题令黎巴嫩政府不堪重负的负面报道。此外，多次援引联合国难民署的报告，通过数字上的反差凸显土耳其在人道主义援助方面所做出的积极努力及取得的良好成效。如"截止到2019年6月，土耳其接纳的难民人数达390万，其中叙利亚难民占到难民总数的92%。哥伦比亚是继土耳其之后接纳难民人数第二多的国家，共接纳180万委内瑞拉人。德国排第三，共接纳150万人，其中42%是叙利亚难民。"

（二）报道信源

在本研究中凡是在报道中被引用的信息来源都被视为报道信源。理论上说，采访核心信源，并以多个信源交叉印证，是新闻报道的基本操作规范。然而在实践中，以单一信源构成的新闻报道较为多见。通过分析归类，在200余篇报道中，信源主要分为四大类。第一大类为土耳其的政府部门和协会组织提供的各类数据和实施的难民救助工程，牵涉的部门和组织主要包括内政部灾害与应急管理局，移民管理局，外交部，教育部，卫生部，家庭、劳工和社会服

---

① 该报道引用了埃尔多安的话，为了消灭边境地区恐怖主义势力，保障伊德利卜36万难民的人身安全，为难民返回故土提供保障，土耳其决定派兵叙利亚消灭边境地区的恐怖主义力量。新闻链接：https://www.aa.com.tr/tr/turkiye/cumhurbaskani-erdogan-terorle-arasina-mesafe-koyan-kesimleri-ortak-paydada-bulusmaya-davet-ediyoruz/1598903 获取时间：2020年12月22日。

务部，就业中心，红新月会，妇女与民主协会等。第二大类是消息来源无法证实的匿名信源。第三大类是各类国际组织，主要是联合国难民署、人权观察组织（HRW）的报表。第四大类是间接引用各国政要的表述。

第一类信源多见于报道土耳其关于难民问题的举措和成效，第二类匿名信源大多以"一位不愿意透露姓名的叙利亚难民""一位名叫 X 的叙利亚难民"的直接引语开场，出现在所有报道叙利亚难民在其他国家困窘生活状态的文本里。这两类信源在文本中占绝大多数。第三类信源主要是引用联合国难民署发布的难民数据，多次强调土耳其在难民问题上的重要贡献。第四类信源主要用在国际社会对土耳其难民问题的声援方面。总体而言，从各类信源比例来看，第三类和第四类信源比例远低于第一类和第二类信源。具体来说，200 余篇文本中有四分之一的文本全篇为匿名信源或无信源。此外，还有少量文本，虽然出现了多条信源，但全文除了个别明确的信源之外，支撑核心观点的信源均面目不清，难以辨别。从报道信源分布的地缘来看，大部分均来自土耳其境内的信源，以政界和民间信源为主；其他少部分信源来自英国、美国、黎巴嫩、叙利亚、约旦等国家的官员或欧盟、联合国等国际组织，具体例如：总部位于伦敦的叙利亚人权网（SNHR），美国国务院负责人口、难民和移民问题的前国务卿助理，联合国难民署，联合国难民事务高级专员，联合国儿童基金会，约旦内政部难民管理局官员，黎巴嫩前总理萨阿德·哈里里，黎巴嫩总理府新闻办公室，黎巴嫩气象总局，黎巴嫩社会事务部长，叙利亚反对派和革命力量全国联盟领导人，北约秘书长，匈牙利外长，荷兰首相等。

（三）框架构建

框架理论的框架分析方法是阐述大众传媒如何构建社会现实的一种常用理论。该理论认为，新闻报道通过对某一事件或话题事实、细节等的选择，可以凸显或模糊信息内容，从而达到形成对政府有利的舆论场的目的。叙利亚难民问题到 2020 年底已存在 10 年之久，这给土耳其社会带来的问题更是不言自明。我国国内学者关于叙利亚难民问题对土耳其的消极影响进行了较为全面的阐述。崔守军等提出，叙利亚人与土耳其本地居民间的冲突事件频发，且由于土耳其部分民众对难民心存敌意,因此针对叙利亚商铺的抢劫事件也时有发生。① 王海滨认为,难民不仅抢走了当地人的就业机会,也使得公共服务设施无法满足其日常需求。大批难民营的存在还对当地的环境造成严重的破坏。随着在土耳其境内滞留叙利亚难民的继续增多,土耳其民众与叙利亚难民的矛盾必将进一步加剧,直接影响土耳其的社会稳定。② 郑东超指出,随着难民数量进一步增多,难民与土耳其民众之间的矛盾逐渐凸显,这使土耳其国内出现民族主义和排外主义的可能性增大。③ 然而,在过去的10年间,以上述问题为代表的负面消息或情绪是如何被屏蔽在 AA 特定的报道框架之外的呢? AA 又是如何借题发挥,实现其建构土耳其人道主义地区大国形象的呢? 本研究认为,从文本特征和框架结构来看,AA 的报道主要基于以下四个框架加以呈现:

第一,高频率转引联合国难民署和土耳其难民协会的数据,塑造了一个在叙利亚难民问题上做出了巨大的人道主义援助的国家形象。同时,表达土耳其在处理难民问题上的重负,呼吁国际社会特别是欧洲国家伸出援手,共同应对。

第二,大量引用难以证实的民间信源,通过小人物描绘了叙利亚难民对土耳其美好生活画卷的赞歌,同时借难民之口表达难民群体对"幼发拉底之盾"行动、"橄榄枝"行动、"和平之泉"行动的支持,体现出其出兵的正当性。同时,采用"绿叶衬鲜花"的策略,用负面消息一方面描述叙利亚难民在德国、美国、英国、希腊、保加利亚、黎巴嫩等地的困苦和不幸,另一方面频繁报道别国出台的抵制难民政策。

第三,引用官方信源,集中报道土耳其政府机构、民间组织、艺术界等对叙利亚难民群体中的弱势人群(妇女、儿童)开展的各类援助计划(如职业培训、

---

① 崔守军、刘燕君:《土耳其对叙利亚难民危机的应对及其影响》,《西亚非洲》,2016年第6期,第73—90页。

② 王海滨:《叙利亚难民危机困扰周边各国》,《社会观察》,2015年第10期,第50—53页。

③ 郑东超:《浅析土耳其难民问题及其与欧盟的关系》,《和平与发展》,2016年第4期,第94—105页、第125—126页。

招聘会等),塑造了土耳其从总统、部长等政府官员到医生、画家、理发师等职业群体对叙利亚难民的全民动员式帮扶形象。

第四,以欧盟和美国为代表的国家或国际组织在援助资金、签证自由化、经济援助、重新安置、关税同盟等方面的承诺未能兑现为由,捏造了一批言而无信、无人道主义精神的国家形象。

在舆论场中,占统治地位的个人或组织,在舆论的话题控制、舆论方向与规模的把关以及舆论表达渠道的分配上会占据优势且拥有更大的话语权①。AA作为土耳其最大的通讯社,拥有得天独厚的新闻资源和传播渠道,在叙利亚难民的舆论场中始终占据了舆论的优势地位。从2012年首篇报道至2020年底的10年间,该通讯社始终结合政局的需要,在叙利亚难民舆论的构建、路径、进度、方向、规模等方面不断调整报道策略,不仅使政府始终处于有利的舆论环境中,而且积极塑造了一个讲感情、有实力、讲方法、有格局的地区大国形象。

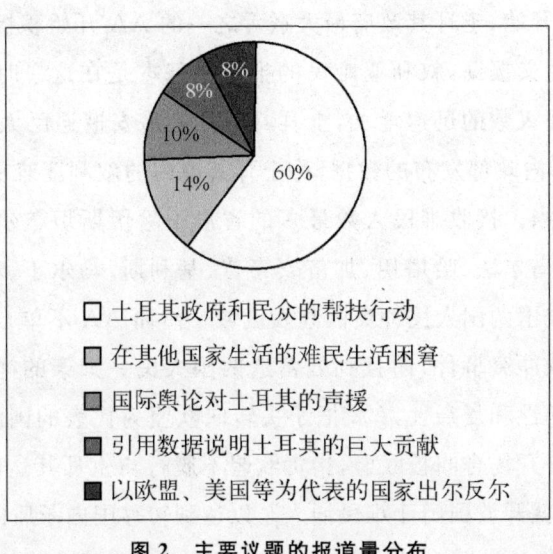

图2 主要议题的报道量分布

---

① 张涛甫:《两大舆论场:从竞争到融合》,《新闻与写作》,2019年第4期,第57—61页。

从五大议题的分布来看,60%的报道都围绕土耳其政府、行业协会和普通民众对叙利亚难民的帮扶行动展开,14%的报道则在描述在英国、德国、保加利亚、希腊、黎巴嫩、约旦等国的叙利亚难民生活在水生火热之中。10%的报道则表达了国际社会和各方力量对土耳其在叙利亚难民问题上的声援,包括匈牙利外交与对外经济部长西亚尔托、北约秘书长廷斯·斯托尔滕贝格、荷兰首相马克·吕特、叙利亚反对派和革命力量全国联盟主席、联合国难民署高级专员、欧盟高级官员等。

四、余论

在叙利亚危机向纵深发展之前,土耳其政府认为可以借难民问题提升地区影响力,扩大在中东事务中的话语权,可谓信心十足,野心勃勃。然而随着叙利亚危机越发不可收拾,土耳其政府逐渐意识到难民问题的严峻性。因此自2013年年中开始,土耳其政府最大喉舌之一的AA开始积极呼吁国际社会的介入和人道主义援助,叙利亚难民的报道也基本是在这一时期进入报道框架的。随着难民人数的迅速增加,土耳其的社会治安遭遇巨大挑战。2016年4月AA报道了内政部发布的数据,称土耳其境内的叙利亚难民人数达274.9万,男女人数相当。接收难民人数最多的省份中除伊斯坦布尔之外其余均在土叙边境(尚利乌尔法、哈塔伊、加济安泰普、基利斯、马尔丁、希纳克)。因此土叙边境地带成了两国人民冲突的高发区域。然而AA不单自动过滤了土叙边境省份的民众冲突事件,而且到处营造两国人民一家亲的祥和画面。鉴于难民问题的长期性和复杂性,AA把矛头转向欧盟为代表的国际组织,多次报道埃尔多安在公开场合叫板欧盟,指责欧盟不履行与土耳其达成的协议,并宣称"钱不到位我就开放国门让难民涌入",以达到转移国内矛盾的目的。

综上所述,AA作为土耳其的重要官方媒体,肩负了建构国家认同和塑造国家形象的双重使命。大众传媒报道的价值取向从来不是抽象、空洞的,而是具体、实在的,体现在每一个遣词造句,每一个画面取景,每一次推送的时间和频次中。本研究基于2011—2020年间AA关于叙利亚难民问题的报道监测了其在各个不同历史时期结合国家政策设置议程的过程,探析了 AA 在实现其自身定位和价值取向两相契合的过程中铺垫的明线和暗线,阐述了有别于依托互联网草根阶层的"民间舆论场"的、举一国之力打造的官方舆论场在造势方面的有利地位。然而这种以牺牲媒体公信力为代价铤而走险的单一报道取向,在私营媒体和社交媒体大行其道的土耳其能有多少人买单将是值得深入探讨的话题。

作者简介:龚颖元,博士,讲师,中国传媒大学外国语言文化学院讲师。

新时代的中国与阿富汗经贸状态及促进路径

余明辉

本文涉及范围为进入21世纪以来的中国与阿富汗经贸工作及我们对其的认识。本文分为上、中、下三篇。

2001年发生"9·11"恐怖袭击事件后,美英为主的国际部队,击垮了塔利班政权,阿富汗开始走上了以美国主导、内外部相互作用的现代化改造道路,至2021年初已步入第20个年头。本文的上、中两篇对动态中的阿富汗用粗线条描绘,大致可分为3个阶段、4个层面;然后本文的下篇是中阿经贸合作的实践与愿景。

一、上篇

(一) 第一阶段(2001年11月—2009年8月)——睁眼

2001年9月11日,美国本土遭受恐怖袭击。美国政府将矛头指向庇护"基地"组织本·拉登的阿富汗塔利班政权,在随后的军事行动中,阿富汗北方联盟配合国际部队迅速击溃塔利班,控制全境。在联合国主持下,阿富汗启动战后重建"波恩进程"。2001年12月22日,阿富汗临时政府成立,卡尔扎伊任阿富汗临时政府总统,任期6个月。

2002年6月,紧急支尔格大会选举产生阿富汗伊斯兰过渡政府,卡尔扎伊任阿富汗过渡政府总统。2004年10月9日,阿富汗顺利举行了阿历史上首次总统选举,卡尔扎伊当选首任民选总统,并于12月23日任命内阁。2006年3月,卡尔扎伊总统改组内阁。2009年8月20日,阿富汗举行2001年以来的第二次总统大选,卡尔扎伊的主要竞争对手为阿卜杜拉·阿卜杜拉。最终,卡尔扎伊再次当选为阿富汗民选总统,成功连任。

方便记述,我们把这个阶段归纳为"睁眼"阶段,其显著特征是整个阿富汗社会都在适应新的生活方式。乡村部落不知道外部的变化会给自己生活的领域带来什么样的冲击,城市居民也不知道塔利班走了社会要有怎样的改变,是军阀统治还是老国王重新执政抑或是其他?美英联军会像苏联那样治理这个国家吗?满是疑惑。

阿富汗的新政府没有十足把握恢复社会秩序,不同部门发表的公告经常相互矛盾,执行起来经常走样,整体表现为行政经验不足。军队将领充斥权力机关,归国精英满怀期待却难以适从。经贸方面呈现"低端繁荣",但市场上一改塔利班时期民生凋敝景象,每天忙碌生意的人们川流不息,中国商品在阿富汗各大城市随处可见。

这段时期,经贸窗口中阿国际商贸金桥网办事处于2002年3月从伊朗赴阿富汗开展业务,是战后最早来阿经营的中国企业,具有"样板引路"作用。阿富汗人民喜欢物美价廉的商品,而中国在这方面有无与伦比的优势。随着战后重建,中国和阿富汗经贸活动逐步恢复且进一步扩大,特别是对阿建设、机电、民品出口很有潜力。中阿双边贸易发展迅速。从2002年的2000万美元快速增长到2007年的6.11亿美元,占阿富汗国家进出口贸易总额的10%以上。

(二)第二阶段(2009年9月—2014年8月)——寻路

2009年是阿富汗总统大选年。卡尔扎伊在和主要竞争对手阿卜杜拉·阿卜杜拉的竞争中胜出,执政班底凝集力得以增强。作为社会安全控制力自信的反映,阿富汗对海外投资更加开放。同时,其税务及海关法律法规开始规范。

经过8年锤炼的卡尔扎伊政府,稳定了治理阿富汗的基本盘。虽说有外媒给卡尔扎伊冠以"喀布尔市长"的称谓,实不尽然,国家运行稳定,安全可控。

阿富汗政府鼓励发展私营经济，2005年12月修改并出台了《阿富汗私营投资法》，外资公司和阿当地公司纳税标准相同。除地方税有差异外，全国共有9种税名和税率，具体如下：

（1）个人所得税：月工资收入250美元以下免税，250—2000美元征10%，2000美元以上征175美元，外加超出2000美元部分的20%。

（2）公司所得税：按净利润的20%征收。

（3）资本损益税：对公司征20%，对个人征1%—2%。

（4）发票税：销售和服务类征2%，其他如佣金、利息、租金等为5%。

（5）进口关税：2%—20%，不同货物征收不同关税。

（6）固定税：对经营规模小的公司、进出口贸易商、为政府提供货物/服务的公司和没有正规财务的公司，征2%。

（7）附加税：0.5%—2%。

（8）土地税：各地不同。

（9）市政税：按1%征收。

2020年税收法规有部分调整，比如原材料进口，从百分之八下降到百分之一二，降低了企业成本，鼓励生产。吸收投资是阿富汗政府为创造就业、增加收入而力推的举措。2003年，阿富汗政府专门成立投资促进局，其功能是组织和推动所有对阿投资活动。外国投资者在投资促进局注册公司最低注册资本为10万美元。

我们把这个阶段归纳为"寻路"阶段，显著特征是大多数阿富汗人思想、思维的转变，改善生活上升为家家户户考虑的主要内容。经过长期摸索实践和碰撞，国际社会不离不弃的支援，阿富汗找到相对适应自己民族发展的道路，总体运行稳定。总统卡尔扎伊进入连任第二阶段，政治治理、经贸拓展等经验趋于成熟，虽然他被外界誉为"圈钱大师""不倒翁"，但超出大多数政治评论家的预测，卡尔扎伊政府并不是一个短命政府，而且卡尔扎伊巩固了势力范围，增强了对上层社会的影响力。

国际社会援阿的背景是"9·11"事件以后，恐怖主义在世界范围内泛滥，危及全球的稳定与和平发展。为消除安全威胁和不稳定因素，需要有一个社会和平稳定、经济繁荣的新阿富汗。因此,援阿和助卡尔扎伊政府实现发展、减贫目标符合国际社会利益,也被认为是国际社会应尽的责任和义务。

援阿主要通过两种方式:一是通过"阿富汗重建信托基金"将援助款交给阿富汗政府,进入政府核心预算(Core Budget);二是由援助国在阿富汗直接实施援助计划和项目,资金直接支付给项目实施单位或非政府组织(承包商)。这期间阿富汗国民收入显著提高,经济活跃,中阿经贸相向而行、经贸额度升高至10亿美元以上。

(三)第三阶段(2014年9月—2021年2月)——入道

卡尔扎伊经历几次总统选举,都没有太多悬念,结果比较清晰。而2014年的阿富汗总统大选在加尼和阿卜杜拉阵营之间争夺非常激烈,相互支持的舆论媒体斗争白热化,竞选活动还包括在马路上支帐篷、组织游行。国际社会对此次大选普遍给予关注。

我们把这个阶段归纳为"入道"阶段,其显著特征为阿富汗的法治得到尊重,一些势力的政治诉求更多在法律框架内调节。虽说外界普遍以为剑拔弩张的阵仗好像瞬间就会引发军事冲突,其实不然。军方和安全部队的各级指挥官几乎都清楚,与他们职责无关。包括内政部警察每天有条不紊地值守街区,维护治安,同期的暴恐和犯罪并无上升的记录。选举的双方分别是阿什拉夫·加尼和阿卜杜拉·阿卜杜拉,双方对选举结果争执不休,随后美国国务卿到喀布尔分别会见加尼和阿卜杜拉。斡旋并无困难,分权而治,阿富汗有史以来的第一个双头鹰政权产生,为期五年。

塔利班未能有效利用加尼和阿卜杜拉争夺总统大位造成的社会分裂获得政治优势,包括在后来的谈判甚至2020年和美国签订的和平协议中,都有体现和影响。而拥有权力的新生团体和部落来往紧密,大支尔格发言权扩大,媒体外资背景多元趋势加快,呼吁和解、和平成为主流声音,现实生活中更注重经济诉求。

已开始推动的"青金之路"发展计划是阿富汗政府制定的战略决策,该政策和中国"一带一路"倡议不谋而合。我们提出"'一带一路'和'青金之路'交融"的建议并成立课题研究与实践机构。经过长期在阿富汗团结更多有志之士,和国内相关部门合作,2018 年在和中国现代国际关系研究院联合主办的"跨喜马拉雅论坛"会议上,成立了有中阿双方代表参加的"中国阿富汗经济共同体",以更加专业明确的模式推进经贸工作,中国商务部及多家媒体给予了报道支持!

二、中篇

四个层面简要概括为:

(一) 经济贸易基本面

1. 战争中的机会

和多数人想象中的炮火连天、阵地攻防场面,甚至担心飞机落不了地不同,阿富汗新政府成立之后杀戮滚滚的暴风骤雨逐渐销声匿迹,仿佛阿富汗人民过上了难见硝烟的生活。其实依然有暴恐袭击,日子还不太平,只是居民相对以前感觉已经和平了。经过短暂打扫庭院、煮肉吃馕就满足的时光过后,老百姓发现身边几个月没见面的一些朋友在兴师动众建新房。而且剃掉了长长胡须,开着日本越野车,就在一两年前只有军官才能拥有这类车。人们衣着光鲜也开始普遍起来。美国人来了,韩国人来了,印度人也来了,土耳其、西班牙人都来了,这几十个国家的驻守部队和商人要吃、喝、用,而且都是富裕国家,赚钱轻松。

2. 有商业意识的人先富起来

大量经援、物资进来,一些聪明的当地人开始组织资源忙碌起来。联军要什么,外国人要什么,都能不遗余力找到,送货上门。西方人无论是军人还是商人,在阿风险高,不能像普通人那样到处走。当地人拿到订单,哪怕只是从东城送到西城,但利润却是一个劳工几年的工资。懂英文受过西方教育的阿富汗人都得到了高薪工作,加上可以兼做采购商,慢慢成了先富起来的一批人。其中,我们的一位合作伙伴阿穗卜从中国石家庄采购迷彩服供给军方,两三年时间就成了亿万富翁。

3. 邻国主导阿富汗商品经济

阿富汗市场上最常见到的是巴基斯坦、印度和伊朗的民用品,中国日用品也充斥大街小巷。巴基斯坦与我国双边关系友好密切,这也是为什么2002年和平乍现、在阿富汗南方多见巴基斯坦和中国商品、在北方多见伊朗商品的原因之一。日本车和西方的物资代表高端商品。塔利班在1996年后一度得势,占领阿富汗90%以上的土地,这一时期巴基斯坦和中国的商品也很常见。某知名公司的通信设备在战时就服务着阿富汗广大群众,中国人在电信局享受通话优先待遇。凤凰大架自行车在国内大地很难见其踪影,却遍布阿富汗各地,有六成比例是巴基斯坦的山寨货,因为每辆抵8美金。阿富汗的货币名称为阿富汗尼(Afghani),官方汇率及银行实际兑换价格为:1美元=77阿尼(2021年1月),也就是一辆自行车616阿尼。

4. 中国制造在阿富汗大行其道

随着政权改变,信息开放,闭塞的民众开始接触公开而广泛的资讯。传统社会逐步融入现代因素,潜藏的商人势力浮出水面,少部分人开始从事全球贸易大量引进外国商品。在2003年做的市场调查中,阿富汗西部重镇赫拉特充斥着中国江苏毛毯,广东收录机、碟机,甚至上海药厂的过期药品,这些都摆在简陋商店里出售。每一家商户都希望和中国人建立联系成为朋友。他们需要廉价商品,不知道什么产品质量好。在国内销声匿迹的老旧款这里都有。贩卖中国积压品成就了很多早期阿富汗商人,拉菲兹是其中之一,现在经营一家运输公司,从事客运和货运,负责一些项目部人员安全接送和物料供应。常年有阿富汗批发商在我国广州、浙江下订单,一次几个集装箱也不太挑剔质量。

5. 昙花一现的国货低端产品

新政初期第一阶段,阿富汗各行业蓬勃发展,经济增长达两位数,只是依旧没发展工业。什么东西好卖、什么最需要,只要去市场看一看一目了然。过来一个集装箱或者一批散货,从城市中心就开始叫卖。先是出现在小推车、四轮木架车上,价格便宜;接着会在商店商场看到,价格略高;再后批发中心分发。中国货价格低廉,西方品牌商品价格高。即便泰国、印度、波兰、伊朗的货也很贵,却未必好用。阿富汗商人做贸易掘到第一桶金转去捕捉更高利润的生意,这在国内叫升级换代。这期间,我国的国产电器进来很多,小屏幕黑白电视机也就五六十美金的摆着卖,生意红火。半导体收音机由于进来多,从5美金迅速滑向2美金。在国内已消失的20世纪的电子产品,成了新世纪阿富汗换天后老百姓业余生活的主角。之后国内更多日用品来了,锅碗瓢盆作业本,汽车电瓶发动机,街道两边的商店总能看到。

6. 掉队的国际化首都

喀布尔,一个在世界上少有的高原城市,海拔1800米,它有着3000多年的历史。今天的喀布尔仍然比较破旧,如果拿中国城市作比较,喀布尔的现代化程度不如国内一些区镇。没有几条像样的公路,街区七成是泥土路,全城尚没有自来水管道和排水系统。老化线路支撑着居民、工业用电。交通红绿灯很少,市中心交警用哨子、口哨指挥来往车辆。国际机场外军事基地林立,各种肤色的军人全副武装巡街,战车鱼贯左右。亚洲最大的军用直升机基地就在喀布尔外40公里处,天天各式直升机从人们的头顶掠过,还有最新式无人机,直升机飞得低到能清楚看到重机枪枪管和标记。联合国各种机构鳞次栉比,闻名遐迩的新闻机关密布城中,其中在北京曾供职5年懂中文的路透社记者劳艾玛是我多年的朋友,标准的英国淑女在阿也鏖战4年了,我们常交流阿富汗观感,外国人项目部、公司一家接着一家。

7. 大量国际援助导致腐败泛滥

在美国人的倡议下,各国向阿富汗提供援助,大量资金和技术涌入这里,有计划地改造阿富汗。阿富汗本国的法律规定政府采购项目要招标,媒体却经常披露内外勾结,巧取豪夺,更有胆子大的人干脆卷款跑掉,当地没有互联网大数据身份认证系统,因此很难找到罪犯嫌疑人。发生一些丑闻后,外国的直接捐助形式变成了项目合作,全球招标采购以实物为主,但是受美国制裁的国家不在其中。例如,在阿富汗修建道路需要大量沥青,伊朗货又好又便宜,但美国人提供的合同规定不能采购伊朗商品,不能与伊朗有贸易来往。

8. 落后的阿富汗诞生了巨富阶层

一份阿富汗军队的装备采购合同,很多人都在争取。富人区的一间办公室主人拿到了价值千万美金的订单,然后直接去中国寻找加工企业,实现利润占比过半。一份冬季设施取暖的合同也是这位阿富汗人取得,1500万美金给喀布尔周边各哨所供应木柴,手铐、指示牌也要进口。阿富汗政府列入采购计划美国人来付钱。高墙与高墙之间穿梭着新"豪吉",他们是社会上流阶层。在富人区买下一座座别墅,还坐着防弹车去郊区游玩。欧盟为阿富汗捐助的项目也很多,除一部分当权人物拿到合同外,大多还是那些有见识且又自愿冒险的人获得。有几个被曝光的退役美军士兵返回阿富汗做生意也说明了其中的吸引力。招标项目另当别论,除了和政府本身一样混沌,还有优先条款。

9. 低效腐败现象存在于政府之中

国际金融机构给予阿富汗巨大的帮助,国际货币基金组织已投资约2.16亿美元在阿富汗各个项目中,包括电信业、酒店业和金融业部门。多项合同里都清楚地表明了义务和权利,违约责任,但是当出现纠纷时阿富汗的法律未必能有效及时维护当事人的合法权益。反而民间化解矛盾更有力。有效规避合同风险是把篱笆扎在前面,有可靠的阿富汗伙伴很重要,双方要建立命运共同体,需讲清楚回笼资金自己优先,保障我方权益。当双方有了相互信任,市场制约机制产生了作用,就能有效解决问题,从而能保障基本的投资收益。

10. 阿富汗仍处于工业化初期阶段

虽然阿富汗的矿产资源比较丰富,但因技术和管理的问题很难得到开发。连年的战争除了制造了大量难民,也形成了一些军阀。军阀通过武力获取的地盘,经营了很多年,在这些地方有实在的威望和能量。如果只和中央政府谈妥而没有民间基础,就在这些矿产丰富的地区大量投资,结果会是项目停滞、血本无归。很多人深谙其道后,利用国际援助较多又缺乏有效的监督机制,从而很快暴富。阿富汗的老工业区大片土地被一块块划走,用高高的围墙圈起来,却很少有人开工。几个能正常生产的厂家,低效运转,发展迟缓,在阿富汗这样的新兴市场投资要为低效、高成本买单。在这里建厂难,从基础建设,设备安装、调试,还有人员培训,都要摸石头过河。不过当地的一些商人看到工业比商业更持久、更受人信任、更受到尊重,也试着开始建立企业。像近代中国的实业救国风潮,阿富汗政府试图在向发达国家学习的过程中理出了头绪,陆续引进了印度、日本、伊朗、中国、巴基斯坦的技工，这些支撑着阿人的工业梦。

以上是从 10 个角度对阿富汗经济发展的调研。得益于国际组织援助的兑现，阿富汗经济持续快速增长，部分年份的年增长率甚至达 10% 以上，国家财政收入大幅提高。目前新获得的 210 亿美元的援助承诺，会为阿富汗后期重建注入了新活力。

（二）国家主导层面

目前的阿富汗政府重视经济建设，倚重西方国家，积极争取外援，重建经济架构。过去一段时期，阿富汗经济呈现"低水平、高增长"的特征，而现今则逐步向纵深延伸。在国际社会帮助下，阿富汗开始培养自身的"造血"功能。我参加了多次阿富汗相关专项国际会议，均提议国际社会要切实助阿恢复社区经济与秩序，提升其活力。根据中国阿富汗经济共同体进行的双边调查，历时 4 年，仅是企业交流就有 1400 家。中国企业涉阿投资顾虑最多的是安全、法律、政府行政能力，其次是投资回报率。这些内容也是新的加尼政府施政纲领的重要部分，在他发表的新年讲话中表示，阿富汗政府致力实现全国稳定和加强法治，使国家安全得到改善和保障，加强民主实践与人权、法制等制度建设，以及公共服务和政府职责。政府的新的财政预算资金支持总计为 501 亿美元。

中阿经贸促进专业委员会在北京参加了中国-英国-阿富汗多方会议，阿富汗国家代表清楚地申明发展太阳能及替代能源的重要性以及规划。目前，一些系统等到试验结束，将在阿各地为无电地区的人口提供电能。我国早在 2015 年就为青海地区最后的 3.98 万无电人口实现通电，我们比较、调研后认为，通过适应性完善后，完全可以将相关经验嫁接转移到阿富汗。此次会议上还有美国、塔吉克、巴基斯坦和世界银行、亚洲开发银行等国家和国际组织机构的代表，均提出了中肯的支援方案。

（三）社会物资流通方面

几年来，坚持在阿富汗从事经贸的中资企业对阿重建作出了较大贡献，自身也有所收获，很不容易。信息匮乏是中资企业在阿富汗较少、对阿望而却步的主因。中国阿拉伯经贸促进委员会在其官方网站上清楚介绍了阿富汗各方面的情况，一贯强调和要求中资企业在阿承揽项目一定要事先对项目和所在地点仔细考察，进行实事求是的评估，做到有的放矢、稳健行远。做好功课的同时，应客观看待阿风险和机遇。

新千年伊始，阿富汗几个较大的城市自发地形成了各种专业市场，如家具、日用品、电脑市场。在市场上，就算货比六家，也几乎是在一个底价给出后，不会有人往下降。这里的各行业内有较好的利润来完成升级换代，这确实和国内一些行业相互倾轧有着本质差别。我考察市场时接触到的销售电器的小店，两三年之后就已发展得很大，租了大仓库、货物堆积如山，成了具有一定规模的批发公司了。这些老板们也经历过漫长的创业阶段。曾有一位宝石商马苏布拉略懂中文，虽然认得不多，但发音纯正，能听懂中国话。他讲最艰难的时候已经过去，在阿富汗炮火中能生存下来非常幸运。

阿富汗普通民众享受着和平带来的生活条件的改善。塔利班政权垮台的当年即呈现社会百业恢复的状态。液化气涨到了400阿尼10千克，折合人民币60元。阿富汗境内的商品价格高，客观上能帮助投资商迅速完成原始积累。专业市场很早就有，边境城市赫拉特有专门的电器市场、服装市场、木器市场，农贸市场还不止一个。一切改变都发生在2002年美英联军逐渐在阿战斗的收尾，在驻喀布尔办事处的这个时间段，我觉得这是重要的历史阶段，因此做了持续调查和实践，全记录在册，至今刚好20年。

40年的战争，阿富汗的工业体系全部被摧毁。其实战前它也不完善，仅有零星的一些企业，多以家族成员为主。目前，阿富汗的粮食生产实现了最基本的自给自足，阿富汗受灾时能获得援助，联合国粮农组织一直在，这里不至于出现像过去非洲饥荒饿死人的现象。一直与我们有合作的阿富汗法凯利家族就是其中一个典型，他们的家族最初并不在喀布尔生活，初来时没有工作，本家四兄弟开了一个规模很小的店铺，经营日用百货。由于勤奋好学和经商天赋，他们把握住了物资匮乏带来的机遇，供应军队所需物资，迅速积累了数亿美元的财富，在印度、马来西亚等国家投资置业，拉长物资采购链，扩大了利润。

来自贾拉拉巴德的伊斯梅尔·卡哈勒从中国进口物资,有物资就是有资本。不光民众向其购买,政府也向他购买,没有现货就预付定金。外国驻阿机构人员的工作生活根本离不了物资采购。卡哈勒现在是阿富汗的工业家了,有两个工厂在运营。一家是和伊朗人合作在阿本土生产日化用品,不过产品质量一直上不去,其中洗发水发泡少,洗完头发不光滑;洗衣粉、肥皂不去污;香皂用不到一半就变质,坚硬的不能用,也会风化成一小块一小块。此外,他还和一位朋友投资建立羊毛厂,达伍德占两成股份。该厂出口羊毛羊绒,最大的客户是伊朗和阿联酋。卡哈勒的厂里、家里的会客室用的果盘和杯子,都是从法国进口,10套共960美元。2003年,美元兑换人民币汇率牌价1美元兑8.2元人民币上下,一套八联装的杯盘折合人民币800元,对当时已经富起来的中国普通家庭,也是较贵的。

首都喀布尔有着阿富汗最大的市场,一条贯穿城市的喀布尔河的两岸分布有很多店铺,人头攒动,商品丰富。一座经营IT产品的新楼有5层,里面呈正方形的店铺面对面围绕,顾客在走廊里穿梭选购商品。这看上去气势磅礴,但停电时发电机轰鸣声和汽油味让人感觉呛鼻子。店铺里堆满了戴尔、惠普等国际知名品牌的二手笔记本电脑,价格在150—500美元之间,新电脑所占比例从2002年开春的10%上升到2015年的90%。

这里的通信行业发展较快。首都喀布尔有了5家电信运营商,几乎人人有手机,甚至一人有多部。相同运营商的用户之间的通话费用很低廉。阿富汗人直接用手机取代了固定电话,固定电话稀缺,手机交易火爆程度可想而知。一家大型的手机交易商场每天人流如潮,水泄不通,在里面行走都困难。苹果手机大多在300—500美元之间,比国内便宜。有真货但所占比例小。阿富汗是一个开放市场,面向全球采购商品,新颖别致的高科技产品价格较高。喀布尔电报大楼是其地标建筑,周围大小几十个专业市场交织一起,在里面走一圈,一个接一个应接不暇。初来的人们很难想象没有自主工业的阿富汗,产品靠从外国进口是如何保证货源充足的?其实商业繁荣表面的背后,是需要付出极大努力来使其运转的,因为阿富汗是一个没有出海口的内陆国家。

在喀布尔一个店铺一个商人,店铺后面是一个家庭,女人几乎不工作。

2003 年以后，政府部门、银行、航空公司开始出现新式女职员、女警察。开店需要办营业执照，加上一年一审的税务登记证，按法律规定缴税，平时无收费。拥有商店的阿富汗人衣着气派，事情好办。一些街头破败不堪的店铺看起来不显眼，里面却可能有价值数万、数十万美元的商品。喀布尔著名的商业街鸡街和花街都是一条较狭窄的街道，鸡街不卖鸡，是阿富汗古玩和宝石专业市场。少数先知先觉的商人从中国购买了很多廉价的仿古工艺品高价卖给西方人。包括青金石原石在内的宝石加工厂不少，规模小。更多人带青金到巴基斯坦加工后再返回阿富汗，摆上柜台出售，巴基斯坦的工艺比阿富汗好。这些店铺里不乏一些古巴雪茄、德国工具等，但更多的是中国的地摊货。历史上的丝绸之路，西方商人把中国的丝绸、瓷器等商品和巴达赫尚的青金源源不断输往欧洲，这种商业传统经久不衰，延续至今。

花街确是名副其实，街道两旁卖花的专营店铺林立，顾客可以随心所欲地挑选自己喜欢的鲜花或纸花、塑料花等。一枝普通的鲜花价格在 100—300 阿尼，折合人民币 15—50 元。花瓶的价格为 200—2000 阿尼，折合人民币 30—300 元，花店的生意都比较好。2005 年的阿富汗市场和 2002 年没有格局上的区别，只是各国商品进来得更多。老市场富有伊斯兰风情，不讲究横成排、竖成行。人行小巷斜着延伸，直到另一排商铺横在眼前，再衔接着直直的一条小巷，像几何三角拼图。商店外表几乎一个面孔，里面的商品不一而足，各做各的生意，很少因为争抢顾客伤和气。商店高出地平面一尺，里面铺着地毯，显得干净。地毯上方，分层摆放出售的商品，颜色交叉，讲究搭配，整齐而有卖相，商人待客热情。

向南过桥是传统的土特产市场，临近沿河大道 2 米宽，挤满了匆忙着的、擦肩而过的上货、送货的人们。无花果、巴达木、松子、葡萄干、大杏仁，口味不同，货源充足。店主介绍只有他们的干果最绿色、最好。昼夜温差大的阿富汗干果享誉国际，我历次带回的无花果干、杏干、松子，被亲朋好友称赞独一无二。这些土特产没有工业加工、更没有化工添加剂污染，靠太阳晒干水分来延长其保存期，是太阳对勤劳阿富汗人民的恩赐。因为不同时期研究课题的需要，我考察了石头街附近的市场，这里供应食品调料和香料，以印度人或者是印度裔阿富汗人居多,市场中人行道两旁的铺面也就五六平方米,一小格一小格的摆满三四十个品种,很像我国的中药房。通过攀谈,我了解到,如订货可以直接到山脚下的仓库提,商人可以给大客户送货上门,这样也解决铺面租金高的问题。中国的调料品种丰富,但在这里的市场上仅看到8种。

印度人和印度裔阿富汗人具有明显特征,南亚黑皮肤,用头巾包裹成一个粗粗的帽冠围绕在头顶。来到阿富汗的外国人越来越多之后,包括松子、藏红花等特色产品价格年年在涨,10年来涨了200%,大都通过外国企业源源不断地输送到世界各地。从2005年到2015年的10年里,阿富汗的市场变化很大。有传统,有现代,有本土,有外来,特点是正在慢慢繁荣。联合国捐赠的帐篷"UN"英文标志清晰可见,成了公开出售的商品。也有中国帐篷,便宜的花棚布做成,红蓝相间很显眼。阿富汗的老式猎枪具有特别的民族风情,被擦拭的油光锃亮,卖老式猎枪的老板很热情,只是中国人天生对枪械抱有戒心,视为麻烦,不会深谈。

当地人们所称的大市场有千年历史,看看销售古老门锁、门链的店铺,会相信他们言之不虚,只是现在更多的店里摆放着时髦的洋货。无论是被子还是毯子,几乎都来自中国,一条厚厚的毯子只要1000阿尼,近20美元,比在中国便宜。皮鞋、运动鞋,温州生产的居多,中国商品以价格优势占领市场。市场里面两排房子互相对望,北面的卖布匹,南面的也卖布匹,北面以花布为主,南面以纯色布为主。之前土耳其和意大利的布匹支撑门面,现在被来自中国更便宜的布匹挤下柜台。韩国的布料也很受欢迎,但需要仔细寻找。

妇女儿童产品在市场里也能看到。包裹严实的阿富汗妇女也来此购买。每个商铺摆满化妆品、美发用品,从眼影到唇膏,甚至有手指甲油和脚趾甲油的区分,但都是进口商品,眉钳和假睫毛卖得很好。儿童粉霜和纸尿裤以阿拉伯品牌居多。日化商品中的高档品是美国、德国货,低档品由巴基斯坦和伊朗进口。喀布尔的中国城一直鼓励中资企业做真品、精品,不追求短、平、快,比别人耐心点、多投入点、多付出点、多流汗水,时间会证明付出和回报。

(四)国际经援侧面

在接纳国际援助方面,阿富汗以寻求多方援助为中心,积极发展同美国、德国、日本和欧盟等西方国家和国际组织的关系,政治和经济重建主要依靠西方力量的支持和援助。此外,阿富汗也重视发展与周边关系和参与区域合作。阿富汗政府先后与包括中国在内的 6 个邻国共同签署《喀布尔睦邻友好宣言》。阿富汗同我国关系良好,1955 年 1 月 20 日,中阿正式建交,之后双边关系发展良好。2002 年 1 月,阿富汗临时政府总统卡尔扎伊访华。我国表示积极支持阿和平重建,承诺 5 年内提供 1.5 亿美元援助。2006 年 6 月,卡尔扎伊总统在出席上海合作组织峰会后访华,双方签署《中阿睦邻友好合作条约》,宣布建立全面合作伙伴关系。2008 年,卡尔扎伊总统出席了北京夏季奥运会开幕式,时任中国国家主席胡锦涛与卡尔扎伊总统会见,互换《中阿睦邻友好合作条约》批准正式生效。

2013 年,中国国家主席习近平提出"一带一路"重大倡议,这一倡议具有世界影响。2017 年 6 月 8 号,习近平和阿富汗总统加尼在阿斯塔纳会谈,除再次确认发展各层次交往外,加尼总统特别强调、赞成"一带一路"和"青金之路"接轨,欢迎中国企业参与阿战后重建,愿意为中企在阿发展提供支持。习近平重申将一如既往地支持阿富汗和平建设,鼓励中企和阿富汗互联互通,深入合作,共建共荣。2020 年,美国与塔利班签署和平协议后,承诺将给予阿富汗更多的和平重建资金与物资保障。美国对阿援助的重点放在基础设施落后、重建进程滞后和塔利班最活跃的阿富汗南部地区。

阿富汗与我国的交往历史悠久。从 21 世纪初的卡尔扎伊临时政府、过渡政府到民选政府,一直对中国保持友好并寄予厚望。双方签署了一些大项目,只是没有形成上下衔接、顺势布局的形态,着实惋惜。这里面有时效、安全以及磨合等问题。后面的团结政府以加尼和阿卜杜拉为首,对中国同样友好,两位领导人都是在部长职位时和中国的国有、民营企业打过交道,彼此印象良好。时任总统加尼曾是阿富汗的财政部长,参加过华商民企项目的开工典礼;阿卜杜拉曾直接鼓励喀布尔中国城的前身——中阿商贸金桥网驻阿富汗办事处扩大与阿富汗的工业合作,发挥中国产业链的优势。刘劲松任中国驻阿富汗特命全权大使期间,两国文化交流成就斐然。中国要继续拓展与阿富汗的交流渠道,将纯官方行为转为多方并举,让各自为战的国企和民企相互支撑,取长补短。

三、下篇：中阿经贸与产业互补路径之探析

中国是一个伟大的国家，古丝绸之路见证了陆上"使者相望于道，商旅不绝于途"的盛况。而今"一带一路"重大倡议，需要更多新时代的"凿空之旅"，承接几千年前的流风余韵并将之发扬光大。

当我们2002年春进入阿富汗时，外国人虽然多，却大多是军人、记者，商人很少，没有其他的中国人。中国驻阿富汗大使馆的外交人员还没到，偌大的院子有两位老勤杂工，维持着这里的卫生环境。他们已经在中国使馆里工作了十多年了，难得他们不离不弃。中国大使馆恢复工作后，经济商务参赞路长金从伊朗先期到达，他精通波斯语，是一位很有经验的商务外交官。我回忆起当年和路参赞在简陋的民房里交流，那时候喝水都困难，令人唏嘘，但与他再见面时中国驻阿富汗大使馆已经完全修复。

一批又一批，中国的外交人员和商贸人员为中国与周边国家的睦邻友好关系做出贡献。阿富汗是我国的重要友好邻邦，地缘位置非常重要。美国依靠强大国力，利用"9·11"事件涉足此地。目前，各种因素迅速变化。中国需提早布局针对阿富汗未来发展的政策。阿富汗的主人是其本国人民，当中国与阿富汗结成命运共同体时，需要增强双方友谊和经贸关系的韧性。

中国需要不拘一格，优选人才，推动中阿合作，"产、学、研、工、贸"的有机结合会推动双方的合作形成持久而递升式作用。当初我们和喀布尔大学的沟通接触，是委托《喀布尔日报》总编引荐，从而认识了喀布尔大学教务长。他非常客气地在自己的办公室接待了我们，答应提供帮助。令人惊奇的是一对日本夫妇也由他接待，此后，我又看到这对日本夫妇在学习语言。后来，又遇到一位日本年轻人和一位日本年轻孕妇结伴要到巴米扬，他们来前并不认识。再后来听清华大学的朋友说他们是从事考古研究的。这是因为日本政府援助喀布尔大学5000万美元恢复教学，西班牙也给喀布尔大学捐赠了一座教学楼，这都是在2003年的事。

阿富汗的塔利班比过去更务实，发展生产改善民生成为阿富汗的长远趋势。

中国需要以工商业、建筑业为抓手,提高"一带一路"的建设质量,扩大人民币的流通,使其有持久的价值。中阿合作,需要有明清时期下南洋那样的中国人,具有吃苦耐劳的品行、锲而不舍的精神,他们能够勇敢地走出去,在当地站稳脚跟交朋友,发展自己,也帮助他人。"一带一路"建设重要在于实干,发展自己与造福当地是一条藤上的两朵花,这样的中国文化会受大多数国家人们的欢迎。

2020年,喀布尔中国城建成后,中阿各方面的合作有了抓手。下一步,中国工业园会落地喀布尔新城,对阿富汗职业工人的技能培训,将扩大人数,从一定程度上帮助阿富汗政府实现用就业促稳定、经济保安全的策略。之前建设的纸厂、钢厂都有这类工作的开展与摸索。中阿经贸合作需要通过产业引领,在此过程中,得到阿富汗人民的认可与尊重。中阿合作不能一味追求中国对阿贸易所占比重高,更应该强调双方互利共赢,共同发展。"一带一路""青金之路",交融的是文化,都是为人民的福祉、为世界和平做贡献。

中国企业可以发挥自身优势,在中阿经贸合作中,消化富裕产能,进口所需的原材料,扩大双方的合作领域。阿富汗没有国际制裁、贸易全球采购无障碍,工业发展水平上与中国有20年至50年的落差、人口在快速增长,随着相对和平的环境的到来,回流的战争难民和投资商继续增加,有长期消费需求。阿富汗缺乏技术和管理,而这些是我们充分拥有的,双方较强的契合度甚至可能促生继南南合作后的另一个国与国友谊经贸的样板。

共享需要创新,创新也需要共享,双方合作互惠互利是前提。在阿富汗建立中国工业园区,也有利于推动阿富汗的和平建设。根据2014年中阿经济共同体积累的调研数据,如果提高就业一个百分点,就能将贩毒、暴恐犯罪降低5—8个百分点,越多的阿富汗民众能就业,就有越多的人愿意放弃暴力、贩毒,适应安居乐业的生活。可以筛选中国的大中小企业二三十家先行进入产业园,带动后续产业链跟进。可从利润空间较大的建筑业、医药化工业、民用品领域开始,扎根做强再扩大。在三五年内形成百亿美元的产业,造福当地社会的同时拉长产业链,改变阿富汗几乎没有工业品出口周边国家的现状。阿富汗有高品位的矿产和优质干果,但没有配套工业尚不能彰显其价值,中国企业是大有所为的。阿富汗政府通过的房地产按揭政策,类似我国1991年的房贷，相信经过 20 多年的积累，我们已经具有丰富的经验，可以在这类占国民生产总值比重很大的领域长期发挥优势。

李克强总理曾引用古语"大智兴邦，不过集众思"，强调了创业和创新的重要性。2021 年，阿富汗重建进程明显加快。这里有政府管理社会经验趋于成熟的原因，也有和平协议签订、冲突因素渐弱等影响。我们和阿富汗城市住房建设部有多年的良好合作关系，为中国产业园和新城建设与阿富汗方面面对面沟通已超过 20 次，除了社区综合建设还有水处理供应、电能铺设等，过于庞大繁杂的项目需要扎实推进。"阿富汗战后重建不仅是概念、媒体中的话题，而是越来越近的摆在全球参与者的面前，幸运的是中国人有了深入的基点。"联合办公室负责人说，要不了几年，中国基建、制造智造、技术民生会成为模范。首都新区对阿富汗是重大布局，对盯着该项目多年的国际公司、机构同样是重点。城市、商业区、工业区三位一体的规划图纸日本人已完成，阿政府付了 800 多万美元。中国城受阿富汗青睐非偶然，直接原因是已陪伴、参与阿重建 20 年。

中国国家主席习近平"国之交在于民相亲"言犹在耳，鼓舞着中阿友好经贸的拓展。阿富汗不但是"一带一路"重要沿线国家，更是中亚、南亚和西方的枢纽，对我国极为重要。中阿经济共同体认为，战乱、贫困等社会顽疾，使阿民众多年来对于国家稳定和生活改善有着迫切期待。越来越多的民众希望看到国家政治上进步，2020 年签署的和平协议就是例证。切实措施改善民生和重点发展经济的政策，是有经验有洞察力的人都能看到的。阿富汗即将进入一个历史机遇窗口期，不论是中国，还是土耳其、伊朗、印度、日本等国，都在密切跟踪阿富汗局势，力图抓住机遇。我们 20 年努力的初衷是希望中国人更多地参与阿富汗重建，为两国人民和周边各国的发展做力所能及的贡献。

后　记

自 2002 年春到阿富汗以后，跃入眼帘的事物总是那么新鲜、茫然、怪异。同时，这里与其他世界截然不同的生活方式、社会结构也深深震撼着我，不由得一一记录、分析、调研、实践，形成此文。我们来的时候塔利班陆续离开阿富汗政治中心舞台，现在塔利班重新回来。历史的窗口与风口，面对面直观阿富汗的未来。

在塔利班成立了阿富汗伊斯兰酋长国并宣布了大部分政府内阁成员后，通过中国城联合办公室的衔接和新政府部门的邀请，一个月内就有4家企业与新成立的部委建立了业务联系。2021年10月2日，我们和阿富汗公共工程部部长奥马尔先生会谈了一个多小时，涉及基建、楼群等多个领域的合作。部长先生首先欢迎中国城一行的到来，表示感谢我们在阿富汗艰难时刻依然工作在这里。他给在座的中阿与会者介绍，早已知道中国城在阿富汗的各种故事，今天见面有任何困难请直言不讳的讲。

中国城一行表示，正像部长所说，中国和阿富汗一直很友好。中国在许多国家进行了很多投资。但由于战乱，在阿富汗投资较少，而现在情况已经改变。我们在阿富汗已经投资20年了，今后还有很多工作要做，希望新政府一如既往地支持中国企业。由于生活难苦，很多的外国人都走了，但中国城一直在。希望新政府能给中国企业合适的投资、建设环境，在各类手续审批、办理、项目签订落地方面建立绿色通道，加快工作的推进，提升中阿合作水平。

部长先生表示，将来会为中国城的企业提供各类支持和帮助。之前谈过的太阳能项目、300MW电力项目、坎大哈至喀布尔等省际3条高速公路、新城开发、住宅群工程都可以讨论。尤其是阿富汗现在极其艰难的情况下，一定会帮助中国企业解决问题。20年来中国城给阿富汗做了许多事情，在各地都能听到你们的故事。中国帮助了很多阿富汗人，如提供学生留学，为阿富汗修建道路、医院、学校等，阿富汗人民不会忘记。由于之前的政府问题，影响中国企业在阿富汗的工作，现在很简单，有什么需要都可以谈。中国企业只要准备好就可以马上开展工作。我们会保护投资者的利益，投资者有困难会帮助解决。

中国城一行介绍了接下来的三步走方案，涉及即将到阿富汗考察的企业一些具体项目及矿产交互合作的方法，部长让秘书一一记录在册。部长先生表示，建立双方的联席会议机制，沟通交流项目中的各种具体问题，处理并解决。另外3家是与矿产部部长的会晤，达成矿业开采共识；与国家贸易办公室、商务仲裁委员会、国际商会主席会晤，达成和中国城多项合作议题；和工业商业部部长会晤,得到业务合作绿色通道保证。至此,阿富汗新政权的三方主要力量组成重要部委,均与中国城建立了便捷联系,为中资企业接下来的经贸业务拓展奠定了基础,铺平了道路!

作者简介:余明辉,中国阿拉伯经贸促进专业委员会主任。

> 学术活动

博雅德信工作坊第三十二工作间
——欧洲一体化的困境与未来

欧洲一体化的进程漫长而曲折,21世纪以来,欧盟不断经受着全球化浪潮带来的一波又一波冲击。2020年5月5日,中国欧洲学会欧洲一体化史分会与北京大学区域与国别研究院联合举办了主题为"危机连连:欧洲一体化诸问题及其背景"的线上研讨会。来自国内多所高校、科研院所的专家学者深入探讨了欧洲一体化的本质与表现,分析了欧洲一体化陷入困境的原因,从不同角度提出了欧盟应对、化解危机的方案与可能性,形成了对欧洲一体化历史及未来各方面的共同认识。

理解一体化本质

1950年"舒曼计划"的提出开启了欧洲一体化进程,与许多西欧国家不同,英国政府对一体化机构的"超国家"性质表现出极大的抗拒,这是它起初抵制欧洲一体化的重要原因,也使英国始终与欧盟保持若即若离的状态并最终脱离欧盟。讨论欧洲一体化的前提是对它的性质进行明确、科学的界定。欧洲一体化是否真的超越了民族国家?欧盟究竟是一个怎样的存在?中国学者对此有趋于一致的看法,而这种看法并不同于西方。

（一）"民族国家的行为共同体"

欧洲一体化没有向超越民族国家的方向发展，欧盟是"民族国家的行为共同体"，这是欧洲一体化史分会会长、北京大学区域与国别研究院院长钱乘旦教授对上述问题的明确回答。他指出，欧洲一体化实际上是不同国家和民族之间的"互动方式"，欧盟给每个国家提供了协商国际事务的平台，通过某种机制达成行为共识，但最终目的并不是建立新的欧罗巴国家。

换言之，民族国家是欧洲一体化的基本组成单位，而一体化的目标并非实现"统一"。正如《外交评论》执行主编、外交学院陈志瑞教授所言，欧洲的一体化更应理解为"整合"的概念。欧洲一体化并不代表着一定要走向更高、更深的"大一统"方向，而是根据不同时期的需要、民族国家利益的需求和整个欧洲对内对外利益的诉求，对内外关系进行整合。

"合作"是这个民族国家共同体的基本行为模式，这能帮助它更好地完成整合。欧洲一体化史分会副会长、中国社会科学院欧洲研究所沈雁南研究员赞同钱乘旦教授对欧洲一体化的定性，他认为欧洲一体化是欧洲国家在二战结束后所采取的一种新的行为方式，是一种合作模式。

（二）从全球史的角度思考欧洲一体化

全球史是 20 世纪下半叶以来流行于世界史研究中的一种理论和实践，提倡从全球整体出发观察人类历史活动。区域一体化是全球史研究中非常典型的领域，而欧洲一体化又是区域一体化的核心表现。有鉴于此，欧洲一体化史分会副会长、首都师范大学历史学院徐蓝教授从全球史视角出发审视和定义欧洲一体化。

徐蓝教授点明，全球史理论的最大突破是从学理上颠覆了"西欧中心论"或"西方中心论"，在方法论上强调世界历史发展的横向互动和空间关系，总体而言就是民族国家之间的平等、互动与交融。基于全球史理论的方法和要义，可以从以下三重维度分析欧洲一体化：

首先，将欧洲一体化置于二战以来的全球化进程中，理解欧洲一体化不可逆转的趋势。人类从工业社会走向现代化其实就是全球一体化不断发展的历程。工业社会的特点是使世界各国的原材料都可以相互获得最佳、有序的配置,若国家间追求绝对利益,则会导致无序,甚至发生战争。二战后,由于国际政治、经济秩序的建立,全球化发展相对有序,推动全球化的主导力量逐步变成大的跨国公司,这使得全球化得以深化,这种深化是不可逆转的,体现在经济、政治、科技、文化等各方面。欧洲一体化和全球化是同步发展的,欧洲煤钢联营就是大的跨国公司,由此可见,欧洲一体化的大趋势不可逆转。

其次,从整个欧洲的空间位置出发,体会欧洲一体化的曲折进程。尽管英国决定"脱欧",但欧洲一体化一直在曲折中前进,即便在冷战大格局时期也未停止发展。欧洲一体化以整个欧洲为平台,这个平台不断扩大,逐渐囊括了欧洲大部分空间。在欧洲这个空间里,各国地理位置相近甚至相连,人文历史也很相似,国家之间的利益深刻关联在一起,欧洲各国若要逃离一体化并非易事。

最后,也是最重要的,是将欧洲所有民族国家之间的平等、互动与交融作为欧洲一体化进程中的主要研究对象,探讨欧洲一体化的问题和走向。在欧洲一体化进程中,民族国家之间一直存在互动,也在不断地交融,值得思考的是这种互动是否真正平等和足够,以及它是否带来了全方位的交融。全球化促使每个民族国家都要适当让渡部分国家主权以获得应有的回报,欧洲一体化同样涉及民族国家主权的保护和让渡,而这会引发矛盾。民族国家和一体化之间的张力在于,在全球化进程中民族国家的主权应让渡到何种程度才能使其自身的利益最大化,同时也能够使整个区域的利益最大化,这是困扰诸民族国家的重要问题。

从某种程度上而言,欧洲一体化过程就是协商和解决主权让渡问题的过程。中国现代国际关系研究院副院长冯仲平研究员提出,虽然有人认为一体化出现了逆行发展,但其根本意义在于回到了这样一个问题,即民族国家如何更好地捍卫自己的利益。为了和平与发展,民族国家需要深度合作,甚至需要分享部分主权。欧洲一体化一直是地区的试验,欧洲人始终在衡量究竟要让出多少主权、能得到多少利益,这一过程越走越复杂,欧洲 70 多年的尝试对世界其他地区有着重要意义。

解释一体化困境

当前,欧洲受到了一系列内部与外部危机的困扰和冲击,一体化正面临困境。如何看待这些困境并寻找困境产生的根源,是全世界学者关心的话题,也是此次中国专家学者线上聚首的核心议题。

(一) 危机四伏的欧洲

对于一体化面临的危机和困境,欧洲一体化史分会副会长、南开大学历史学院陈志强教授称自己在 20 年前就预见到了这一幕。在当时国内普遍对区域一体化发展持乐观态度的环境下,陈志强教授已经意识到,一旦涉及主权让步问题,所谓欧洲一体化就会立刻遭到挑战。

回顾历史,不难发现欧洲所遭遇的疫情危机并不是新危机。据陈志瑞教授总结,欧洲一体化进程中出现了三场危机,分别是宪政危机、金融危机和难民危机,对应政治、经济和社会三个维度。

欧洲最显著的危机来自外部世界。陈志强教授指出,欧洲一体化危机不仅体现在新冠肺炎疫情应对上,还包括整体经济下行以及国际危机等。外交学院欧洲研究中心主任赵怀普教授指出,欧洲一体化面临的危机具体包括债务危机、经济危机、恐怖袭击、乌克兰危机、难民危机,以及当前的新冠肺炎疫情危机。

除此之外,中东欧国家自己制造的危机也给欧洲带来了挑战。自 2010 年以来,匈牙利、波兰相继走上所谓的"非自由民主"的道路,通过合法的方式,取消、制衡和动摇法制。欧洲一体化史分会秘书长、中国社会科学院欧洲研究所孔田平研究员并不赞成用"非自由民主"来界定这一现象,而是倾向于称其为"新的威权主义"或"软性的威权主义"。欧盟目前还未找到对付这种危机的有效方式,它很可能会形成长期的挑战,它对欧洲一体化会产生何种影响还有待持续观察。

（二）"有福同享，有难不一定同当"的欧洲

中国古语有云，"有福同享，有难同当"，这显然不能反映欧盟成员国面对危机时的心境。钱乘旦教授指出，就目前欧盟状况而言，各国有福可以共享，但是有难却难同当，欧洲各国在应对疫情时各行其是就是很好的证明，这体现了欧洲一体化的困境。

陈志强教授直言不讳地称欧盟实际上是"富人俱乐部"，成员可以在其中享受好处，但一旦发现付出大于所得，就会出现离心趋势。着眼于全球化的长时段发展，徐蓝教授认为一体化在各国的发展始终是不平衡的。换言之，越富有的国家越希望推动全球化，获利也越多，如今，类似英国这样比较发达的国家不想为欧盟中比较落后的国家承担义务，而相对落后的国家又无力自我拯救，致使一体化遭遇瓶颈。

欧盟成员国之间的差异或不平衡在其应对新冠肺炎疫情的过程中得到体现，对此，中国社会科学院世界史研究所姜南研究员进行过细致的观察。她注意到，疫情之下欧洲主要大国所呈现的民族性格差异很大，政府和民众对于疫情的应对政策和办法也非常不同，这些差异反映出欧洲各国不同的经济和政治理念，以及政府不同的执政方式。具体而言，马克龙称法国的福利体系尤其是全民免费医疗体系是非常宝贵的财富和必不可少的优势，而这次全球疫情大流行显示出必须将某些财产和服务置于市场法则之外；德国民众在疫情中表现得较为理性和冷静，这很大程度上是由于其经济实力雄厚，拥有欧洲最强大的医疗体系以及国人注重科学、严谨和守规矩；相较而言，英国是现代民主制度的发源地，民众并不总是服从政府，所以首相并没有采取强制措施，而是用"群体免疫理论"让英国人做到自我隔离。

这种差异还体现在文化方面，姜南指出，文化一体化是比较敏感的话题，欧洲各国都拥有民族文化自豪感。法国人不会认为文化一体化就意味着法语的消失；英国人对自己的绅士风度和民主制度保有优越感；北欧人对国家高税收和高福利的政策感到自豪。这些表明，在语言文化和发展模式方面，各民族国家都拥有强烈的自豪感和对之加以保护的决心，包括本国的语言、选择何种

道路、政治体制、经济模式、福利模式等。具体到此次疫情，从整个欧盟的角度来看，成员国将自己国家的利益置于首位，如关闭边界、拦截防疫物资等。直到 2020 年 4 月，欧盟委员会主席冯德莱恩才公开向意大利道歉，为疫情初始阶段欧盟成员国各自为政感到遗憾，并承诺欧盟将团结一致，共同努力调配医疗资源，并在经济援助上达成协议。

（三）一体化困境的源头

欧洲一体化困境的形成有着深刻的原因，必须从广阔的时间和空间中去追溯其源头。与会学者所提供的解释主要包括以下几个方面：

第一，欧洲的范围始终未真正确定。譬如，地图上的欧洲以乌拉尔山为界，包括了俄罗斯很大一部分领土，欧洲一体化是否应该包含俄罗斯就是值得商榷的问题。欧洲一体化史分会副会长、南京大学历史学系陈晓律教授认为，无论从地理位置还是政治身份出发，如何界定欧洲都是十分重要的，如果对欧洲的范围没有明确的定义，那么讨论欧洲一体化的前提条件便是存疑的。

第二，欧洲一体化组织对成员国的身份没有精准的界定或限制。例如，土耳其的成员资格被限制，但欧盟并没有就其原因给出明确解释。此外，欧洲目前人口老龄化严重，各国原有的人口都在萎缩，大量移民涌入欧洲，他们的身份认同亟需解决。在这些问题未能解决的情况下推进欧洲一体化势必带来混乱。

第三，日益增多的成员国在利益、政治、文化、地理、宗教上存在差异，导致即使是功能性层面上的合作都举步维艰。欧洲内部的南北矛盾和东西矛盾出现明确的表征，例如，新冠肺炎疫情暴发后，经济发达的北欧与欠发达的南欧之间矛盾很大，北欧不愿完全救助南欧，而南欧却觉得北欧应该施以援手。在欧盟东扩之后，欧洲一体化就没有太大的进展，因为国家间的利益差距实在太大。

第四，民粹主义兴起。冯仲平研究员认为民粹主义是欧洲一体化最大的敌人。民粹主义不仅不允许国家继续让渡主权，还试图将过去让渡的主权收回。民粹主义的崛起源自 2008 年金融危机、2010 年欧债危机以及关系重大的难民危机,而此次疫情演变出来的经济、社会和政治危机很可能会进一步刺激欧洲的民粹主义。

第五,目前欧洲一体化的发展动力不足。欧洲一体化设计的初衷是在美苏之间建立缓冲地带,维持欧洲国家内部和平,之后又与美国和亚洲几大经济体保持竞争,而现在欧盟所处的国际环境发生了巨大变化,欧洲一体化缺少新的发展动力。

第六,二战以来欧洲的科技优势越来越弱,致使欧洲一体化的凝聚力和向心力变弱。外交学院外交学与外事管理系雷建锋副教授认为这是欧洲一体化发生危机的根本原因所在。马克思、恩格斯曾说,"各民族之间的相互关系取决于每一个民族的生产力、分工和内部交往的发展程度。"雷建锋副教授借此分析目前欧洲的局势,认为科技实力强,则生产力会得到发展,生产力发展,则向心力会增强。进一步而言,当欧盟在经济和科技上比较强势时,欧洲人的信心、欧盟核心国家的信心、愿意加入欧盟的国家的信心也会大增,欧洲一体化的"软权力"也就较强。二战虽然使欧洲许多地方沦为废墟,但欧洲科技实力的领先地位一直保持到20世纪最后十年,然而,在进入21世纪特别是从第四次工业革命开始,欧盟在科技上的投入减少,市场总体狭小,加之缺少高素质的劳动力,导致欧盟经济发展所依赖的基础科技实力受到很大冲击,欧盟的信心逐渐减少,其凝聚力也随之减弱。

解答一体化难题

欧洲一体化面临的困境也是人类发展需要解决的难题,每一个国家都无法置身事外,中国学者不仅看见了欧洲一体化存在的问题,还提出了多样的解决方案。

(一)从历史中寻找答案

徐蓝教授认为,一体化的关键问题在于如何在深化国家发展的同时保护民族国家的主权,从而构建起一个可以保护国家主权、符合广大欧洲国家利益的框架。在历史上,欧洲一体化的发展一直遵循着几个原则:一是克服极端民族主义;二是实行政府主导;三是通过各层次不同的机构寻求妥协,找到国家主权和超国家一体化的结合点;四是实行灵活渐进政策,排除强制性一体化。这些既是一体化表现出的特点,也是欧洲一体化持续发展的重要原因,当前解决欧洲一体化发展的瓶颈也应当遵循这些基本的原则。

自一体化启动以来,德国始终是整个欧洲一体化的火车头,因此,陈志强教授相信,欧盟走出危机的关键在于德国的发展。一方面,德国不仅要继续为欧盟出钱出力,还需要将许多利益让渡给其他小国;另一方面,德国和法国之间的合作质量也至关重要。

陈志强教授寄厚望于德国,事实上是希望欧洲全方面摆脱"盎格鲁—撒克逊模式"。他强调,英国"脱欧"不是简单的利益问题之争,而是"盎格鲁—撒克逊模式"和"莱茵模式"之间的冲突。发达国家也有不同的发展模式,而"莱茵模式"是许多欧洲国家多年以来保持稳定发展,始终走在欧洲前列的重要因素。这是由欧洲的特殊情况所决定的,因为在欧洲狭小的地理空间里聚集了如此多实力相当的民族、种族和民族国家,其冲突是全球其他地区少见的。在这种情况下,"盎格鲁—撒克逊模式"所倡导的、也是美国现在所推崇的大帝国模式,其实并不适用于欧洲。

(二) 欧盟共同防务建设的成就、局限与出路

据赵怀普教授判断,欧洲一体化危机的共同点就是具有复杂性和长期性,因此短期内恐怕难以找到有效的解决方案,这可能会使欧盟在较长时期里陷入内部反思与调整,包括改革相关的制度和机制,调整各种复杂的关系,以便维持欧盟团结和欧洲一体化的效率。

赵怀普教授十分关注欧盟的防务合作,因此,他尝试从具体防务问题出发讨论一体化困境的解决之道。"永久结构性合作"(Permanent Structured Cooperation,简称 PESCO)是《里斯本条约》中唯一实质性的军事合作倡议,2017 年底 PESCO 正式启动,这意味着欧盟共同防务建设成为近年来欧洲一体化的热点,在国际上备受瞩目。PESCO 作为欧盟在防务领域采取的战略举

措,其对内目标是通过整合成员国的军事资源以增强欧盟整体防务能力,以便能够有效地保障欧盟自身的战略利益,同时推动欧盟的防务一体化;对外则致力于为欧盟争取更多的独立和战略自主权。内生动力和外部压力共同构成了其持续发展的根本基础。PESCO 启动至今,合作项目的数量从最初 13 项增加到目前 47 项,取得了一些积极进展,也展现了未来进一步发展的潜力。

与此同时,PESCO 也存在局限性和问题。一方面,启动的合作项目大多数属于难以实质上提升战斗能力的"软军事"项目,主要集中于联合训练和技术研发。这对于欧盟提升自身综合军力和战略自主权的影响相对有限。另一方面,虽然 PESCO 强调合作程度的约束力,但仍然为参与合作的成员国留下了较大的灵活空间。具体而言,成员国可以根据自身的能力和意愿自行决定参加哪些合作项目,这导致事实上参与每个项目的国家数量十分有限,只有三到七个国家参与了所有的 47 个项目。与之相应,参与国还呈现出分布不均衡的特点。参与项目较多的几乎都是西欧国家,如法国、德国、西班牙和意大利,而那些传统上对于欧盟防务合作意愿较低的欧洲国家,仍然较少参与这些项目。这种情况显然会制约 PESCO 在现有防务资源上形成规模效应的能力,并且在成员国多元利益纠纷严重的情况下,其灵活性可能会严重影响决策的效率。总之,当前只是数量有限的参与国在一些比较边缘化的领域进行了缺乏统筹的有限合作。

PESCO 的外部影响因子或阻力主要来自北约和美国的打压。美国仍需通过北约来维持在欧洲的驻军,以及对欧洲政治和经济上的控制,并希望施压欧洲国家增加军费来采购更多美国的武器。但欧洲许多国家有自己的想法,如法国总统马克龙曾明确表示,增加军费是为了建立自主的欧洲军费,而不是用于购买美国的军火,欧盟与美国和北约的矛盾就此突显。北约和美国对 PESCO 持有警惕,它们告诫欧盟,称 PESCO 应加强北约框架下的欧洲军事能力,而不是同北约竞争,或是建立一个北约的替代品。由此可见,欧盟提高防务能力的举措必然会受到北约的阻挠,而欧盟恐怕也惮于直接挑战北约。

赵怀普教授认为,若想将 PESCO 目前的防务能力转化为欧盟可以实际利用的、付诸行动的对外军事行动能力,需要克服更大的困难。这取决于成员国能否在何时、何地以及如何使用防务能力等中心战略文化上形成更多共识。

展望一体化前景

世界永远处在变化之中,作为此刻正生活在中国的"剧中人",我们无法保证能对未来作出完全准确的判断,但学者们仍然乐于从自己的经验和学识出发,对欧洲一体化的前景进行积极展望。

(一)"欧盟不会垮台"

尽管欧洲一体化会遭遇很多挫折,但与会学者普遍对欧洲一体化的未来表示乐观。陈志强教授认为欧洲一体化仍会向前推进并最终走向光明。在赵怀普教授看来,目前欧洲一体化的步伐会放缓,欧盟的战略与政策会更趋于内向,国际行动力不可避免地会有所下降,但欧洲一体化并不会完全陷入停滞状态,欧盟也不会在危机冲击下垮台。

冯仲平研究员提出了欧洲未来发展的三种可能性:第一,出现"双重欧洲"。一部分欧洲国家在一体化道路上越走越远,还有一部分国家原地观望,待一体化能够符合自己的利益时再加入,但这必然会形成核心国和边缘国的分化,导致欧洲内部分裂。第二,形成"志愿者联盟"。即不同的国家会在不同的领域,根据自己不同的利益形成结盟,其目的是捍卫欧洲利益,以抗衡中国和美国。第三,维持现状。他认为第三种情况发生的概率是最大的。无论如何,正如马克龙所言,只有欧洲进一步联合,才能够找到欧洲的自主性。

对欧盟前景的乐观展望源自对欧洲一体化历史的深刻认识。首先,欧洲一体化实现长久和平和欧洲自强的目的基本上得以实现,成员国已经享受到一体化带来的好处。其次,欧洲一体化就是在不断的冲击和调整中发展而来的,拥有较强的应变能力,欧洲一体化提供了一种平台、一种框架、一种规制和约束,这都值得人们重视。

这种乐观也基于对欧盟现状的充分了解。赵怀普教授指出,欧盟现有的实力、制度安排、广泛多领域的共同政策、诸多灵活性的措施，使它仍具有应对危机与挑战所需的物质基础、制度工具与政策手段，甚至会在个别领域取得进展，以维护欧洲一体化继续前行的动力，维持欧盟的国际地位和影响力，捍卫欧盟存在的合法性。雷建锋副教授将英国"脱欧"视为偶然事件，指出不能按照必然的逻辑解释偶然的事件，他认为欧洲一体化最初发展的政治、经济和安全基础依然存在：法国、德国等大国需要欧盟来保持其大国地位；统一大市场对欧洲各国都有益处；欧洲各国仍然需要共同应对俄罗斯的挑战。

这种乐观也建立在对世界潮流的精准把握之上。沈雁南研究员认为，欧洲一体化符合世界发展的潮流，即这种合作方式符合经济全球化的潮流。一方面资本扩张的本性不会改变，另一方面世界市场已经连成一片，产业链不会断裂。在这种情况下，欧盟内部大多数国家很难在国际舞台上独自行事，它们之间不会有明显的分裂，但会呈现碎片化和重新组合的倾向。

"欧盟不会垮台"的结论还有充分的民调数据支撑，这是中国政法大学政治与公共管理学院贾文华教授及其团队的工作成果。贾文华教授首先承认，近两年以来越来越多的信息和数据反映出了欧盟濒临垮台的趋势。在欧洲议会选举中，所谓民粹政党控制的席位增多了，此外，欧洲的民调显示，民众对欧盟持消极看法的比例也在上升。为了进一步探讨这一现象，贾文华教授的团队对"欧洲晴雨表"等主要欧洲民调的数据作了初步统计，综合各类民调数据，可以看出对欧盟的整体评价还是呈现积极趋势。贾文华教授因此判断，欧盟还未处于立刻垮台的危机中，但欧洲一体化若想继续大踏步前进，则至少需要10年甚至更久的时间，同时，欧盟必须进行改革，处理好难民、移民和官僚体系等具体事务，从而化解功能解体的风险。

（二）中国与更加"现实主义"的欧洲

展望欧洲一体化不免使人联想到大变局背景下中欧关系的未来发展。冯仲平研究员认为目前欧洲内部正在浮出水面的共识是中美对抗，即新两极格局出现的情况下，欧洲应处在什么位置，又如何保护自身利益，这很可能会形成推动一体化发展的新动力。

欧洲和中国拥有良好的合作前景。陈志强教授提到，欧洲是区域化的典型代表，欧洲已经出现逐渐摆脱美国的势头，在中美对抗背景下，未来的欧洲不会再有"选边站"的冷战思维。但同时也应认识到，受利益牵动，民族国家的形态还会继续强化，短时间内欧洲国家难以就主权让渡程度达成共识，但是，德国的经济发展将是未来欧洲取得独立性的重要一步。由于德国的经济并不像美国那般虚拟化和空心化，这也恰恰是它能与中国形成良好合作的重要方面。

欧洲对中国崛起的态度较为现实和全面，也更加理性。中国崛起是二战结束以来经济全球化的代表事件，冯仲平研究员指出，解读各个国家对待中国崛起的态度时应该做到具体问题具体分析。美国的态度已经逐渐明朗，民主、共和两党的核心共识就是中国不能超过甚至取代美国，后特朗普时代的美国也会阻止中国的发展。思忖良久之后，欧洲也在 2019 年 3 月 12 日给出了答案，主张与中国该合作时要合作，该竞争时也应竞争，该对抗之处仍旧对抗。具体来说，欧洲认为应在气候变化、伊朗核问题、新能源安全问题上与中国合作，在高科技领域相互竞争，在体制和治理模式上则与中国对抗。陈志瑞教授认为，欧洲争取战略自主或出现欧洲壁垒将是必然发展趋势。这意味着中国日后将会面对更难打交道、更现实主义的欧洲。

关于疫情防控问题是否会导致地缘政治或权力转移，目前国内外产生了许多争论，在陈志瑞教授看来，尽管疫情会加剧欧洲很多方面的压力，但这些压力同样是中国、美国、非洲以及其他地方需要面对的，因此还需进一步冷静细致地观察和分析，不能仅凭确诊人数或死亡人数就简单判断疫情防控是否到位或者质疑其国家制度是否出现问题。例如，意大利的高死亡率事实上与其家庭结构、人口结构、欧洲文化传统、社交方式等有着很大关系。

深化一体化研究

中国学者对欧洲一体化的走向持乐观态度，但这并不意味着未来是轻松的，因为其中还包含了对中国未来发展的嘱咐和殷殷期盼。面对欧洲一体化的复杂历史和未来可能出现的走向,学者需要在研究方面付出更大的努力。

为此,陈志瑞教授从学者的职责出发,倡导从三个新方向进行"欧洲研究":第一,加强历史研究,如重新梳理英国与欧洲的关系,研究欧洲各维度上的疆域演变,不仅是地缘政治和法律上的演变,还应包括文化、心理、情感等方面;第二,重视国际关系视角,关注和思考欧洲一体化内外环境的变化;第三,利用跨学科的研究方法解构和还原欧洲一体化进程,在不同的学科领域展开对欧洲政治、经济、社会、文化的多层次研究,拓宽欧洲研究的领域和视野。

钱乘旦教授表示,欧洲一体化进程一直是国内欧洲研究关注的热门话题,在新冠肺炎疫情蔓延全球的背景下,思考欧洲一体化的困境和未来有着深远的学术和现实意义。今后学者仍然需要从不同的角度研究欧洲一体化,通过分析一体化不同时期的不同状态,从而得出不同的见解和评价。

博雅德信工作坊第三十八工作间
—— 阿富汗和平之路：历史与未来

阿富汗与中国比邻而居，被称为亚洲心脏，是古代丝绸之路的重要组成部分，地缘战略价值极为重要。阿富汗战争迄今已持续 40 年，这使它成为若干跨国恐怖主义力量的聚居地。世界大国在阿富汗长期竞夺，使其国内政治和社会关系十分复杂。2020 年出现了转折点：2 月 29 日塔利班与美国达成和平协定，9 月 12 日阿富汗人内部和解进程正式启动。在这个背景下，此次工作坊邀请相关专家学者，一起回顾阿富汗政治和解的过去，分析当前的主要问题，展望和平前景。

关于阿富汗当前的局势，与会人员认为，美国态度改变是《美国—塔利班和平协议》的关键驱动力。其态度改变的缘由包括：调整国家安全战略、长期战争疲惫、驻军成本过高，等等。美国调整对阿战略是出于它自身的利益需要，不是为了阿富汗和平。当前阿富汗人内部的和解进程已经启动，但还没有正式进入谈判，还在讨论谈判程序。塔利班与喀布尔政府分歧严重，其争执关键有两点：其一，塔利班主张建立以哈乃斐教法学派为依据的教法统治，阿富汗政府以"包容性和平"为名，提出反对。其二，塔利班主张以《美国—塔利班和平协议》作为阿人内部和解的基础和依据，但喀布尔政府不同意。

与会专家认为，阿富汗政府在当前政治和解中的地位很尴尬。政府本身的主要问题是派系斗争激烈，腐败严重。阿富汗国家未来的稳定和发展需要强有力的领导人、有效政府、强大军队和警察力量、经济和文化教育发展。阿富汗的政治文化决定了它在国际关系中不会完全倒向任何一个国家,而是会设法保持中立/独立,左右逢源。阿富汗问题从来不是它自己的问题。它的绝大部分问题都由外国引发,其解决也需要外国帮助。

关于阿富汗局势的未来走向,与会人员认为,首先,如果特朗普当选,则美国撤军将成定局。美国不会离开阿富汗。但它对阿富汗未来政治制度安排的具体细节没有兴趣,它只希望阿未来政府能配合美国的战略。阿人内部和解困难重重,出路在于:找到各方接受的权力分配方案,国际社会继续提供支援和帮助。其次,和谈比战争好,但和谈还不是真正的和平。当前的和谈可能无果而终。即便达成和约也不等于就能够实现和平。2019年以来,恐怖组织伊斯兰国呼罗珊分支(ISKP)和基地组织明显重组,力量壮大。最后,应该进一步促进中国与阿富汗的友好关系,加强人文交流和经济往来。与会专家提出,中国媒体要帮助阿富汗在国际社会塑造积极形象,促进阿富汗和平进程。美国和地区大国在阿富汗都有自己的利益,必须注意美国的消极作用。

博雅德信工作坊第三十九工作间
——环境变迁与国家治理：从英美历史到中国现实

"一个国家的环境状况是有关其政府之功过的最有力的证明"——这是《什么是环境史》的作者唐纳德·休斯先生在该著作中表达的一个看法，他在其中还特别引述了中国古代亚圣孟子的有关论述。古今同理，中西共修。在近代民族国家疆域划定和社会转型尤其是近代以来越来越多的国家与地区迈入工业文明之后，随着人类对自然利用力度的不断加大以及人流、物流的不断增强，环境本身也发生了巨变。在这一过程中，原本由个人、家庭、社区和地方政府承担的环境管理责任，也逐渐被视为国家责任的一部分并由政府集中、专门担当起来，由此国家在应对和治理环境从而重塑生态与社会秩序的过程中逐步变强、做大。

从英美历史到中国现实，深入回顾和考察这一演变并比较不同区域和国家应对环境变迁之道的异同，对于思考国人当下十分关切的国家治理体系和治理能力现代化的问题有着重要的意义。为此，北京大学区域与国别研究院拟举办"环境变迁与国家治理——从英美历史到中国现实"跨学科工作坊，试图在中西古今的比较与互鉴中，探寻现代国家环境治理的共性与差异，以期对当下我国的生态文明建设提供某种有益的启示。

对于当下面临的环境危机，与会专家认为，中国作为有5000多年文明史的国度，原本有一套与自然和谐的农业生产体系。20世纪七八十年代以来，起始于西方的以化肥、农药、农机、育种等为取向的所谓"绿色革命"传入中国。

这是一种工业化农业，在"奇迹"般地提高粮食单产的同时，对土壤、物种和人类生存环境造成不可逆的破坏。若想建设生态文明，实现可持续发展，需要反思这种工业化农业方式，找到让农业回归农业的路径，这是当代人不能回避的责任。

当下地球的环境主要受到以下三大根本性压力：超载的人口、以市场为基础的各国竞争性发展、人类低素质所体现的观念及消费方式。对此，环保不力的根本关节则是无法形成国际统一的刚性规制、民众普遍的侥幸心态、人性提升与环境状况的脱节。涉及具体的对策认定则有被动和主动、刚性与柔性、外在及内在的分别。

也有观点认为，人类文明的出现和演进依靠两大基本条件：自然条件和知识条件，对前者的破坏引发了环境保护与可持续发展的思潮、研究、对策与行动；对后者的误用恶用，特别是对后者中的科技知识的误用、滥用、恶用却没有引起足够的重视。目前科技风险愈演愈烈，而人类安全防护措施存在诸多严重漏洞，难堪重任，人类面临前所未有的双重挑战，只有发动新的科技革命、产业革命、分配革命和国家治理革命才能有效应对。

从国家应对环境危机的实践看，美国的环境治理经历了三个重要阶段，第一阶段从独立建国到进步主义时代，第二阶段从进步主义时代到 20 世纪 60 年代，当下则处于第三个阶段。在这三个阶段中，美国从早期的自由放任进入第二阶段的建立"公地"（American commons），再到第三阶段以国家立法的形式加强对公民行为的管理。此三个阶段转换背后的核心驱动力是变化的环境以及随之变化的环境知识，而非某个权力群体或者若干群体意志的一厢情愿。英国，作为开创工业文明的国度，率先享有其成就，率先品尝其苦果，同时也率先踏上现代环境治理之路。百年来英国环境治理方略经历了从各自为政到通力合作的变革。这一变革表明，在环境治理问题上，人为的制度、观念乃至文明本身一直在突破成见和积怨，正在发生根本性转型，由此一种不同于工业文明的新型文明也首先在工业文明先行国家孕育、生长。

有与会专家还运用和辨析了环治国家（environmental management state）概念，即现代国家通过强调其控制与管理自然、资源以及相关行为的责任，运用其所掌握的资本与专业知识,调整或建立新的生态与社会秩序,从而定义其与公民、社会以及其他国家之间的关系。同时有观点认为,在生态文明建设中,中央高层驱动是实现三流汇聚的关键点,但也要考虑地方主政者的政策偏好,重视政策议程设置中"上下来去"的互动过程。但也有不同观点指出,政府也不是万能的,在20世纪六七十年代,环境污染危机爆发,科学主义、理性主义、人类中心主义受到进一步质疑和批判,生态主义和整体主义得以张扬。在环境保护中,政府、市场与狭义的市民社会"相生相克"。环境法个性鲜明,它适应生态文明时代的道德、规律和现实需要,保障"自然"活着(生态平衡),也保障"人"有自由、有尊严、有意义地安全而健康地活着。

新芽沙龙第二十六期
——叙利亚经济与社会现状

  本期新芽沙龙邀请到北京大学南南合作与发展学院公共管理硕士、叙利亚行政发展部人力资源主管巴沙尔·赫尔(Bashar Kheir),北京大学南南合作与发展学院公共管理硕士、叙利亚规划与国际合作委员会官员阿斯玛·凯特贝(Asma Katbeh)围绕"叙利亚经济与社会现状"主题,从不同视角进行交流和探讨。

  赫尔称,20世纪90年代社会主义制度在苏联和东欧国家崩溃后,叙利亚开始实行(对外)开放政策。2000年之后,采取了诸多立法和行政措施加速经济开放,促进叙利亚进一步融入全球经济中。例如,叙利亚主动开启了加入欧元区的进程,2005年推出了"社会市场经济"概念,并于2010年成立了"叙利亚加入世贸组织工作组",但这一努力却因战争而被迫中断。

  战争对叙利亚的影响是全方位的。根据联合国2016年的统计数据,叙利亚内战造成约40万人死亡,620万人流离失所,约560万人成为难民,还不包括未经联合国登记的其他难民。2017年叙利亚的失业率超过50%,现在情况更加糟糕,2018年的贫困率超过82%。月工资由战争之前的400—500美元降至2020年的40美元。基础设施的破坏使人们无法持续获得医疗保健、教育及其他服务。由于所有的经济活动全部中断,2016年叙利亚的国内生产总值与2010年相比缩水了4倍,累计损失约2260亿美元,高失业率、高通胀率也随之而来。尽管在2017年之后有所改善,但受美国2019年通过的《凯撒叙利亚平民保护法》(俗称"凯撒法案")所实施的非法双边制裁,以及欧盟和阿拉伯国家联盟所强加的其他制裁的影响,叙利亚国内生产总值年增速持续受挫。目前叙利亚的重建主要面临三个挑战,首先是在遭受单方面非法制裁的情况下实现经济复苏,其次是国家重建和国家建设,最后是体制改革和反腐败工作。

赫尔认为,中国的"一带一路"倡议为叙利亚的重建做出了贡献。叙利亚加快融入"一带一路"倡议有诸多好处:可以将中国过剩的基础设施产能转移到中东,尤其是在这方面存在问题的叙利亚、黎巴嫩和伊拉克;支持这些国家通过体制改革和反腐败努力来减轻经济封锁的严重性,并为电气化运输、工业化、自由贸易、绿色城市和经济特区等建设铺平道路。

凯特贝简要介绍了中叙关系的三个阶段:叙利亚战争前——有限的经济合作;战争期间——援助政策;战争后——期待进一步的经济合作。她指出,叙利亚是最早与中国建立外交关系的中东国家之一,虽然两国外交关系始于64年前,但经济合作却并未反映出两国关系的深厚。与该地区其他阿拉伯国家,尤其是20世纪八九十年代才与中国正式建交的海湾国家相比,经济合作较为有限。

凯特贝认为,叙利亚危机是自第二次世界大战以来最具破坏性的危机之一,带来了大规模的物质性和社会性破坏、基础设施毁坏、大规模的难民危机和严重的经济衰退。随着西方继续对叙利亚实施制裁,中国将成为大马士革平衡西方压力的重要国际合作伙伴。"一带一路"倡议被认为是最重要的国际合作举措之一,为叙利亚和中国提供了建立战略伙伴关系的重要机会。中国可以通过在石油、天然气和可再生能源领域的投资合作,扩大中国公司在恢复和发展基础设施(电力、交通、建筑、通信、水资源等)重大项目中的参与,并借助于加强和发展基层部门人力干部的培训计划与专门项目来支持叙利亚的重建进程。叙利亚官员不仅欢迎中国参与重建,还为此做出积极努力。

当天,赫尔和凯特贝还与现场听众就叙利亚人文社会、中叙关系及中东局势等话题进行了深入交流。

"中国—意大利"建交 50 周年线上研讨会举行

2021年1月20日,北京大学区域与国别研究院与北京大学地中海区域研究中心共同举办的"中国—意大利"建交50周年研讨会在线上成功举行。在研讨会上,来自中国与意大利的专家学者共同探讨与展望了大变局下的中意与中欧关系。

此次研讨会由北京大学历史学系长聘副教授、北京大学地中海区域研究中心主任法恩瑞(Enrico Fardella)主持。意大利驻华大使方澜意(Luca Ferrari)为会议致开幕词。他在开幕词中提出了两个重要的历史事件。第一个是2004年两国建立全面战略合作伙伴,中意发展进入快车道,巩固了双方的政治互信。第二个是2019年意大利加入"一带一路"倡议,双方的合作进入新的历史阶段。2020年,在新冠肺炎疫情蔓延全球的背景下,两国人民守望相助,增强合作共同抗击疫情,进一步弘扬了人道主义精神。在方澜意看来,在后疫情时代,人文交流将为中意关系的发展提供更广阔的空间。

此次研讨会总共邀请了7位专家学者演讲。中方专家学者包括北京大学社会科学部副部长、北京大学中外人文交流研究基地执行主任王栋,北京大学政府管理学院教授、北京大学欧洲研究中心主任李强,中国社会科学院欧洲研究所研究员孙彦红,北京大学政府管理学院长聘副教授段德敏和重庆大学人文社会科学高等研究院副教授钟准。意方专家学者包括都灵大学文化政治与社会学院助理教授欧阳乔(Giovanni B. Andornino)与都灵大学文化政治与社会学院助理教授朱塞佩·加布西(Giuseppe Gabusi)。

欧阳乔通过梳理中意关系50年来的发展历程认为,两国既有相同点也有不同点。因此,为了进一步促进两国关系发展,意大利需要培养出更多的年轻学者深入研究中国,而中国也需要培养出更多的年轻学者研究意大利。此外,建立全面的社会科学交流机制对两国关系发展也起着重要的作用。

钟准通过研究意大利外交政策的演变表示,只有从欧洲乃至全球的视角看中意关系发展才能够为中意关系的未来走向提供更有价值的建议。作为欧洲国家,意大利有其特殊性,这种特殊性有助于推动中意关系。但是,意大利的对华关系也离不开欧盟框架和北约框架的影响。对中国而言,发展与意大利的关系需要理解这两个框架。此外,随着双方全球战略合作伙伴关系不断深化,未来中意关系发展的意义也需要从全球视角研究。

孙彦红在发言中提出,中意两国建交以来在经贸合作上取得了诸多成就,在双边贸易和相互投资上都取得了一系列突破,2019年签署的共建"一带一路"备忘录为两国全面加强合作、特别是经贸合作提供了新平台。当前及未来相当长一段时期,中意两国在经济上仍存在明显的互补性,合作空间和潜力巨大。尤其是在绿色经济、在中国增加进口"意大利制造"产品、升级意大利国内基础设施等领域,两国合作前景广阔。此外,在数字经济领域,可考虑打造"意大利制造+中国数字技术"的新合作模式。最后,孙彦红还向与会者介绍了中国第一本意大利蓝皮书的编撰与出版情况。

加布西认为,近年来,中国与欧洲各个国家关系取得了明显的进步,成果丰硕,2020年年底中欧投资协定谈判的签署进一步将中欧贸易合作推向新的台阶。经贸合作是中意两国合作的主要内容,也是推动中意关系发展的主要动力,中欧投资协定将为两国的经贸合作提供新思路。

作为欧洲问题的专家,李强认为,在1970年之前,受国际大环境影响,两国的建交进程并不是一帆风顺的,但中意两国的有识人士为建交做出了巨大的努力。在今天看来,意大利与中国建交是正确的选择,不仅符合两国的利益,也符合整个欧洲的利益。

段德敏指出,中欧关系框架下的中意两国关系将稳定发展,同时应该放眼大局,注意复杂问题,如欧盟是否能够独当一面,成为独立的行为体,以及在特朗普政府破坏了良好的跨大西洋关系之后,欧盟将如何恢复与美国的合作。"平衡"是一个关键词:意大利将与其他欧盟成员国采取一致的对华立场,但也会考虑自身的经济利益,特别是在地中海地区与中国开展合作。

研讨会闭幕式由王栋致辞。他认为,2020年,虽然新冠肺炎疫情给中意关系和中欧关系发展带来了巨大的冲击,但中意和中欧的合作成果非常丰硕,这些丰硕的成果证明了多边主义符合彼此的共同利益,有利于三方在后疫情时代共同应对全球问题贡献自己的力量。

研讨会后,专家学者普遍认为,此次研讨会全面梳理了中意关系的发展历程,分析了双方发展过程中存在的问题,有利于推动两国关系以及中欧关系进一步向前发展。

> 书评

地区性战争与全球史价值
——评奥兰多·费吉斯《克里米亚战争:被遗忘的帝国博弈》

秦彦洋

19世纪中叶,世界正处在新思潮动摇旧制度、新霸权挑战旧秩序、新科技革新旧生产的大变局时代。这一时期,发生于1853年至1856年的克里米亚战争,源起于宗教纠纷、东方问题、西欧社会恐俄情绪等欧亚大陆新旧矛盾,将英国、法国、俄国、奥斯曼帝国、奥地利帝国、撒丁王国等大国卷入战火,对19世纪后期世界霸权力量的新陈代谢产生了深远影响,也是研究近代国际格局和大国政治的重要样本。

克里米亚战争的规模和损失十分巨大,它是从拿破仑战争到第一次世界大战百年间欧洲大陆发生的最大规模军事冲突,造成超过75万军人阵亡或病死,其中约三分之二是俄国军人。然而,克里米亚战争的伤痛似乎被20世纪的两场世界大战掩盖了,参战国的大众传媒如今已很少提及这场战争,有关战争的纪念活动寥寥无几。鉴于此,当英国历史学家奥兰多·费吉斯的《克里米亚战争》一书在中国大陆出版时,译者为其添加副标题"被遗忘的帝国博弈",可谓恰如其分。

一、著书背景与篇章结构

《克里米亚战争》英文版首次出版于2010年,原标题为 *The Crimean War: A Hsitory*。作者奥兰多·费吉斯(Orlando Figes)生于1959年,剑桥大学三一学院博士,现任英国伦敦大学伯贝克学院历史学教授,主要研究方向是近现代俄罗斯与苏联历史。他的一系列解读沙俄和苏联历史的著作如《娜塔莎之舞:俄罗斯文化史》《耳语者:斯大林时代的苏联社会生活》《古拉格之恋:一个爱情与求生的真实故事》兼具学术价值和优美文笔,被誉为该领域研究的一流著作。

在费吉斯叙写克里米亚战争之前,美国、俄罗斯、欧洲学者关于这场战争已有一定研究,特点如下:首先,研究成果跨多学科,涵盖军事学、医学、文学、新闻传播学、艺术学等领域,涉及军队供给体制、医疗保障甚至摄影技术等细分领域。其次,研究的国别角度丰富,不仅站在英、法、俄、土等参战国角度分析,还专门研究了美国[欧弗罗西娜·马尔科夫(Eufrosina Dvoichenko-Markov)]、日本[保罗·埃克尔(Paul E. Eckel)]、爱尔兰[大卫·墨菲(David Murphy)]以及鞑靼人[马拉·科泽尔斯基(Mara Kozelsky)]与战争的互动关系。最后,专题史研究有所创新,从传统史学过渡到社会史、文化史、科技史,但全球史研究创新不足。具体来说,约翰·斯威特曼(John Sweetman)基于军事视角对克里米亚战争的过程、节点进行梳理,在战场技术参数和参战伤亡人数上给出精确数字①。斯特凡尼·毛尔科维奇(Stefanie Markovits)从英国社会文化角度进行研究,分析战争中首次出现的现代传播方式如何促进英国报业、文学、音乐和美术发展变化,以及这些战争文艺对英国中产阶级战争态度的影响②。哈坎·克勒姆勒(Hakan Kirimli)从移民史角度,考察克里米亚战争期间大批鞑靼族穆斯林有组织地迁入奥斯曼领土的行为,认为原因包括鞑靼与俄罗斯的民族矛盾、奥斯曼作为哈里发的宗教责任感等,结果是改变了克里米亚半岛的人口构成和未来归属③。林恩·麦克唐纳(Lynn McDonald)运用统计方法分析克里米亚战争的士兵伤亡数据,指出野战医院卫生环境对伤

---

① John Sweetman, *The Crimean War*, Oaprey Publishing Limited, 2001.
② Stefanie Markovits, *The Crimean War in the British Imagination*, Cambridge University Press, 2009.
③ Hakan Kirimli, "Emigrations from the Crimea to the Ottoman Empire during the Crimean War", *Middle Eastern Studies*, Sep. 2008, Vol. 44, No. 5, pp. 751-773.

员救治的显著影响，分析南丁格尔在战场医疗救治中的得失，认为克里米亚战争是英法军事医院发展的开端①。

相比于前人著作和研究成果，费吉斯的《克里米亚战争》在写法上有两大新颖之处：一是历史素材来源的多元、翔实、丰富。用费吉斯的话说，本书是"第一部资料大量取自俄罗斯、法国、奥斯曼帝国和英国文献的书"，除战争进程的正史叙事外，穿插和引用国王和大臣的信函、战地记者的报道、参战官兵的口述、普通民众的回忆，生动描绘了战争技术、将士心理、公众舆论如何作用于这场工业化时代的"新式战争"。二是全面介绍了战争原因和影响。在描写军事斗争之前，作者首先将战争嵌入19世纪中后期的国际背景，论述宗教纠纷、地缘政治、意识形态、经济利益对主要参战国一系列决策的作用，分析这场战争与帝国、民族、宗教等要素的相互影响，体现出一位优秀历史学者的视野纵深。

本书中文版于2018年出版，全书700余页，约60万字，主体部分含序言、十二章正文和长篇结语。全书可分为四个部分：

第一部分从第一章至第四章，主要讲述克里米亚战争前的国际形势，分析各国参战动机及动员过程。19世纪中叶，东正教与天主教的矛盾、奥斯曼帝国衰弱造成的权力真空、英法俄对境外利益的空前诉求、东欧巴尔干民族主义的觉醒，都使大国博弈态势日趋激烈，拿破仑战争后的和平条约变得十分脆弱。本书没有就战争写战争，写成简单的战场纪事，而是用长达三分之一的篇幅铺陈背景，这对理解历史事件起着基础性作用。

第二部分是第五章，主要讲述俄土摩擦和战争爆发。克里米亚战争的第一阶段是奥斯曼帝国（亦称奥斯曼土耳其帝国）与俄国之间的双边对抗，时间从1853年10月至1854年2月。从17世纪后期起，土俄两国以黑海为中心频发战事，克里米亚战争也被称为第九次俄土战争。1853年6月，俄国出兵占领多瑙河下游的摩尔达维亚和瓦拉几亚两公国，在耶路撒冷宗教事务上向伊斯

---

① Lynn McDonald,"Florence Nightingale, statistic and the Crimean War", *Journal of the Royal Statistical Society. Series A (Statistics in Society)*, June 2014, Vol. 177, No. 3, pp. 569–586.

坦布尔施压。10月,俄土两国相互宣战。最初的冲突发生在黑海以东的高加索地区。11月,俄国海军在黑海南岸港口锡诺普重创奥斯曼帝国海军,激起土耳其人的民族情绪,并迅速在英、法引发对土耳其的同情和俄国扩张的警惕。

第三部分是第六至第十章,主要讲述战争的升级和白热化。克里米亚战争的第二阶段是1854年3月之后,英、法、奥地利、撒丁王国卷入战争,俄土冲突上升为多国战争,作战地点从多瑙河下游转向克里米亚半岛。1854年春,英法两国对俄宣战并将联合舰队派往黑海水域,用四个月时间迫使俄军撤出黑海以西的多瑙河下游地区。为进一步打击俄海军力量、抑制俄扩张野心,英法将战火扩大到黑海北部、属于俄领土的克里米亚半岛。随后两年,围绕夺取克里米亚半岛控制权,参战双方相继发动阿尔马高地战役、巴拉克拉瓦战役、因克尔曼战役等,英法联军还对塞瓦斯托波尔进行了长达9个月的围困,堑壕战和炮击令双方付出巨大兵力损失。

第四部分从第十一章至第十二章,主要讲述战争的结局和影响。塞瓦斯托波尔是克里米亚半岛南端的天然良港,也是俄海军黑海舰队司令部所在地,几个世纪以来都是兵家必争之地。塞瓦斯托波尔是战争的焦点,英法联军在此展开长达300多天的围困战,通过大规模炮击和堑壕战消磨俄守军战斗力,终于攻陷了这座城市。在失败的俄国一方,塞瓦斯托波尔的坚守和失利被塑造成英勇顽强的俄罗斯民族精神的体现,在俄罗斯国家身份认同的建构上具有重要意义,被托尔斯泰誉为"塞瓦斯托波尔的史诗"。1856年的主题是和平谈判。参战各国签署《巴黎条约》,确认了黑海非军事化原则,确认多瑙河两公国为自治国家,其主权归奥斯曼帝国,终结了俄国对两公国的保护权。《巴黎条约》暂时约束了俄国在黑海地区的扩张态势,但并未根本缓和列强对世界霸权和全球利益的激烈争夺。

总体上看,克里米亚战争被特殊的时代背景赋予诸多内涵,已经超出常规的地区性武装冲突,扩展为一场国际战争、霸权战争、科技战争甚至舆论战争。

二、理解克里米亚战争的三组关键词

费吉斯比较充分地论及了克里米亚战争的复杂性质,但其书中时间轴线的叙事、穿插运用的史料、详略不一的描写,不利于非专业读者从总体上把握克里米亚战争的特点。通览全书,笔者将这次战争提炼为三组关键词。

第一组关键词:局部与全局(局部性的武装冲突和全局性的起因、影响)

首先这里所说的局部,是相对意义上的局部。克里米亚战争的主要战役发生在环黑海地区,包括安纳托利亚北部、多瑙河下游、高加索山区和克里米亚半岛。同时战火蔓延到参战双方势力角斗的诸多角落:在波罗的海,英国海军计划进攻俄国首都圣彼得堡;在白海,英国海军炮击了俄国在白海的政治经济中心索洛维茨基的修道院。英法并未动员的殖民地兵力,这次战争因而基本被限定在黑海区域,没有演化为一场世界大战式的全局对抗。

虽然战火集中在局部地区,但克里米亚战争自始至终牵动着诸多全局性问题。自17世纪俄土两国围绕黑海霸权已经爆发过八次战争,但直到克里米亚战争才显露全局性意义。因为它不以争夺克里米亚半岛为目标,也不单是俄国与奥斯曼在黑海矛盾激化的产物,它由域外矛盾推动、被域外大国主导、以争夺全球霸主为目标,体现出有别于以往地区性战争的新特征。

在本书前四章中,作者论述了宗教纠纷、东方问题、民族意识、恐俄情绪在战争策源过程中的作用。这是当时整个欧洲和西亚的矛盾聚合,在地理上英法等国与克里米亚半岛并无明显交集。但这些全局矛盾在克里米亚半岛的局部战争中爆发,其背后是新老强国利益布局的全球化及全球争霸时代的到来。19世纪四五十年代,以英国、法国为代表的西欧国家已基本完成第一次工业革命,初步建立海外殖民体系和贸易网络,形成遍布全球的军事和经济力量。同一时期,沙皇俄国的西化改革并不彻底,但强有力的君主专制和疆域资源支撑着俄国对外扩张的野心,俄国尤其觊觎处于衰落中的奥斯曼帝国领土。奥斯曼帝国作为地跨三洲、囊括多宗教多民族的老牌大帝国,其对边远行省的控制力已严重弱化,北非地方豪强拥兵自重,以基督教徒为人口主体的巴尔干地区民族独立浪潮此起彼伏,帝国沦为所谓的"西亚病夫"。在此背景下,欧洲的均势和平结构受到冲击,拿破仑战争后建立的维也纳体系开始松动,新老强国在宗教、经济利益、意识形态上的分歧日趋明显。一场重新进行话语权和利益分配的战争已经呼之欲出。

战争既是国际政治的延续,也是国际格局新陈代谢的催化剂。从欧洲体系的角度看,克里米亚战争打破了长期以来维持欧洲秩序的俄国—奥地利保守主义联盟,为意大利、罗马尼亚等民族国家的诞生创造了条件。从国别史的角度看,克里米亚战争不同程度上影响了参战国历史进程。在第十二章《巴黎与新秩序》及结语《有关克里米亚战争的神话与记忆》中,我们看到:克里米亚战争对英国民心向背和公民参政的影响;对俄国亚历山大二世农奴制改革的刺激;对奥斯曼帝国"坦泽马特"改革时代的影响。

第二组关键词:战争与和平(战争的空前残酷性与军事约束机制的初现)

一方面,在工业革命成果及新式装备的助力下,克里米亚战争的残酷性是空前的。费吉斯认为,克里米亚战争是第一场真正意义上的现代战争。这场战争是近代科技战争的开端,现代来复枪、蒸汽机船和铁路等新工业技术被投入战争,兵力兵器、军事技术进入飞速发展阶段,对火炮枪械和水雷武器的改进起了推动作用。许多新的战争手段登上历史舞台,科学技术日益成为决定战争胜负的关键因素。

这场战争还兼具传统战争与现代战争的特点,在作战指挥上留有传统战争的痕迹。遗憾的是,指挥方式上的落后加剧了无谓的伤亡,最典型的事件是英国军队"轻骑兵冲锋"。本书第八章用生动的素材重现了巴拉克拉瓦战役中英军轻骑兵的冲锋场景。书中这样描写道:"烟雾浓得让人几乎什么也看不见。到处都有战马和骑兵倒下……(一名军士的)脑袋被一颗加农炮弹打飞,但是无头的身体依然坐在马鞍上,继续向前了约三十码,长矛依然紧紧地夹在他的右臂下。"克里米亚半岛寒冷的冬季、攻守相峙的塞瓦斯托波尔要塞以及旷日持久的阵地堑壕战,都给参战方增加了获胜难度,也造成了更多伤亡。

在战争期间,英国利用海军优势在白海、波罗的海、远东堪察加半岛对俄海军进行打击或压制,牵制了俄方部分兵力,在战线后方造成一定社会恐慌。这种机动战术,是工业革命和殖民扩张的双重果实,也预示着新兴海洋霸权相对老牌陆地霸权不断扩大的优势。

另一方面,人类对和平的追求与残酷的战争相伴随。电报、交通、军事医学上的一些重要发明出现在克里米亚战场上,为此后医疗后勤保障、媒体监督、民众反战思潮的发展提供了土壤。

战场医疗方面，俄国医生尼古拉·皮罗戈夫（Nikolai Pirogov）在塞瓦斯托波尔建立医疗救护站，创建伤病员分流系统，广泛应用麻醉手术，极大提高了医疗资源的利用效率。联军方面，英国护士弗洛伦丝·南丁格尔（Florence Nightingale）更是家喻户晓。南丁格尔出身富裕的中产阶级家庭，1854年11月她奉命带着38名护士抵达斯库台，管理医疗救护站，挽救从巴拉克拉瓦战役中撤退的大批伤兵。按照书中的史料，南丁格尔在斯库台的医疗活动并不成功，英军医院里的死亡率从8%骤升至52%，后来查明是由于医院下水道系统渗漏，导致许多污水渗入饮用水中。尽管如此，南丁格尔以其爱国热情、无畏精神、专业技术被塑造成英国的国家神话，被称为"提灯天使"的她成为世界护士精神的象征。

交通工具和通信手段便利了信息传播。战地记者作为新的职业登上舞台，借助新铺设的海底电缆，新闻稿可以在几个小时内从战地前线传到伦敦编辑部，随即登上《泰晤士报》。刚刚发明的摄影术也被派上用场，后方有幸通过战地记者拍摄的照片看到前方战场的真实情况，克里米亚战争也是第一场公众得以及时准确看到照片的战争。

当时，西欧已经历过启蒙运动和法国大革命的思想洗礼，公民权、有限政府等权利意识深入人心。在宽松的社会背景下，新闻传播方式的进步使民众可以参与战争话题的讨论，大众传媒蓬勃发展、民众声音充分表达，对政府战争行为的制约机制初具雏形。例如，《泰晤士报》记者威廉·罗素发回了大量详尽报道，曝光了军队当局的种种失误，以及部队恶劣的生活条件，报道激起的公众批评很快影响到英国内阁决策。《泰晤士报》还时常刊登军官和士兵的来信，揭露部队悲惨的生活条件，引发了职业精英（报社主编）与特权贵族（高级军官）之间关于新闻自由的争斗。

第三组关键词：宗教与民族（宗教矛盾与民族主义在战争中的作用）

宗教与民族在意识形态领域是相互联系又彼此区别的概念，核心都是身份认同问题。宗教因素是克里米亚战争的导火索，但真正使战争不断升级的助燃剂却是民族主义。

克里米亚战争的触发点在巴勒斯坦的宗教纠纷。巴勒斯坦属于奥斯曼帝国领土。19世纪,铁路和蒸汽船的出现为朝圣者前往巴勒斯坦提供了便利,来自欧洲各国的大量旅游团和朝圣者纷至沓来,法国天主教会、俄国东正教会在巴勒斯坦购地置业、扩充势力范围。俄罗斯人把耶路撒冷视为"东正教帝国"的精神家园,通过在圣地的宗教活动,拉拢奥斯曼帝国境内的东正教信众。俄国势力的快速扩张引起法国警觉,后者为确立自己作为天主教徒首要保护者的地位,于1843年在耶路撒冷建立领事馆。

一方是法国支持的天主教徒或拉丁人,一方是俄国支持的希腊人,双方在谁应该控制耶路撒冷的圣墓教堂和伯利恒的圣诞教徒的问题上互不相让。1846年天主教和东正教的复活节正好在同一天,两个教派关于谁拥有圣墓教堂优先祭祀权的争执达到白热化程度,最终导致圣墓大教堂枪战事件,造成至少40人死亡。基督教内部两大教派的流血事件,使法、俄陷入一场关于谁能控制圣地的外交危机,彼此敌视、相互攻讦。1852年12月,奥斯曼苏丹颁布敕令将圣地保护权再次还给法国,引发俄国强烈不满。

费吉斯指出,宗教纷争不仅仅是一个欧洲列强发动战争的借口,或者现代人解释战争之"愚蠢"和"没有必要"的理由。他认为,历史学家们以往低估了克里米亚战争的宗教动机,宗教在19世纪具有相当的重要性。甚至在当代,从20世纪90年代的巴尔干战争到21世纪初伊斯兰极端武装的崛起,都表明宗教动机在战争中起着重要的作用。

19世纪是欧洲民族国家大为发展的时期,在民族主义潮流强烈推动下,欧洲各民族纷纷要求建立自己的国家。克里米亚战争的参战国,可以分为两类国家,一类是俄国、奥斯曼、奥地利等多民族的旧式大帝国,普遍面临着民族主义蔓延带来的国家认同危机:沙皇俄国坚持以宗教构建国家认同,主张对境外东正教徒的保护责任,却对境内鞑靼族等穆斯林族群缺乏凝聚力;奥斯曼帝国面对国力衰弱和境内少数民族独立要求,推出"奥斯曼主义"等世俗国家理念,但"东方问题"已积重难返;奥地利帝国内部民族矛盾也十分尖锐,整个帝国是非常不稳定的政治体。另一类国家是英国、法国,它们早在18世纪已完成民族国家建构,形成了"一个民族,一个国家"的政治实体与认同,实现了相对稳定的领土和人口构成,率先走上了发展资本主义、建设现代国家的道路。

从某种意义上讲,克里米亚战争将新式民族国家与传统的多民族帝国一同推上战争竞技场。在这场较量中,多民族的老牌帝国难以动员起境内少数民族的力量。比如,克里米亚半岛的鞑靼人、巴尔干和多瑙河地区信奉东正教的诸民族主义者,都没有与地理概念上的母国形成效忠关系,客观上制约了俄国、奥斯曼军力的发挥。英法两国在战争动员时效率更高,职业化军队的身份认同更加稳定。

民族和宗教之外,政治意识形态也成为战争动员的武器,这似乎预示了引发 20 世纪若干战争的思想动力。英国将参加克里米亚战争的一个原因归结为"英国精神,即热爱自由、致力于保护弱者对抗欺凌",主张为捍卫奥斯曼帝国的独立和自由而战。西方社会给俄国贴上专制主义标签,恐俄派政客和知识分子进行舆论造势,将《彼得大帝遗嘱》视为俄国扩张主义外交政策的决定性依据,提倡对俄发动一场"预防性战争"。

透过三组关键词可看到,克里米亚战争蕴含着鲜明的时代色彩,与 19 世纪中叶一个加速形成中的资本主义世界体系相呼应。那个转型时代,科技迅速发展、资本和贸易全球化,建立霸权国家和垄断体系成为现实可能,克里米亚战争也因此有别于以往争夺土地、财富、殖民地等实体战利品的战争,其最高目标就是世界霸权。

三、阅读感受

本书不是单纯面向历史学界的理论专著,还兼顾广大非专业读者的阅读体验,出版后屡登畅销书榜单。即使如此,本书的学术创新依然可圈可点。

第一,费吉斯用翔实的史料全方位展示了这场战争从源起到结局的细节,再现了残酷的战争场景。费吉斯借鉴近年来史学研究新方法,材料不局限于官方记录、政府邸报,而是广泛引用参战各方、各群体的叙述,包括军官回忆录、士兵书信、历史报刊、记者手稿等,给读者以身临其境之感,使读者有机会感受现代早期战争中个体的离合悲欢。在材料的收集丰富度上,费吉斯达到了之前研究者未有的高度。

第二,本书全面反映了地缘政治、文化与宗教等因素是如何影响主要参战国介入克里米亚战争的,这也是费吉斯自认为的一大优势。本书第一章对战争之前围绕耶路撒冷的宗教纠纷进行了系统回顾,对既有研究成果进行了较好的取舍和生动的展示。当然,费吉斯说以往"没有能力讨论这场战争爆发的宗教原因、'东方问题的复杂性'、黑海地区基督徒与穆斯林的关系"等,是不太全面的。

第三,费吉斯的笔触超出了政治史、军事史,对其母国(英国)和研究对象国(俄罗斯)的文学、艺术、音乐亦有涉猎,书中引用大量诗歌、绘画、民谣,使遥远年代更加鲜活。如书中列举英国画家伊丽莎白·汤普森(Elizabeth Thompson)创作于1874年的画作《战后点名》(Calling the Roll after Engagement, Crimean),该作品跳出传统战争画作的英雄崇拜,直击战争的真正实景,具有很强的冲击力。

此外,费吉斯的一些观点值得探讨。例如,"克里米亚战争是一个关键分水岭,打破了长期以来维持欧洲秩序的俄罗斯—奥地利保守主义联盟,让一些新兴国家,包括意大利、罗马尼亚和德国得以诞生"。这场战争能否称为"分水岭",以及对欧洲民族国家独立浪潮的作用有多大,是值得探讨的。历史往往不能以某一个年代或某一个事件为标志,一刀切地划出一个时代。19世纪中叶前后的世界发生了巨大变化,这些变化是由包括克里米亚战争在内的若干事件共同推动的,比如工业革命的成功、民族主义的传播、世界殖民体系的建立、自由政治思想和公民权利意识的上升,等等。

费吉斯在书中论及民族、宗教与克里米亚战争的关系,但缺乏从全球史角度对克里米亚战争的全局观察。费吉斯作为一名专注俄罗斯国别史研究的学者,优势是掌握丰富材料、善于挖掘历史细节,但在涉及国际关系史、全球史等宏观议题时未免有些隔靴搔痒。如果能进一步将民族、宗教、国家利益等因素放在全球史和现代化语境中加以论述,本书的格局视野和学术意义或能有新的突破。从写作层面,文中对材料大篇直接引用,有些文献太过琐碎,缺乏提炼和深度分析,影响了阅读流畅度。

抚今追昔,克里米亚战争犹如一面"历史之镜",映照着 19 世纪中叶人类社会发展的阶段性特征,是考察国际关系史、全球史和区域国别史的重要剖面。阅读此书,也启示当代研究者关注长期被"遗忘"的环黑海地区——这里是俄罗斯的南大门,北约东扩的前沿阵地,也是中东伊斯兰世界的北疆。21 世纪以来,从俄格战争到乌克兰东部冲突,再到 2018 年刻赤海峡冲突,波诡云谲的黑海地区是理解当代俄罗斯与西方裂痕的切入口,具有值得关注的研究价值。

作者简介:秦彦洋,北京大学土耳其研究中心助理、北京大学区域与国别研究院博士研究生。

嫁接的民主与市场
——评《起火的世界：自由市场民主与种族仇恨、全球动荡》[①]

阿 迪

2020年5月25日，美国黑人乔治·弗洛伊德之死，引发了席卷全美国的"黑人的命也是命"（BLM）运动。美国的种族主义再一次成为热门话题。2020年是纳粹德国投降结束其可耻大屠杀的75周年，也是曼德拉获释其理想照进现实的第30周年。从马丁·路德·金博士的"我有一个梦想"，到曼德拉在30年前的所引领的种族和解运动，似乎在全球范围内，种族主义及种族歧视现象大为减少。但新冠肺炎疫情无情地揭开了这一切。多年以来，种族主义未曾离开过我们。以往的学术作品将更多目光聚焦于种族主义产生的原因探究，抑或理论层面。鲜有人从自由市场与民主视角来审视种族主义、种族冲突背后的逻辑。尤其是我们中国人，比较熟知美国种族主义及其演变的过程、发生在南非的种族主义斗争，而我们较少关注第三世界的种族主义滥觞。由此，读一本几乎涵盖了全世界各式各样种族冲突的书籍显得非常有必要。而耶鲁大学法学院的终身教授蔡美儿（Amy Chua）的作品，恰恰提供了这样一个机会，让我们得以从自由市场与民主的视角对全球范围内的种族冲突与动荡进行审

[①] 蔡美儿：《起火的世界：自由市场民主与种族仇恨、全球动荡》（WORLD ON FIRE: How Exporting Free Market Democracy Breeds Ethnic Hatred and Global Instability），刘怀昭译，北京：中国政法大学出版社，2017年。

视，获得不同的灵感，与此同时对殖民时代以来世界种族问题的历史有一个脉络性认识。

提到蔡美儿教授（以下简称蔡教授），目前无论是现实生活中还是网络上，对她最大的标签便是"虎妈"。因为蔡教授在2011年出版了她的《虎妈战歌》一书，在美国引发轰动。与美国人天然的育儿方式根本不同的培养下一代的模式，在全美引发激烈的讨论。由此，蔡教授之前即2003年便已出版的著作《起火的世界》才算被世人广泛知晓。蔡教授于1962年出生，1987年毕业于哈佛法学院，获得博士学位，现为耶鲁大学法学院终身教授。曾任《哈佛法律评论》主编，毕业后供职华尔街律师事务所，曾于杜克大学、哥伦比亚大学、斯坦福大学、纽约大学任教。已出版《起火的世界》《帝国终结》，两本书都曾荣登《纽约时报》畅销书榜。此外，蔡教授还为《纽约时报》《华盛顿邮报》《福布斯》《金融时报》《哈佛商业评论》等刊物撰写文章，同时在多国讲学。2011年，她在美国《时代》周刊"全球最具影响力人物"排名第13位。蔡教授的奶奶为富商女强人，父亲蔡少棠被誉为"非线性电路之父"。从家庭背景到自己的受教育背景，不仅决定了蔡教授的遗传基因，也决定了她突出的性格特征。

作者通过这本书，揭示了一种现象与禁忌。这种现象在西方以外随处可见但几乎未被认识，事实上还时常被看成一种禁忌——自由市场与民主成为引发种族冲突之火的催化剂。这里所指的现象即主导市场的少数人（market-dominant minorities）现象。由于种种原因，一些少数族群在市场条件下趋向于在经济上起控制作用，在极大程度上控制着他们周围的"本土"多数族群。这是该书所揭示的核心现象与打破的禁忌。此外，北京大学学士、加拿大麦克马斯特大学宗教学硕士研究生，资深传媒业者，曾任北京《三联生活周刊》国际版编辑、《明报》纽约分社编辑及《星岛日报》洛杉矶分社采访部主任的刘怀昭先生，负责该书2017年中国政法大学出版社版本的翻译工作，整个文本行云流水，与原著在内涵与思想高度一致，不得不让人佩服其细腻而又专业的翻译功底。

蔡教授在全书的前言部分梳理了全球化与种族仇恨的关系。蔡教授从1994年自己在菲律宾的姨妈莉安娜的遇害说起。通过一起谋杀案，以小见大，逐步讲述了菲律宾华裔的生存状况,经济地位与当地族群关系。作者的姨妈是被自己的菲律宾佣人杀死,当地警察却草草了事,对施暴者没有任何实质性的追责。以自己的家族历史为引子,蔡教授把关注的焦点放在了全球范围内的种族问题。第一个走入我们视野的是20世纪90年代塞族集中营中惨无人道的种族折磨与杀戮。通过蔡教授的描述,我们可对南斯拉夫解体过程中所发生的惨烈种族冲突有一个全新的认知。此外,从卢旺达大屠杀、1998年的印尼雅加达的街头惨案、从巴以冲突再到最后的"9·11"事件,作者通过精彩的个案论述,提出了全书的基本逻辑与假设,即这些事件彼此之间有着关联。以往的叙述或者分析,往往立足于国内视角、民族关系视角等来分析这些国家国内的各类矛盾,从而缺乏一种比较视野。

  作者在前言部分给出了一种全新的解读,即在全球化时代,市场、民主与种族仇恨正在爆炸式地碰撞而不是携手并进。自由市场与民主逐步转化为引发种族主义冲突的导火索。作者提出了在全世界各国都有主导市场的少数族群的观点,而随着民主化,政治权力却逐步集中于多数族群之手,由此引发了种族主义冲突。这是笔者至今还未曾读到过的犀利观点。作者在前言中坦率地指出,全球化时代,在西方比较盛行的观点就是向第三世界国家输出民主与自由市场,便能包治第三世界国家的百病。但恰恰是这种输出却造成了种族碰撞与冲突。作者在书中对"全球化不仅消除地理边界,还消除了人的边界"这个观点持否定态度。前言部分讲述了20世纪90年代以来,随着民主化的推进,发生在全世界范围之内的民族主义现象,种族化的口号也随之暴增,如:"格鲁吉亚属于格鲁吉亚人""厄立特里亚人滚出埃塞俄比亚""肯尼亚属于肯尼亚人""哈萨克斯坦属于哈萨克人""克罗地亚属于克罗地亚人""胡图力量""犹太人滚出俄罗斯"等。

  20世纪90年代被推广的民主导致了少数掌握财富的群体跟多数掌握政治权力的群体之间发生了对抗,而双方恰巧属于不同的种族。这个被解释为民主对市场的对抗。此外,少数永远是被牺牲的那一方吗?也不全然是,作者给出了菲律宾、塞拉利昂、肯尼亚的案例,这些国家的当权者袒护少数掌握财富的族群,牺牲多数族群的意志而使主导市场的少数族群受益,这便形成了市场对民主的对抗。最惨烈的方式便是民主对市场的对抗,最后引发了惨无人道的种族主义灭绝。作者在序言中,对概念逐一给出了说明,比如市场、民主、种族等。作者还提出了一个很有趣的观点,她指出"种族"这一概念并不是固定于生物学,而是一种身份的认同感,可以因为人种、宗教、国籍等等多种因素形成一类人的归属感,从而形成可人为操纵的"种族"的概念。讲到美国,作者指出现在美国已经成为世界上最惹眼的主导市场的少数"族群",这也是反美主义在世界各地方兴未艾的原因之一。作者提醒我们,她的观点不具有普遍性,不能用该理论来阐释所有的发展中国家所存在的主导市场的少数群体现象。中国与阿根廷是两个例外。

全书围绕全球化带来的经济影响、全球化的政治后果、种族与民族主义现象三大部分来展开,逻辑分明,具有强大的说服力。

全书每一部分包含四个章节。在第一部分,作者介绍了全球化的经济影响。在西方,比尔·盖茨的案例是一个典型。随着全球化的推进,美国人比尔·盖茨掌握了大量财富,成为世界首富。当美国司法部起诉盖茨时,普通美国民众反而希望政府能放过他。全球化导致了财富的增长,但也带来了财富过度集中的问题。

作者在第一章着重讲述了华人少数族群在东南亚地区的主导地位。这种主导地位体现在经济方面,比如在缅甸,华人与军政府上演资本裙带关系,华人富商不仅主导了缅甸经济生活的每一个层面,同时取得了伐木与开矿特许权。与此同时,华人富商还控制着该国的黑市,比如鸦片交易。一群极具创业精神的中国移民几乎垄断了缅甸了经济。其中罗兴汉与鸦片女王杨二小姐最为典型。缅甸的自然资源柚木、翡翠、红宝石一直在流失。在财力与人力资本方面,占人口69%的本土缅甸人无法与仅占人口5%的华人相匹敌。作者进一步写到,在东南亚地区,缅甸并非个案,在印尼如此,在菲律宾更是如此。至少500年前,华人少数族群在东南亚国家的经济主导地位便可追溯。在越南与泰国,华人也掌握着可观的、令人咋舌的财富。随着20世纪80年代,东南亚国家开始实行市场经济政策后,华人的这种经济优势得到更进一步的巩固,华人成为东南亚地区的市场主导少数族群。马来西亚的郭鹤年、泰国谢氏家族的正大集团等，便是缩影。最终这种随着全球化而来的巨大单方面的优势，在1997年的亚洲金融风暴中，上演了"燃烧的雅加达"事件，华人遭遇血腥的排华暴乱。作者在第一章指出，东南亚华人这种非对称的巨额财富，成为"众人之怒"。

在第二章，作者以骆马胚胎、大农场以及蓝筹第一股为引子，揭开了拉丁美洲白人富豪鲜为人知一面。自地理大发现以来，殖民者在拉丁美洲上演了人种大交换，人口都是混血，拉丁美洲传统上被认为几乎无种族问题。实际上，人口占少数的白人精英控制着这些国家的经济。在玻利维亚，占据人口多数的艾玛拉人与印第安人，依靠出售传统的辟邪之物骆马胚胎（即羊驼胚胎）勉强度日，而白人占有着该国主要的财富与资源。这种现象在拉美地区很普遍。作者把这种现象总结为拉美地区的"肤色统治"。在拉美地区，除了阿根廷、智利、乌拉圭（这三国的原住民早已灭绝）之外，几乎每一个拉美国家都存在着人口数量少但占据主导地位的白人群体。作者如此讲述了这种社会现状，"其社会特点是身材较高、肤色较浅、有着欧洲血统的白人精英在一端；身材较矮、肤色较深、印第安血统的大众居于社会的另一端，二者之间是大量的过渡人群"。这是殖民时代给拉美留下的烙印。在墨西哥，肤色深的人穷困潦倒，肤色浅的人有钱有势。在遍及拉美国家的大农场，农场主几乎清一色为白人，或者肤色浅的人。

拉丁美洲还有一个外来的特殊少数族群，即外来的移民企业家，基本都是黎巴嫩的基督教徒或者犹太人。作为黎巴嫩基督教移民后裔的斯利姆，目前成为墨西哥首富。经过几代人的努力，这两个群体从刚开始的小商贩，成长成为影响拉美社会的主导市场的少数群体。巴西首富是犹太人，阿根廷最大的牛肉生产商是一对犹太兄弟。在巴西，白人成为心照不宣的主导群体。上述群体的主导地位，在全球化时代，被逐步觉醒的印第安属性的多数群体所抵触，拉美地区印第安人那种深深的自卑感被重新翻了出来，开始强调印第安属性，反击占据市场主导的少数群体。

俄罗斯的寡头成为第三章的主题。作者给我们展示了几乎很少有人知道或者关注的问题，即冷战结束后，在俄罗斯的七位寡头中有六位是犹太人的事实。俄罗斯历来有严重的反犹主义。在苏联解体之后的时代,这些平时取着完全俄语化名字的犹太人,率先成为俄罗斯私有化的受益者。在俄罗斯政府大规模的私有化过程中,上演了"在一个犹太人最好保持沉默的国度里,几乎所有的俄罗斯寡头是犹太人"的戏剧性一幕。上述六个寡头包括:罗曼·阿布拉莫维奇、彼得·阿文、鲍里斯·别列佐夫斯基、米哈伊尔·佛里德曼、弗拉基米尔·古辛斯基和米哈伊尔·霍多尔科夫斯基。他们在俄罗斯发挥了难以置信的政治和经济影响力。在第二任期竞选中,叶利钦连任无望时,正是这些寡头动用了全部影响力,帮助叶利钦拿下了第二任期的总统宝座。同时作者对俄罗斯犹太人的历史进行了考察。谈到犹太人历史,作者写道从1492年犹太人被逐出西班牙而留下的财富资助哥伦布的航海探险到犹太人在多数欧洲国家的成功,让犹太人不可避免地成为各个国家的"替罪羊"。从1727年开始,俄国便兴起了反犹主义,压制犹太人。在斯大林时期的大清洗中,犹太人损失惨重。而苏联解体后,犹太人迅速成为经济寡头。寡头的起步在戈尔巴乔夫的新思维改革时期便已开始。随着1998年的经济危机,俄罗斯再一次出现针对犹太人的报复、改革与民愤,在民愤中,这些寡头成为普京重点整饬的对象。

在第四章中,作者给我们详细地展示了非洲大地上主导市场的少数族群。提到非洲,常见的印象是这里种族冲突不断,是落后与未开发之地。恰恰就在这样一个对未来充满希望与想象的地区,也存在着主导市场的少数族群。在津巴布韦,人口极少的白人一直占据着该国最为肥沃农场的70%;在南非,虽然上演了曼德拉的种族和解,但种族和解并没有消解白人的经济主导地位;在肯尼亚,基库尤人人口仅占22%,基本垄断了肯尼亚的各类经济贸易活动;在尼日利亚,伊博人被称为"尼日利亚的犹太人",他们具有为生存而努力工作的观念和对困难的高度忍耐精神,在任何情况下都没有不可接受的底线。世人熟知的卢旺达大屠杀背后不仅仅是种族仇恨的问题,而是在长达400年中,人口占据20%的图西族,占据着国家70%的财富,操纵该国经济命脉达400余年。经济主导地位与比利时殖民者的扶持,成为1994年种族大屠杀的深层原因。在非洲,除了本土的"黑人"精英群体外,也有外来的"少数族群"。东非的印度人操纵着肯尼亚的经济命脉;西非的外来户黎巴嫩人则垄断了当地的钻石行业与农业。作者犀利地指出,在非洲,殖民主义者的罪恶有案可查,更为重要的是,殖民主义者和这些主导市场的少数族群现象之间有很多重要的关联,他们是殖民主义者的重要遗产之一。

在第二大部分,作者顺着第一部分的线索,书写了第五章至第八章。如果说书的第一部分前四章分别介绍了不同国家和地区所存在的主导市场的少数族群现象的话,那么书的第二部分展示了这种现象所导致的后果,即全球化的政治后果。作者从20世纪冷战结束,美国克林顿政府开始实施参与拓展战略入手,指出西方国家在全世界推广自由市场与民主,并且坚信自由市场与民主是能携手并进、相辅相成的。事与愿违的是,市场与民主输出到第三世界国家后,引发了几种不同的结果。

在第五章,作者重点介绍了对市场的反弹。比如在津巴布韦,总统穆加贝屡次受惠于民主的恩赐,不断当选为总统,而他的竞选纲领就是没收少数白人群体的肥沃土地与农场,进行充公。这一口号,煽动着人口占据多数的黑人。该现象被作者称之为"打种族牌"。作者说如果我们摘掉冷战的眼罩来看第三世界的话,这种种族性充公无处不在。比如20世纪五六十年代刚独立的印度尼西亚就把荷兰人与华人当成标靶,进行了充公;在斯里兰卡,主导市场的泰米尔人成为"种族主义替罪羊";在缅甸、在巴基斯坦、玻利维亚,都出现了这种现象。1989年后,这种大规模的国有化、充公行为才成为历史。但随着1989年之后民主化浪潮的推动,再一次发生了反市场的仇恨情绪和拿种族当替罪羊现象之间的化合反应。在印尼发生排华;在俄罗斯,则发生了反犹运动与新国有化。普京针对寡头的每一次出手都深深赢得了民心;在委内瑞拉,反市场的查韦斯当选为总统,制定了多达11部反市场的法律。

在第六章当中,作者介绍了全球化的另一个结果即占据经济主导地位的少数族群对民主的反击。在塞拉利昂,随着1961年的独立,黎巴嫩商人控制了该国的大部分现代商业,包括钻石贸易。当民怨沸腾,社会一边倒的反对这些外来的主导市场的黎巴嫩少数族群之时,黎巴嫩商人与该国总统组成了裙带关系,总统给商人提供政治庇护,而黎巴嫩商人则给予总统商业回报与巨额提成,同时该国多数族群的呼声完全被忽略,塞拉利昂的黎巴嫩商人变成了

"隐形政府"。这形成了对民主的反击。根据作者的描述，这种主导市场的少数族群对民主的反击，发生在很多国家。如印度尼西亚的苏哈托，菲律宾的马科斯便是一例，它们都与华人少数族群形成了裙带关系，也上演了对民主的反击。

市场对民主反击，必然也会有民主对市场的反弹。在第七章，作者介绍了对主导市场的少数的回击。作者的标题为"驱逐与种族灭绝"。这种反击的典型案例便是卢旺达大屠杀，在短短100天中，大约80万图西族人被屠杀，且用了最残忍的方式。作者指出，这背后折射的是多数族群在民主制下，对主导市场的少数族群的反击。同样的情况发生在前南斯拉夫地区。在南斯拉夫，国家南北之间具有明显的经济差距，北方富裕，而南方贫穷，北方是以克罗地亚人为主，而在南方居住的绝大多数人都是塞尔维亚人。民族仇恨的种子在铁托时代便已埋下，当1991年克罗地亚和斯洛文尼亚宣布独立时，在米洛舍维奇的领导下，塞尔维亚人率先做出了军事响应，谋杀了数千克罗地亚人。1992年开始的波黑内战，引爆了民族冲突。南斯拉夫塞尔维亚人的疯狂背后，隐藏着该国族群之间的经济不平等的现实即存在着主导市场的少数族群。用米洛舍维奇的一句话概括这种现象再合适不过，即他在1991年3月发表的著名的演讲中提到："如果我们必须战斗，那么我向上帝发誓我会战斗。因为即使我们不知道怎么工作，怎么样做生意，我们也至少知道怎么样打仗。"

凡事都存在有特例。在第八章，作者给出了这个特例——泰国。在众多东南亚国家中，华人一直占据着市场主导地位，唯独泰国例外。作者把这点归功于泰国成功地同化了华人。作者同时列举了中国、日本、韩国的案例，指出这几个国家并不存在主导市场的少数群体，三千年以来一直如此。在泰国，政府不断取缔中文，一边鼓励通婚，一边压制华人，系统性的充公似乎阻断了华人在泰国的经济垄断地位。但是这种持续了近百年的泰国去中国化行动，随着中国经济的快速崛起，泰国华人正在重拾华人自豪感。

在全书最后一部分即第三部分，作者的标题为"种族民族主义和西方"，重点探讨了主导市场的少数族群现象是否也存在于西方社会的问题。

在第九章，作者介绍了西方自由市场与民主的里层。西方的民主文明经过两百多年的演化,发展出了财富再分配,以及大规模的转移支付或者税赋转移等再分配模式与手段。在西方国家,福利国家的崛起、美国梦的异质性等因素,导致了西方不存在主导市场的少数族群。作者谈论到一个例外——魏玛德国与纳粹屠杀时,作者反驳了当时犹太人掌握了德国经济命脉的主流观点。在笔者看来,这与作者的丈夫是犹太人可能存在着某种关联。作者指出德国的犹太人问题不仅仅是经济问题,而是根植于欧洲的反犹主义传统,从400年前马丁·路德的日记中便可管中窥豹。作者进一步指出,虽然在美国不存在总体层面的主导市场的少数族群,但在美国的城中区中却存在这样的族群,比如韩裔成为主导市场的少数族群,并且导致了1992年洛杉矶的种族骚乱。

中东地区历来是学界关注的焦点地区,也是近年来冲突频繁、高温不退的地区。在第十章,作者重点介绍了中东地区的情况。这也是该书真正的高潮部分。因为作者与犹太人组建了家庭,故她有着更加细致的观察与体验。作者的标题为:"中东锅炉"。作者把以色列犹太人视为主导区域性市场的少数族群。作者在该章巧妙地借用了前述章节的逻辑,即掌握财富的主导市场的少数族群会遭受到多数族群的反击。而以色列恰恰是这样的存在。自以色列建国独立以来,以色列掌握了高精端武器、与自身人口规模不匹配的财力以及美国的支持等这样优质的资源。而广大阿拉伯国家,作为"多数族群",对以色列进行着无力的反击。阿拉伯国家虽然掌握着丰厚的石油资源,但是大多数的阿拉伯国家还是以贫困、凄苦以及普遍的失意为特征。作者在这里使用了在笔者看来是全书第二个核心的概念,即中东阿拉伯国家民众的普遍失意心态,这是一个非常值得研究、关注的概念。中东阿拉伯国家上层纸醉金迷,而社会下层失业率逐步高涨,社会贫富差距越拉越大。在这样的情况下,主导市场的犹太人,成为占据多数群体的阿拉伯国家眼中的替罪羊,阿拉伯国家誓言"将以色列赶入大海"。市场与民主,将原有的以色列与阿拉伯国家之间的矛盾更加复杂化,火上浇油。

顺着第十章的逻辑,作者引出了第十一章的主旨内容,即为什么全世界会存在对美国的仇恨与反美情绪。2021年是"9·11"事件的20周年。作者在该章别出心裁地剖析了"9·11"事件发生的原因,即美国在全世界成为那个主导市场的"少数族群"。在全球化民主时代，其余国家占据"多数族群"地位，引发了对美国的仇恨与反击。当"9·11"事件发生时，全世界与其表示说哀悼的声音，毋宁说幸灾乐祸的声音调门更高。在作者看来，恰恰是主导市场的美国，招致了全球性的反击，甚至美国的西方盟友都存在所谓善意的反美情绪。最后，这种全球范围内的反击逐步演变成消灭美国的呼声与行动。

在全书最后一章，作者严肃地探讨了该书的结论，即自由民主与市场的未来，并且尝试给出了良方。到底是要民主还是市场，成为摆在桌面上的选择。有一种安排是先市场，后民主。该观点出自亨廷顿的政治发展理论。作者本身给出的良方包括：给予占据多数群体的人更多竞争机会，降低市场进入门槛；普及教育；政府干预财富并主导税赋转移；主导市场的少数群体的自愿捐输。作者在最后一章反思了美国等国家对第三世界国家输出粗放民主与市场的经历，指出目前美国面临的问题恰恰是由美国自身造成的。

蔡教授的书，给予了笔者很深的启发，能深刻地体会该书中所有的种族民族冲突与背后的政治逻辑。在中国，我们没有种族主义这种概念，我们中国人面对第三世界国家的各式各样的族群冲突，乃至美国的种族冲突时，往往从政治视角给予观察与回应。而蔡教授颠覆了我们常识的经济视角，其逻辑给我们提供了全新的认识。传统上，种族冲突往往被认为就是政治问题。而随着全球化的进一步发展，经济因素才是主因。哪怕正在发生逆全球化的今天，这样的逻辑与视角依然没有过时。但蔡教授书中有些结论与论证过程需要进一步推敲，一些细节让人更加觉得是为了论证结果的合理性而阐发。但无论如何，瑕不掩瑜，这并不会影响到本书提供的新的视野。

本书只从经济视角挖掘种族冲突背后的逻辑，可能不太具有合理性。但是该逻辑给予了我们很好的启示。我们可以把作者的书看成是集学术论文、新闻报道的合集，各国历史、殖民史、近现代史与社会学为一体的综合性读物。尤其是该书的思想脉络非常值得读者反复去推敲。从菲律宾的谋杀案出发，揭示东南亚的华人成为主导市场的少数族群；从非洲到拉美、从西欧到俄罗斯，主导市场的少数族群无处不在。唯独两个国家置身这种逻辑与现象之外，即阿根廷与中国。当我国没有这样的现象时，我们便更难以理解这种逻辑。

但顺着作者的逻辑,可以发现,作者在界定主导市场的少数族群之后,认为该现象是全球化、市场的结果。随着全球化的进一步发展,全球化的政治后果便凸显出来,即依靠民主掌握政治权力的多数族群对市场的反击,掌握市场的少数族群对民主的反抗,最终这种反击有可能升级成为种族冲突。顺流而下,作者指出,如果从区域范围内来看,以色列就是在中东地区扮演着这个掌握少数高精端财富的"主导市场的少数族群",而广大的阿拉伯国家则是掌握政治权力的多数族群。因此,以色列跟阿拉伯国家发生冲突。从全球范围内来看,这个少数族群便是美国,几乎所有的国家或多或少存在着反美情绪。作者用这种逻辑解释了"9·11"事件发生背后的深层原因。

最为重要的是,本书的内容与逻辑,挑战了我们过去一些传统的认识。这些观点认为种族冲突是政治事件的延伸,认为由于以色列占领巴勒斯坦的土地,或者说从《贝尔福宣言》开始,犹太人回归、建国,最终导致了历次中东战争,同时帝国主义国家在其中也扮演着肮脏的角色。此外,这些观点也认为"9·11"事件就是亨廷顿笔下"文明冲突"的典型案例。国内的某些历史教科书或是历史著作,对东南亚的华人华侨存在的问题较少给予关注,而蔡教授在书中对此进行了大量的评述。还有,国人更多关注拉美的足球运动,远胜于对拉美地区种族问题的了解;我们对普京带领下的"战斗民族"精神的关注也似乎远超于俄罗斯对寡头的整饬。我们也不太能理解在卢旺达为何发生如此残暴、血腥的屠杀事件。还有部分国人的观点认为"9·11"事件的发生就是美国人罪有应得。

用过去对历史事件的传统叙事逻辑来看,种族冲突、文明冲突等这些内容,几乎都是建立在单项逻辑链条之上,用马克思主义经济观或用相关复合视角来看待。蔡教授的书不仅给我们提供了全新的视野,给我们上了一课,同时有理有据有逻辑地揭下了西方民主伪善的面具。对我们充分理解什么是西式民主很有帮助,同时也有助于我们去理解为什么民主在西方世界如鱼得水,而在第三世界国家就频繁出现水土不服的现象。对我们认识民主与自由市场的关系提供了既不同于西方的视角,也不同于我国传统认识视角的第三视角。

通过本书思考过去,本书用教科书式的案例分析,把全世界的种族问题的历史摆上桌面,给我们提供了一个历史与思考的盛宴。通过该书,我们可以了解到欧洲犹太人历史的一角,我们可以观察到非洲种族关系的演进,我们可以清楚地看到那个深藏于世界各地的种族冲突的种子。种子的发芽只是时间问题。随着全球化的发展,世界各地的种族主义问题的种子加速发芽,爆发式生长。通过阅读该书,我们可以对近400年以来的世界种族主义图景做一个全方位的审视与鸟瞰,来观察与理解根植于人类历史深处的种族主义基因。

通过本书认识今天,本书用非常具有说服力的逻辑推理,给我们揭示了自二战以来遍及全世界的种族主义问题的经济基因。从越南到泰国,从马来西亚到印度尼西亚,从孟加拉国到中东地区,从卢旺达到南非,从南斯拉夫到苏联,从墨西哥到委内瑞拉,随着自由市场与民主的推进,矛盾便被引爆。同时通过该书,我们可以对全世界各地各种民族的工作伦理有一个清醒的理解,作者尤其是对主导市场的少数族群的工作伦理的描述,简直入木三分。"勤奋,毫无底线地接受一切,努力,上进,小圈子,对金钱无与伦比的渴望,几代人接力的财富缔造",这些都是主导市场的少数群体的共有标签与工作伦理。其实在中国也存在着南北分明的"勤奋线",南方人更加务实、努力,而北方人更加倾向于依靠政策,依靠政府,中国唯一的不同即没有出现主导市场的少数群体而已。通过该书在了解了全世界这些国家的族群情况之后,让我们更好理解,为什么华人在海外不受待见,为什么拉美兴起了一股民粹主义,为什么最近阿拉伯国家巴林、阿联酋与苏丹实现了与以色列的和解等各种现实情况。

通过本书展望未来,尤其是在中国全面崛起的今天,本书提供的全新的思考逻辑,极具借鉴意义。美国因为掌握了全世界最多的财富、高精端科技,因此成为主导"市场的少数族群",遭受绝大多数"落后"族群国家的憎恨。参照这种逻辑可以解释目前中国所面临的局面,并且可以对未来做出适当的预测。在2008年,随着中国经济规模不断超越德国与日本,中国逐步在东亚地区成为经济巨人,成为东亚地区真正的"主导市场的少数族群",这导致周边国家的嫉妒与憎恨,占据"多数族群"的国家开始对我们展开反抗与反击,其中典型的案例便是钓鱼岛摩擦与南海问题。随着中国经济实力的不断增长,中国也越来越接近于美国的经济体量,那么我们也快速成长为全世界主导市场的"少数族群"之一,甚至有可能取代美国,成为世界第一,那么到了那时候我们可能便是下一个美国,成为遭受"多数族群"憎恨的主导市场的"少数族群",这一点我们需要有深刻的认识与准备。

本书也有部分美中不足。如,蔡教授断然否认魏玛时期的德国犹太人问题是经济问题的观点,认为当时的犹太人掌握的财富不足以达到希特勒所描绘的程度。魏玛时期德国的犹太人问题,尤其是经济问题随着德国经济困境的加重而显得更加突出。除此之外,本来蔡教授提供了在笔者看来较为完美的逻辑,但在全书的最后,蔡教授给出了她认为可以解决这些问题的"妙方",其中包括让多数群体接受更多教育,获得更多机会等内容,如果说这些还可以做到的话,那么她最终给出的方案,即少数主导市场的族群需要自愿捐输。这在笔者看来简直就是天方夜谭,是一个标准的西方式"政治正确",在实际社会环境中,根本不可能操作。任何慈善都带有目的,那么任何自愿捐输可能会导致更多的问题。笔者认为这也是该书不足的地方。除此之外,蔡教授对中国的判断有些失误,在中国虽然不存在主导市场的少数群体,但是在局部行业、城市中心,存在着以老乡为核心圈子的商业模式,这种局部案例在中国随处可见。总体上,该著作对于我们理解世界,理解身边发生的事物的方法论与新逻辑,可以提供不同的思维模式与行动指南。

自由市场与民主导致的结果是全书的主题。随着全球化的推进,为什么自由市场与民主在西方与第三世界国家导致了截然不同的结果?在西方,自由市场与民主似乎带来了更多的和平与发展,而在第三世界国家,自由市场与民主似乎却导致了更多的暴力与种族冲突。同样的东西,在不同的环境里,产生的结果大为不同。在思考全球化所带来的截然相反的两种结果时,让笔者想起了古诗:"橘生淮南则为橘,生于淮北则为枳"。世界上或许没有完美的制度方案,只有适合自己的发展道路可能是更好的。

作者简介:阿迪,北京大学历史学系博士研究生。

一个多元群体的共同经历

——读《征服与革命中的阿拉伯人：1516至今》

马 丹

"阿拉伯人对现代的探索是在他族统治下开始的"①，从1517年埃及落入奥斯曼帝国之手开始，阿拉伯人500年来疲于应付越来越多愈发强大的统治力量，挣扎在奥斯曼帝国统治之下的"阿拉伯人尚可以平静地看待他们的地位，即一个伊斯兰帝国中的穆斯林"②，阿拉伯人与统治他们的奥斯曼宫廷都以实用主义的态度延续着合理的税收、法律和秩序，而西方殖民统治者到来之后的100多年间，阿拉伯人作为被统治者的生活不再那么容易适应，他们被抛进新世界的漩涡里，挣扎至今。

作者在生动的细节叙事和全景勾勒之间游刃有余地描绘了近现代阿拉伯历史的整体面貌，其个人在阿拉伯世界的成长经历与体验，写作中采用的大量阿拉伯文原始资料和英文、法文研究成果让作者所秉持的"阿拉伯"视角成为本书在历史叙事上的重要特色。其中，阿拉伯知识分子、记者、政客、诗人、小说家、出名的与平凡的人的记录，更是中文学界其他阿拉伯现代史相关著作所不具备的史料优势，将这样一部优秀的阿拉伯编年史作品译介给中国读者，无论对于启发学者对阿拉伯历史的进一步研究，还是增进非专业读者对阿拉伯历史清晰、高效、可靠的了解都具有十分重要的意义。

---

① 〔英〕罗金·尤根：《征服与革命中的阿拉伯人：1516至今》，廉超群、李海鹏译，杭州：浙江人民出版社，2019年，第8页。
② 同上书。

本书虽然是全景式的阿拉伯历史,但并非我们通过原版书名 *The Arabs: A History* 所期待的整体史,或者跨文化史、全球史的书写方式,也不侧重文化与文明的历史,而是采取传统历史叙事的方法,着眼于具有重要意义的政治事件,通过历史分期将自 1516 年至今的阿拉伯历史大致分为奥斯曼帝国统治阶段、欧洲殖民统治阶段、冷战阶段和美国一超独霸的全球化时代。从该书中,我们可以清晰地看到作者对很多阿拉伯近现代史上诸多重要问题的记述与分析,比如:奥斯曼帝国在阿拉伯地区统治的扩张与收缩;阿拉伯地区现代化改革的尝试;英、法殖民帝国对阿拉伯事务的干涉;对阿拉伯民族主义和政治伊斯兰等其他政治现象产生重要影响的 18 世纪阿拉伯地方权贵;冷战政治在阿以冲突中扮演的角色;以石油经济为背景的政治转型,等等。由此看来,中文译本的书名,"征服与革命中的阿拉伯人:1516 至今"更准确地体现了这部优秀历史作品的核心关照。无论读者阅读的是英文版的 *The Arabs: A History*,还是其中文译本《征服与革命中的阿拉伯人:1516 至今》,都会被其生动的叙述和美妙的语言所吸引,这既是一部优秀的史学研究著作,也是适合大众了解历史的公共文化作品。

一、多元群体的共有现代史:谁是阿拉伯人

阿拉伯人是一个无比多元又不断流动的群体,其政治生活在世人的关注中尤其夺目,加之各种语境对其颇具魔幻色彩的书写,显得纷繁迷乱。当作者用丰富的阿拉伯资料来讲述阿拉伯人的历史,我们可以从中清晰地看到,这 500 年的命运浮沉是怎样影响和改变着阿拉伯人的精神世界。

作者在序言中强调,"一味强调阿拉伯历史上的各种冲突是错误的,因为这湮没了阿拉伯世界引人入胜之处。"①。他认为,要认识阿拉伯的历史,就应该关注阿拉伯人自己经历和理解历史的方式,这一点贯穿了本书始终。这就涉及一个概念问题,什么可以被定义为是"阿拉伯人自己的"。由此,我们还可

---

① 〔英〕罗金·尤根:《征服与革命中的阿拉伯人:1516 至今》,第 15 页。

以追问,谁是阿拉伯人,或者谁被谁认为是阿拉伯人。阿拉伯半岛的阿拉伯人是否会认可叙利亚的历史是属于他们的历史,北非的柏柏尔人和科普特人是否会认为埃及或者阿尔及利亚的历史就是他们的历史。

在 20 世纪的阿拉伯知识分子康斯坦丁·祖雷克和穆萨·阿莱米那里,"一个由被解放的公民所组成、以统一的力量来面对现代世界诸多挑战的更广阔的阿拉伯民族,才会打动许多的阿拉伯人。"[①]新一代的阿拉伯民族主义者反对民族国家的民族主义,他们渴望一个统一的、团结的阿拉伯民族。这代表了阿拉伯知识分子对阿拉伯认同的一种观点。

而本书作者所定的阿拉伯人,不是一个种族的概念,更不是一个民族的概念,它更接近地理概念,即生活在被普遍认为阿拉伯化地区的人们。"在写作本书的过程中,我试图通过均衡叙述北非、埃及、肥沃的新月地带和阿拉伯半岛的历史经历,来合理地处理阿拉伯历史的多元性。"[②]这是作者所理解的阿拉伯世界的基本构成,他将其定义为一部阿拉伯人的历史的依据是,多元的阿拉伯人是"由一个基于语言和历史的共同认同维系在一起的群体。他们是一个民族,同时也是许多民族。"[③]。

同时,作者在讲述近代以来阿拉伯人故事伊始,就明确表达了自己的史观,"马木鲁克固守中世纪的军事理念,而奥斯曼人则代表 16 世纪战争的现代面貌"[④],新与旧的对抗是达比格草原战役胜负的根源。"马木鲁克剑士和奥斯曼枪手之间致命的兵器冲突标志着阿拉伯世界中世纪的结束和现代的开始"。奥斯曼人能够成为叙利亚的主人是因为他们代表着更先进的技术水平,就像之后为什么英国和法国、苏联和美国能够成为阿拉伯人的主人一样。

作者以历史主义的方式努力讲述阿拉伯人生活的不同区域在奥斯曼帝国的统治、在英法托管以及美苏冷战笼罩之下的不同特点,"每一块阿拉伯土地都是在不同的时间和特定的情况下,带着不同的历史和行政背景,并入奥斯曼

---

① 〔英〕罗金·尤根:《征服与革命中的阿拉伯人:1516 至今》,第 335 页。
② 同上书,第 16 页。
③ 同上书,第 15 页。
④ 同上书,第 22 页。

帝国的。奥斯曼帝国在每一个阿拉伯行省的统治故事都是独特的,深受这些行省并入帝国时所处状况的影响。"①这种全景式的描绘带给读者认识上的冲击,从中可以自然地获得一种感知,即阿拉伯世界不同地区的历史具有不同的特点和内容,阿拉伯世界的历史是复杂的、多元的,从而摒弃对于"阿拉伯人"的同质化想象和刻板印象。作者描述了很多生动的细节,也就试图勾勒各个阿拉伯地区的全貌,所以留给我们很多值得进一步思考和分析的话题和切入点。

当奥斯曼帝国将阿拉伯世界全部纳入帝国版图的时候,也正是奥斯曼人和阿拉伯人关系发生了微妙变化的时候,一方面阿拉伯人普遍接受了奥斯曼苏丹作为他们的合法君主,另一方面地方显贵的崛起带来了多个阿拉伯行省对伊斯坦布尔的反抗。这种关系变化的背景是阿拉伯人在奥斯曼统治时代的自治,阿拉伯行省各地基本都是由当地的家族统治,而非伊斯坦布尔任命的奥斯曼土耳其人。这些地方领袖的反抗活动和阿拉伯普通民众对奥斯曼苏丹的认可并不矛盾,因为前者并不构成一场阿拉伯运动,"他们中许多人并不属于阿拉伯民族,好些人也不说阿拉伯语"。② 而这些不讲阿拉伯语也不属于阿拉伯人的地方领袖确实是这一时代阿拉伯历史的主角。

与殖民统治时代的阿拉伯民族主义相比,此时的阿拉伯行省一切形式的反抗的驱动力,是地方显贵家族统治者的利益和勃勃的雄心。即便各个阿拉伯地区反抗的具体原因不尽相同,反抗程度也有温和与激烈之分别,但是与"民族意识"毫无关联。甚至1821年,当希腊诸省掀起民族起义之时,还遭到阿拉伯人的敌视,因为民族主义被当时的阿拉伯人与基督教联系在一起。那么之后,阿拉伯人是如何领略到民族主义这一新颖的意识形态能够激励全体人民之意志的能量,并在接下来的两个世纪里发挥得淋漓尽致。这涉及一个很重要的历史背景,即从阿拉伯地方贵族出于个人野心反抗奥斯曼帝国的时代开始,奥斯曼帝国与欧洲的关系就已经在支配着阿拉伯人、奥斯曼人等的命

---

① 〔英〕罗金·尤根:《征服与革命中的阿拉伯人:1516至今》,第36页。
② 同上书,第60页。

运,遑论帝国晚期彻底沦为欧洲列强角力场的时代。由此,从18世纪阿拉伯行省的反抗到19—20世纪阿拉伯民族主义运动,这两条性质完全不同的历史脉络,被紧紧地联系在一起。欧洲规则的主导,不仅解释了整个阿拉伯世界在奥斯曼帝国晚期历史发展的主线,也启示了民族主义和其他兴起于阿拉伯世界的复兴思潮的内在关联。

二、历史语境中的阿拉伯民族主义

阿拉伯现代社会思潮并不是本书关注的重点,作者也无意进行思想理论探讨。但是,诸如世俗主义、民族主义、阿拉伯社会主义、伊斯兰现代主义、原教旨主义等活跃在阿拉伯历史舞台上的近代思潮在很多重要的历史事件中扮演着难以让人忽略的角色。从本书在对19、20世纪阿拉伯地区历史线索的勾勒中,读者可以轻而易举地发现以上"思想"的身影和历史意义。其中,作者着墨最多的就是阿拉伯民族主义,因为在他看来,阿拉伯民族主义是阿拉伯现代历史的一条重要线索,尤其在20世纪对阿拉伯世界人民的吸引力怎么夸大都不为过。作者对阿拉伯民族主义的讲述并非专题论述,而是埋藏在对阿拉伯历史叙述的脉络中,通过梳理相关历史事件和人物时间、因果关系为我们勾勒出了现代阿拉伯世界主要社会思潮的图谱,相较专题研究阿拉伯现代社会思潮的作品,本书带给了我们新颖的视角和思考。

当欧洲殖民者的步伐逐渐从奥斯曼帝国的自治边疆走向腹地,肢解奥斯曼帝国的计划逐渐提上日程。1878年柏林会议,"欧洲列强抛弃长期以来维持奥斯曼帝国领土完整的做法,开始了对奥斯曼帝国领土的第一次分割。"[1]紧随其后,19世纪80年代,埃及欧拉比和祖国党的联盟首先提出了"埃及是埃及人的埃及"的口号。但作者认为,这并不算是一场西方意义上所谓的民族主义运动,因为欧拉比和当时的改革者们完全认可埃及作为奥斯曼帝国自治行省的地位。他们只是反对欧洲人和切尔克斯人,而非要求独立。在此,作者清晰表

---

[1] 〔英〕罗金·尤根:《征服与革命中的阿拉伯人:1516至今》,第153页。

达了他对阿拉伯民族主义成因的分析和认知,阿拉伯民族主义并不是从反抗运动中逐渐形成的,而是通过知识分子和媒体介绍欧洲启蒙运动的思想被引入的,并且在经历了智识上和行动上的转变。"19世纪初,许多阿拉伯世界的人还都不赞成民族主义,因为它与巴尔干地区寻求脱离奥斯曼帝国(通常在欧洲支持下)的基督教社群联系在一起……然而,随着北非从奥斯曼世界的版图中被抹去和欧洲殖民统治的到来,民族主义便成为外国统治之外的另一种选择……仅仅抵抗外国占领而缺乏明确的意识形态基础并不构成民族主义。"[①]因此,在第一次世界大战之前的几年内,只有埃及经历了严重的民族主义骚动,与此同时,更多的地区和人们是从意识形态角度的回应,即穆斯林如何解决被欧洲基督教徒统治这一问题,伊斯兰现代主义者开始了自己的策划,他们和世俗民族主义者一起对现代阿拉伯人的思想产生影响。在19世纪,伊斯兰现代主义和世俗民族主义交织在一起,他们不仅关注伊斯兰与现代性,同时关注民族斗争和社会改革,也开始讨论性别平等等社会问题。

彼时,阿拉伯人所处的世界规则也在发生着应接不暇的变化。当然,发生这种巨变的开端是第一次世界大战彻底动摇了奥斯曼人对阿拉伯世界的掌控。随着奥斯曼帝国统治的结束,阿拉伯世界的民众进入了一个政治活动密集期。他们一方面为摆脱奥斯曼统治而兴奋,另一方面意识到欧洲殖民主义的威胁,决心不惜一切代价避免外国控制,但他们所面对的自由障碍远比奥斯曼帝国强悍。《赛克斯—皮科协定》和《贝尔福宣言》不仅埋葬了一个统一的、独立的阿拉伯国家的所有可能,同时也从该地区带离了和平,当然,前者也不一定符合每一个被冠之以"阿拉伯人"之名的相关群体的诉求。尤其是在1948年战争之后,无论英美、阿拉伯世界还是国际社会,迄今为止也未能解决"巴勒斯坦灾难及其后果"[②],无数人至今仍生活在其阴影之下。这对阿拉伯政治产生的负面效应像一层浓重的阴影笼罩着阿拉伯人自由与和平的希望。

---

① 〔英〕罗金·尤根:《征服与革命中的阿拉伯人:1516至今》,第176页。
② 同上书,第313页。

1919年埃及的起义开启了真正意义上的阿拉伯民族主义运动,被第一次世界大战战后解决方案所肢解的奥斯曼帝国的各个阿拉伯行省、属国相继开始他们追求独立的艰难历程,包括土耳其本身。欧洲殖民统治本身激发了,也促成了诸多阿拉伯国家的所谓"独立"或者建国,但也埋下了民族认同、社群冲突的隐患,伊拉克的库尔德人不认同将伊拉克塑造成一个阿拉伯国家的做法,法国强加给黎巴嫩的教派主义体制和"社群主义"原则妨碍了这个国家实现真正的融合,对叙利亚的分而治之和强行合并带来了不同族群的矛盾,巴以冲突更使整个中东地区陷入冲突与暴力。

虽然一战后,民族主义开始成为越来越多的阿拉伯地区人们斗争的动力和武器,但从斗争的手段看,20世纪初的阿拉伯人和19世纪的阿拉伯人似乎没有区别,他们一方面试图反抗奥斯曼或者西方殖民宗主国,另一方面又都试图借助奥斯曼或西方大国的力量及他们相互间的利益纠葛,从中斡旋以获取当地的政权,这种饮鸩止渴的方式一次次把阿拉伯人推向深渊,甚至在第二次世界大战期间,被法西斯力量所利用。直到20世纪后半叶,两次世界大战给世界格局带来的巨变深刻而持久,阿拉伯人还没有从去殖民化的革命骚动中走出来就迎来了冷战的新时代,"阿拉伯民族主义成为这一时代超凡的意识形态"①。从19世纪末以来,我们会发现阿拉伯历史舞台上活跃的各种主义者在青年时代几乎无一不是民族主义者。阿富汗尼和穆罕默德·阿布杜的伊斯兰现代主义是在将伊斯兰教作为民族身份重要组成部分的基础上展开的,他们的后继者艾哈迈德·艾敏、卡西姆·艾敏,之后的纳赛尔,乃至赛义德·库特布都曾为民族主义摇旗呐喊,这些在阿拉伯现代史上声名赫赫的智识精英的民族主义情结给我们展现了一种微妙的关联,也给我们提出了历史叙事上的新任务。我们显然不会认为是民族主义同时培育出了阿拉伯社会主义或者伊斯兰主义,那么如何认识纳赛尔从一个民族主义者转变为一个阿拉伯社会主义者,而库特布从一个民族主义者转变为一个原教旨主义者就很有意味,对这些精英人物所持某种思想主张的强化是否掩盖了其所处社会历史语境的重要

---

① 〔英〕罗金·尤根:《征服与革命中的阿拉伯人:1516至今》,第351页。

性,或者说被历史语境所裹挟的意识形态的历史角色是否需要被重新审视。意识形态一直以来在我们对阿拉伯历史尤其是国家、地区关系史、冲突史的阐释中总是占据很重要的地位,因此导致很多似是而非的结论,尤根的作品很好地把我们的关注拉回历史现实和事实本身。正如阿尔昆所说:"所谓的宗教复兴,是一场用宗教的话语、意识和集体的行为来伪装自己的世俗运动。"①

20世纪40到60年代,纳赛尔领导的埃及是阿拉伯民族主义绝对的明星,1962年,埃及的《民族宪章》试图将伊斯兰、阿拉伯民族主义和社会主义整合在一起。这在很大程度上展示了这一时期阿拉伯世界现实需求的复杂性。伊斯兰是笼络传统阶层和更广泛群众最有力的口号,民族主义服务于国家独立和发展的需求,社会主义则是冷战背景下国际战略的组成部分。这三种思想与势力此起彼伏地影响着阿拉伯人的命运,分别在不同的历史阶段发挥着积极作用,同时也产生了各种各样的问题。

叙利亚最大的两个政党共产党和复兴党,分别是阿拉伯社会主义和泛阿拉伯民族主义的倡导者。有趣的是,主张泛阿拉伯主义复兴党主导了与埃及合并的进程,而追求社会主义的共产党对此并不热衷,不可忽视的一个原因是纳赛尔对埃及共产党的镇压使叙利亚共产党对其心存芥蒂。叙利亚的政治家们在通往麦宰②和通往开罗③的道路之间选择了后者,把国家来之不易的独立地位拱手送人,超乎了我们对一个民族主义政党的理解,正体现了民族主义在阿拉伯世界不同地区意味着不同的含义。复兴党的民族主义是"一种团结了所有阿拉伯民众的大阿拉伯民族主义"④。叙利亚最著名的民族主义者是萨提尔·胡思里,他深受德国民族主义思想之影响,不同于多受法国民族主义思想影响的埃及学者,他认为"对法国人而言,民族是一种合适的国家,但对德国人

---

① Mohammed Arkoun, "Rethingking Islam Today", edited by Azim Nanji, *Mapping Islamic Studies: Genealogy, Continuity and Change*, New York: Mouton de Gruyter, 1997, p252.
② 即大马士革成为的一所政治监狱,以残忍而臭名昭著。
③ 即与埃及合并为一个国家,叙利亚接受开罗统治,采用与埃及完全相同的政治机构;叙利亚军队将受埃及人指挥,回归军营并完全退出政治;叙利亚所有政党都将被解散,代之以一个名为"民族联盟"的单一国家政党。参见罗金·尤根:《征服与革命中的阿拉伯人:1516至今》,第406页。
④ 〔英〕罗金·尤根:《征服与革命中的阿拉伯人:1516至今》,第403页。

而言,民族观念是共享某种文化、历史和语言的群体。"①这是胡思里民族主义思想的理论基础。在他看来,阿拉伯人对自身认同的需求是二次世界大战之后各阿拉伯国家独立的产物,他呼吁阿拉伯人民族认同的觉醒,认为阿拉伯民族主义应该诉诸世俗意义上的阿拉伯认同,而非伊斯兰认同,这也是其泛阿拉伯主义思想与泛伊斯兰主义截然不同之处,他甚至认为,"伊斯兰的政治统一是个愚蠢的梦"②,因为穆斯林当中有着语言与文化截然不同的人们,所以胡思里笔下的阿拉伯人,主要是指讲阿拉伯语的人们。他十分强调阿拉伯语对于阿拉伯民族的意义,认为语言是文化延续的保障,一个能够保全自己语言的民族即便是在外族统治之下,也"总有一天会恢复自由与自治,就因为守住了自己的民族语言"③。胡思里的阿拉伯主义思想直接影响了叙利亚复兴党创始人米歇尔·阿弗莱克,其思想主张在复兴党的政治纲领中也体现得淋漓尽致。

作为本书中阿拉伯人重要组成部分的马格里布,各国的民族主义也呈现出完全不同的特点,既不是伊斯兰主义也不是阿拉伯主义。同时,马格里布国家在独立后,为了解构殖民主义,在国家建设上又大量采用伊斯兰主义或阿拉伯主义。然而民族主义的前景相当有限,而伊斯兰主义离整合还很远,各国在发展进程中仍面临各种困难。

从19世纪到20世纪,虽然阿拉伯世界各种思潮在不同的年代占据话语的主流,但是相互间的纷争与辩论是始终并存的,并非此起彼伏,而是不断博弈,在同一的时空里被不同的群体、国家以不同的方式实践,产生了不同的效用,这些博弈的结果共同推进着阿拉伯人历史的走向。作者在本书中通过详尽地历史叙事很清晰的为我们揭示了这一点,我们不能再以割裂的方式看待19、20世纪以来活跃在阿拉伯世界的以民族主义为代表的各种思想潮流。

---

① Tsupokyemla, "Sati al-Husrts contribution on Arab nationalism", *Proceedings of the Indian History Congress*, Vol. 75, Platinum Jubilee, 2014, p. 975.

② Tsupokyemla, "Sati al-Husrts contribution on Arab nationalism", p. 979.

③ Bassam Tibi, *Arab Nationalism: A Critical Enquiry*, edited and translated by Marion Farouk-Sluglett and Peter Sluglett. Macmillan, London, 1981, p. 120.

如果说民族主义登上阿拉伯人历史的舞台的原因和时间是复杂和多样的，那么其逐渐退出阿拉伯世界政治主流话语的时间就显得无比清晰，1967年阿以战争的失利对阿拉伯政治产生了强烈的震荡，整个阿拉伯世界的现任政府都遭受了随民众幻想破灭而来的信任危机，尤根说这"为阿拉伯政治开启了一个激进的新时代。"①政治伊斯兰成为新的主导话语，并以强势面貌出现。世俗的民族主义和社会主义，温和的智识伊斯兰和改革主义虽然一直存在并发挥着潜在的影响力，但其微弱的声音淹没在政治伊斯兰的喧嚣中难以被听到。

　　"政治伊斯兰"这个词出现已经有一个多世纪了，最早可以追溯到19世纪60年代，奥斯曼帝国的一代思想家们希望借助伊斯兰教清晰地表达出源自欧洲的民族主义和现代主义的观点，包括齐亚帕夏、纳木克·凯末尔和塔赫塔维。"他们对伊斯兰的社会道德给予了高度评价，并且试图用伊斯兰的术语为学习西方制度辩护，认为引进西方制度并不是介绍新事物，而是回到了真正的伊斯兰。"②哲马鲁丁·阿富汗尼（1839—1897）和他的学生穆罕默德·阿卜杜（1849—1905）从伊斯兰教中看到创造一个摆脱了殖民统治，建立在理性、发展和现代性之上的独立的现代国家的潜力。③1905年到1911年的伊朗革命给虔诚的知识精英和宗教阶层有机会将自己的想法付诸实践，虽然成果转瞬即逝。④随着1928年埃及穆斯林兄弟会的成立，伊斯兰政治活动在20世纪的头几十年又开始发展起来，结果又被50年代到70年代中期民族主义者们所倡导的世俗主义所压制，直到70年代末重新抬头并激进化。伊斯兰世界从50年代开始，大学生数量的激增导致了伊斯兰主义者队伍的膨胀，这些大学生基本都经历过政府的高压统治，毕业后很难找到就业机会。⑤ 伊朗伊斯兰革命的示范效应，使得政治伊斯兰在80年代彻底革命化了，不仅成为一种值得被关注

---

① 〔英〕罗金·尤根：《征服与革命中的阿拉伯人：1516至今》，第451页。
② Hourani, *Arabic Thought in the Liberal Age*, p68.
③ Ibid., p136.
④ Janet Afary, *The Iranian Constitutional Revolution*, 1906—1911, New York: Columbia University Press, 1996, p 44.
⑤ 例如，阿尔及利亚学生的激进化和伊斯兰教对他们日益增长的吸引力，参见 Severine Labat, "Islamism and Islamists: The Emergence of a New Type of Militant," in John Ruedy (ed), *Islamism and Secularism in North Africa*, New York: St Martin's, 1996, pp. 107‐108.

的力量,而是一种确定的力量,或控制着、挑战着政治格局本身,其影响远远超越了石油市场的范围,带给阿拉伯世界的震撼也不亚于1967年。于是,我们看到,激进的伊斯兰活动从作者笔下的"石油时代"迈进了21世纪,本书为我们详细展示了整个阿拉伯世界发生的政治伊斯兰活动和那些"著名"思想家的主张,以及阿拉伯世界与1981年世俗化的中东的巨大差别,揭示了在"政治伊斯兰"的标签下交汇的多股力量的纠葛,以及依然没有落幕的"阿拉伯之春"最悲惨的篇章。

三、跨文化史方法书写阿拉伯现代史的可能

本书很好地为我们打破了一种印象,"阿拉伯人"并不全部分享着同一种语言、同一种文化,即便是在全球化进程所伴随的现代。多元意味着跨越边界,意味着跨文化可以存在于普遍受阿拉伯文化所影响的人们中间,意味着跨文化史的方法书写阿拉伯历史的可操作性。北非的知识分子们对自身历史的认识是有共识的,作为一个跨文化的地区,北非就像一棵树,它的根在非洲,树干在阿拉伯世界,叶子在地中海,作者也以详尽的史料为我们展示了北非各国、各族群间截然不同的殖民经历和去殖民化过程;沙特阿拉伯半岛的人们因为千百年来对伊斯兰教圣地的守护和对先知穆罕默德的记忆而对自己的认同区别于所有非半岛的阿拉伯人;大马士革的穆斯林也未必理解约旦河畔巴勒斯坦人的企盼。但是正如本书所记,过去500年间,他们的命运又是如此紧密相连,他们在欧洲殖民者和美苏手中不断排列组合,互相依赖又相互影响。

当传统的民族国家史学为我们展现"核心"群体的历史脉络时,跨文化史则能够"关注每当人、事、物、观念和理念跨越他们所处时代的规则的边界时所产生的不协调性、张力和论争,不再把过去清晰的定义为某个时代的、地域的、阶层或国家的实体。边界之间的渗透性能够展现存在于各自社会中接受与排斥的交织。"[①]本书在审视阿拉伯历史时始终秉持着历史学者的客观态度,但是

[①] Madeleine Herren, Martin Rüesch, Christiane Sibille, *Transcultural History Theories, Methods, Sources*, Berlin, London: Springer, 2012, p.8.

仍有一些重要的问题在一部通史著作中未能涵盖。"阿拉伯"这个限定词让我们描述这一地区人们的历史有了边界和可操作性,但同时它也排除了诸多塑造了这一地区历史的因素和内容。比如,奥斯曼帝国与阿拉伯行省及边疆的关系不只是统治与被统治,管理与反抗的关系;除却巴以冲突这一极为重要的元素之外,阿拉伯人和犹太人、基督教徒在不同历史阶段的关系演变对我们认识这一地区的历史也具有重要的参考价值;伊朗高原、印度次大陆的思想与运动为阿拉伯世界带来的冲击更是不容忽视的。当然,这或许需要引入更多的研究方法,传统历史学所依赖的编年史、档案文献、手稿和回忆录是否能够充分地描绘一幅波诡云谲的阿拉伯现代史是值得我们思考的问题。

作者试图使用多元的阿拉伯资料,包括"知识分子、记者、政客、诗人、小说家、出名的与平凡的人的记录"①。在勾勒出不同阿拉伯地区所处的统治规则之后,总是试图采用生活在其中的普通民众的视角展示此规则之下的阿拉伯社会文化的变化,但普通阿拉伯人对他们所生存时代的描述更多的是对诠释完成的历史时代特征的一种佐证和点缀。我们依然无法清晰地看到,诸如民族主义、革命或改革抛却了精英视角和政治行动之外,在阿拉伯民众中间是否具有同样主导的力量。我们依然不清楚阿拉伯现代历史所走过的道路,是否符合更广泛的阿拉伯民众经历的智识轨迹,当我们默认这两者是同步的,结果是2011年新的民众浪潮迭起之后,我们困惑问题出在哪里?即便就统治者视角本身而言,穆斯林知识分子的各种主张与政治家们的行动逻辑也并不一致,他们分别持有的相对完善的改革或变革思想与屡屡受挫的实践之间的鸿沟一直无法弥合,官员回忆录中所描绘的革命之后社会氛围和民众幸福感的变化被之后发生的群众运动质疑着真实性,普遍的反帝反殖民背景下各阿拉伯地区都存在政治权力集团与欧洲殖民者的合作,阿拉伯人在普遍接受民族主义、政党政治这些源自欧洲的政治观念与模式的同时又据斥西方化的思想近路。这些并未真正解决的问题在提示,我们是否需要换一种视角来审视阿拉伯人的历史。

---

① 〔英〕罗金·尤根:《征服与革命中的阿拉伯人:1516至今》,第16页。

由此，我们可以思考以跨文化的研究方法书写阿拉伯现代历史的可能。相较于传统的民族国家史学，跨文化史其实是另一个角度的历史，他和传统的民族国家相互补充，分别展示历史不同的侧面。"从跨文化的意义上讲，历史更多的是一种建构，而不是发现和重建"[1]，阿拉伯人历史的错综复杂性给了跨文化史书写广泛的空间和可能。也因此我们开篇首先关注了"谁是阿拉伯人"的问题，埃及和伊拉克电台使用着同样的官方语言，但彼此的普通民众无法直接沟通；沙特阿拉伯人似乎也读不懂阿尔及利亚知识分子的法语作品；1958年开罗和大马士革的人们分享同一个祖国的荣光，但几十年后开罗的年轻人们是被茉莉花革命所鼓舞。本书当中涉及的所有国家、地区和民众，都有与"阿拉伯"相关的历史纠葛，但是彼此关联、共享的文化、政治或地理边界却无一雷同，甚至所有可以被称之为阿拉伯的历史研究对象本身就是不断变化的，如此多的人、事、物、时间乃至认知的边界横亘在阿拉伯人的历史中，边界两侧彼此之间的张力与渗透对历史进程的影响力值得我们探索和书写。从此种意义上看，我们可以期待对阿拉伯跨文化史的研究收获并不会少于传统民族国家史学所能触及的深度。

本书对研究阿拉伯历史的意义是不言而喻且被学界普遍认可的。然而今天，阿拉伯人身份在世界舞台上的角色，所吸引的目光并不只是来自学术界，媒体及其自称所代表的大众构成了更多层次的叙事群体。不断丰富和更正学者对于阿拉伯的认识要比引导全世界的大众对阿拉伯人理性认知和一视同仁般的理解与尊重容易太多，这里并不是鄙夷大众缺少科学精神或者否定所有媒体试图展示真相的努力，而是因为在阿拉伯人与外部世界，尤其是百年来与西方世界的关系中，几乎世界每个角落的民众的身影都在其中若隐若现，他们或者是示范者，或者是并肩者，或者是施加影响者，或者是被影响者，程度不一、角度各异而已，但每个人都习惯认为自己是全然的旁观者。事实上，在这个全球化时代，非阿拉伯人和阿拉伯人的关系远比我们看到的和想象的更密切。

---

[1] Madeleine Herren, Martin Rüesch, Christiane Sibille, *Transcultural History Theories, Methods, Sources*, p. 4.

阿拉伯人共同经历的压迫与殖民、反抗与变革的历史记忆已经远去,在现有的国家框架下,不仅是阿拉伯人与阿拉伯人,阿拉伯人与非阿拉伯人的命运也被更紧密的绑在一起,他们如何寻求自己的身份认同、社会秩序、发展权利和自由空间成为21世纪各时代背景下的新问题。

作者简介:马丹,北京大学历史学系博士研究生。

英文提要

An Overview of Health System in the United States in the Era of COVID – 19

Fang Hai

Abstract: COVID – 19 has been pandemic in the world, and brought serious challenges to the health systems in many countries. This article provides an overview of health system in the United States in the era of COVID – 19. First, it introduces the United States and health system, and focuses on its characteristics, advantages and disadvantages; second, it analyzes the public health system in the United States and the centers for disease control and prevention; finally, it studies the performances of health system in controlling COVID – 19 and suggests the future reforms and directions.

Keywords: the United States; Health System; Public Health; COVID – 19

Lessons from Cuban Health System under COVID-19 for China's Effort to Contribute to A Global Community of Health for All
—with Discussions on the Interdisciplinary Perspective of Area Health System Research

Xu Jin

Abstract: As a star in delivering universal health coverage and international health assistance, Cuba has attracted attention of public health scholars worldwide. In this article, we analyzed the achievement of Cuban healthcare system and its performance during the COVID-19 pandemic. We attempted to distill Cuba's experience in health development in Cuba's unique historical context. Cuba's population health is comparable to that of high-income countries and is highly resilient. This is mainly due to a well-established health system, which also is led by the government, focusing on primary and preventive care, and responding to social determinants of health. We have also shown a profound connection between Cuba's health system and its national history and geopolitics. In the light of the Cuban case, strengthening health system should be prioritized in China's effort to contribute to building a global community of health for all. while designing medical aid strategies for China's increasing participation in global health. As for research purpose, our work should not limit to summarizing the patterns of international health development, but also deeply understand the logic embedded in each of the systems. At the intersection of public health and area studies, advancing studies of healthcare systems in different countries contains significant academic and practical values.

Key words: Cuba; health system; COVID-19; global health; inter-disciplinary

Japanese society under COVID-19: impact, issues and prospects

Hu Peng

Abstract: The COVID-19 epidemic has been experiencing four peaks since the outbreak of the new crown disease in Japan in early 2020. COVID-19 not only caused damage to the health of the Japanese people, but also caused a major blow to the Japanese economy and society, and also directly affected the hosting of the Tokyo Olympic Games. The epidemic also exposed the long-standing problems of low fertility rate, employment, digital backwardness, and "isolation" and "loneliness" in Japanese society. At the same time, the rise of telecommuting and distance education has brought about changes in the way of working and living, COVID-19. We should pay close attention to the following topics: fewer children, digitization, gender inequality, etc., from which we can see several development trends of Japanese society in the post epidemic era.

Key Words: COVID-19; Japanese Society; fewer children; minorities; digitization; telecommuting

Variables and Directions of Japanese Diplomacy in the Post-Abe Era

Lv Yaodong

Abstract: Yoshihide Suga has replaced Shinzo Abe who had ruled Japan long as the new prime minister, as is contributed to the support of Abe and the Liberal Democratic Party Faction. Therefore, the "Suga Cabinet" is bound to be deeply influenced by Abe's diplomatic philosophy. The consolidation of Japan-U.S. alliance relations, the construction of "quasi-alliances" between

Japan and Australia, Japan and UK under the Indo-Pacific perspective, and the promotion of the "General accounts of Japan's postwar diplomacy" all indicate that the Suga administration adheres to the philosophy of "strategic diplomacy" of the Abe era. Suga stressed on "building stable relations with neighboring countries", which implies that the "negative list" of diplomatic legacy since Abe's era like the Japan-Russia territorial issue and the "historical issue" of the Korean peninsula, still plagues the "Suga Cabinet". Although Prime Minister Suga has stated that his China policy follows Abe's established guidelines, contingencies may still emerge out of expectation. Specifically, the structural problems in Sino-Japanese relations, in addition to the uncertainty in Sino-US relations, are the litmus test for the "Suga Cabinet" on its "balanced diplomacy" with great powers.

Key Words: Post-Abe Era; Japan-US Alliance; Balanced Diplomacy; Sino-Japan Relations

The Philippines' Re-balancing Policy between China and the United States

Gu Yanjun Liu Renxue

Abstract: After Duterte took office as the President of the Philippines in 2016, he pursued an "independent" foreign policy and carried out a balancing policy between China and the United States. The Philippines' government actively develops China-Philippines economic and trade cooperation; on the other hand, it tightens military cooperation with the United States and maintains an appropriate distance from the United States. However, Duterte's policy on China, especially the South China Sea policy, has been faced with domestic and American pressure, forcing Duterte to dynamically adjust its balancing policy between China and the United States. At the 75th

UN General Assembly in September 2020, Duterte changed his position on the South China Sea issue since he took office and stated that the Philippines would adhere to the "judgment" of the "South China Sea Arbitration". At the same time, Duterte's attitude towards military cooperation with the United States has eased. These actions indicate that Duterte has begun to "rebalance" Sino-US relations. Although this adjustment is limited, it will also have a non-negligible impact on the settlement of the South China Sea dispute and China-Philippine relations.

Key Words: Duterte; Sino-Philippines relations; US-Philippines relations; balance of diplomacy; rebalance

Discourse On the Orientation of Anadolu News Agency Based on the text analysis of the ten-year (2011—2020) Syrian refugee reports

Gong Yingyuan

Abstract: Anadolu News Agency is Turkey's oldest and largest news agency. The agency is representative of the Turkish mainstream media for its distinctive feature of "timely dissemination of government positions." This study selects the Anadolu News Agency's reports on Syrian refugees from the outbreak of the Syrian civil war in 2011 to December 2020 as the research object, and analyzes the Turkish mainstream public opinion field on Syrian refugees from the aspects of reporting frequency, reporting sources, and agenda setting. The attitudes and propositions of the above and the country's image of Turkey constructed by the agency through reporting on the Syrian refugee issue. The study finds that in the past ten years, the Anadolu News Agency's reports on the Syrian refugee issue have obvious differences in size and year. 2017 and 2019 are the "big years" for reporting on Syrian refugees, and the number of reports in other years is less. In addition, reports from a single source are more common, mainly from Turkish institutions and anonymous sources. In general, the Anadolu News Agency has created a positive and humanitarian image of Turkey, and at the same time has built a group of images of other countries that are not responsible and lacking in the Syrian refugee issue.

Key Words: Turkey; Anadolu News Agency; Syrian Refugees; National Image